Ein Schwarzer Gürtel für die Seele

Christopher Penczak

Ein Schwarzer Gürtel für die Seele
Magische Power für psychischen Selbstschutz

Aus dem Amerikanischen von Martina Kempff

Ansata

Die Originalausgabe erschien 2004 unter dem Titel »The Witch's Shield: Protection Magick & Psychic Self-Defense« im Verlag Llewellyn Publications, St. Paul, MN 55164, USA.
www.llewellyn.com

Das vorliegende Buch ist sorgfältig erarbeitet worden. Dennoch erfolgen alle Angaben ohne Gewähr. Weder Autor noch Verlag können für eventuelle Nachteile oder Schäden, die aus den im Buch gemachten praktischen Hinweisen resultieren, eine Haftung übernehmen.

1. Auflage 2005

Ansata Verlag
Ansata ist ein Verlag der Verlagsgruppe Random House GmbH

ISBN 3-7787-7279-1

Copyright © 2004 by Christopher Penczak
Copyright © 2005 der deutschsprachigen Ausgabe by Ansata Verlag, München, in der Verlagsgruppe Random House GmbH
Alle Rechte sind vorbehalten. Printed in Germany.
Schutzumschlaggestaltung: Reinert & Partner, München
Unter Verwendung einer Illustration von Thomas Reinert
Illustrationen: Llewellyn art department
Gesetzt aus der Berkeley
Satz: KompetenzCenter, Mönchengladbach
Druck und Bindung: GGP Media GmbH, Pößneck

Inhalt

Einführung   9

KAPITEL 1
Wer hat Angst vor dem bösen Wolf?   11
Sind magische Angriffe echt?   16
Aufmerksamkeit auf sich ziehen   17
Psychische Gefahren   20
Grenzen setzen   38
Ausgewogener Schutz   40

KAPITEL 2
Wo geht es hier zum Hexendoktor?   45
Symptome psychischer oder magischer Störungen   46
Leugnung   52
Paranoia   55
Diagnose   56

KAPITEL 3
Seelische Hygiene   63
Geistige Körper   64

Der physische Körper	66
Der emotionale Körper	74
Der mentale Körper	83
Der seelische Körper	88

KAPITEL 4
Zum Schutz gekennzeichnet — **91**

Wie funktionieren Schutzzauber?	92
Schutzsymbole	93
Schutzsteine	102
Schutzkräuter	103

KAPITEL 5
Ein schwarzer Gürtel für die Seele — **109**

Die Seele mit den Elementen schützen	110
Erdung	111
Erdungsmethoden	112
Abgrenzung	116
Den Schwarzen Gürtel richtig nutzen	120
Mentale Flexibilität	127
Sofortiges Handeln	129
Die Macht des Geistes	134
Mitfühlende Verteidigung	135

KAPITEL 6
Jemand schaut auf mich — **141**

Evokation	141
Engel	145
Krafttiere	156
Schutzgottheiten	160

Beschützende Naturgeister	168
Unerwünschte Geister bannen	171

KAPITEL 7
Mit den richtigen Mitteln zaubern — 183

Einen magischen Kreis schlagen	184
Der passende Zeitpunkt	189
Vorbeugungsmagie	189
Schutz durch Kräuter	190
Amulette	201
Wachen	207
Schutzlichtzauber	211
Erste-Hilfe-Magie	213
Bannungszauber	214
Bindungszauber	216
Gegenmagie	226
Rache, Vergeltung und Flüche	229
Berechtigter Zorn	235
Erfinden Sie Ihren eigenen Zauber	244

KAPITEL 8
Das wahre Wesen des Bösen und des Göttlichen — 245

Gut und Böse	246
Das Göttliche in der Natur	250

Anhang — 253

Bibliografie	253
Über den Autor	256

Einführung

Das vorliegende Buch *Ein Schwarzer Gürtel für die Seele* gründet sich auf einen meiner gefragtesten Kurse über magische Power zur psychischen Selbstverteidigung. Natürlich wünscht sich jeder Schutz, doch nur wenige Menschen ruhen so sehr in sich selbst, dass sie sich ihrer eigenen Macht sicher sind und sich durch sie geschützt fühlen. Es ist jedoch ein zweischneidiges Schwert, ein Buch über Schutzmagie zu schreiben: Schließlich muss der Autor erst auf die Mechanismen eines magischen Angriffs eingehen, um dem Leser verständlich zu machen, wie er sich dagegen wehren kann. Doch ich bin überzeugt davon, dass Wissensvermittlung über psychischen Selbstschutz das Risiko überwiegt, das durch die Enthüllung magischer Angriffsmethoden entsteht. Wie in der Kampfkunst muss man auch hier die unterschiedlichen Arten von Attacken verstehen, um sich kompetent verteidigen zu können.

Nicht nur Hexen, Heiden und Magier besuchen meine Seminare über magische Power und psychischen Selbstschutz, sondern auch Ausübende anderer Künste wie beispielsweise angehende Schamanen oder Traumarbeiter. In *Ein Schwarzer Gürtel für die Seele* beschreibe ich die Grundlagen des psychischen Selbstschutzes und behandele dieses Thema weitaus erschöpfender, als dies in den Einführungskursen anderer Seminare und im Basismaterial entsprechender Bücher üblich ist.

Da Ihnen ohne Gruppe allerdings die bereichernden Diskussionen und der Erfahrungsaustausch innerhalb eines Workshops fehlen werden, empfehle ich Ihnen, jedes Kapitel nach der Lektüre gründlich auf sich wirken zu lassen. Vielleicht ist es möglich, dass Sie die Lektionen mit einem Freund oder einer Gruppe studieren und die gewonnenen Erkenntnisse untereinander austauschen.

Für die vorgeschlagenen Exerzitien brauchen Sie weder eine umfangreiche Vorbereitung noch ein tiefer gehendes Vorwissen über magische Theorie, wie das für meine Bücher aus der Reihe *Tempel of Witchcraft* erforderlich ist. Die Lektionen sind verständlich, leicht zugänglich und können je nach Bedarf sofort in die Praxis umgesetzt werden.

Ich wünsche Ihnen viel Liebe, Führung, Freude und Schutz bei Ihrer Wanderung auf dem Weg der Weisen und der Hexen – ganz gleich welchem Pfad oder welcher Tradition Sie ansonsten verbunden sind. Sie brauchen Ihren persönlichen Weg oder Ihre eigene Identität nicht aufzugeben, um den »Schwarzen Gürtel für die Seele« in einem Leben der vollkommenen Liebe und des vollkommenem Vertrauens zu gewinnen.

Christopher Penczak

KAPITEL 1

Wer hat Angst vor dem bösen Wolf?

Warum benötigen wir überhaupt Schutzmagie? Zahlreiche magische Rituale, allen voran der Hexenkreis, sind mit nachdrücklichen Schutzformeln versehen, sogar wenn es um Liebe, Geld oder Heilen geht. Unweigerlich fragt man sich da: »Weshalb bedürfen wir eines zusätzlichen Schutzes? Wer oder was lauert da draußen auf uns, um uns zu schaden? Ist Magie etwa gefährlich?« Leider gibt es auf diese Fragen keine einfachen Antworten.

Bilder von Dämonen, Teufeln und bösen Geistern aus den Horrorfilmen Hollywoods tauchen auf. Diese Stereotypen wurden im Mittelalter von der christlichen Kirche verbreitet und in der Neuzeit durch die Specialeffects der Filmindustrie wiederbelebt. Doch sie vergiften das magische Herz und hindern uns daran, die magischen Rhythmen des Lebens wahrzunehmen.

Es liegt in unserem Wesen, dass wir als Verkörperung des Göttlichen ein magisches Leben anstreben. Doch ganz wenigen ist es gegeben, dieses zu entdecken oder auch nur daran zu glauben. Das liegt an den aufgebauschten Schreckensszenarien, die in den vergangenen zwei Jahrtausenden von religiösen Führern, engstirnigen Wissenschaftlern und Medien unter die Leute gebracht wurden. Dieser Bruch mit der Magie des Lebens ist eines der größten Probleme, denen sich die heutige

Welt gegenübersieht. Ungeachtet ihres eigenen spirituellen Weges fühlen sich die wenigsten Menschen mit den Gesetzmäßigkeiten und Zyklen des Lebens verbunden. Deshalb können sie es sich auch erlauben, keine Notiz davon zu nehmen, dass unsere Spezies dem Untergang geweiht ist.

Ohne das magische Leben, wie in der hohen Schule des Hexenkults und des Heidentums vorgeschrieben, wird es der Menschheit nicht gelingen, die Rolle des Bewahrers, Hüters und Partners der Natur zu übernehmen. Das Fehlen dieser entscheidenden Identität hat zur derzeitigen spirituellen Krise geführt und unsere Angst vor allem Magischen beherbergt den Kern dieses Problems.

Unsere Gesellschaft belegt die magische Welt mit dem Wort »Okkultismus«, einem Begriff, der sich einen finsteren Ruf erworben hat: »Achten Sie darauf, ob sich Ihre Kinder mit Okkultismus beschäftigen! Sie liefern sich bösen Mächten aus!« In meinen Teenagerjahren wies eine »gute, gottesfürchtige Frau« meine Eltern darauf hin, dass mich meine Beschäftigung mit Sciencefiction, Fantasy und Rollenspielen wie Dungeons & Dragons dem Teufel zuführen würde, da dies alles Teil des Okkulten sei. Für mich waren es jedoch die einzigen Mittel, die meine magische Seele nährten. Obwohl es sich dabei um erdachte Konstruktionen und nicht um echte Magie handelt, können derartige Bücher, Spiele und Musik durchaus denjenigen helfen, die auf der Suche nach einem magischen Leben sind, auch wenn sie nicht genau wissen, wonach sie eigentlich fahnden. In meiner Jugend waren New-Age-Bücher oder Esoterikläden nicht so verbreitet wie heute, und selbst wenn sie das gewesen wären, hätte ich ihnen wohl nichts abgewinnen können. Die Gesellschaft hatte mich nämlich einer Gehirnwäsche unterzogen, die mich im günstigsten Fall glauben ließ, dass solche Spiele und Bücher reine Fantasieprodukte seien, die mit dem wirklichen Leben nichts zu tun hätten, oder im schlimmsten Fall, dass sie alle Werkzeuge des Teufels wären.

Für Hexen und Heiden ist der Teufel eine reine Erfindung der christlichen Kirche. Diese hat sich zahlreicher unterschiedlicher Mythologien und mittelalterlicher Propaganda bedient, um die Menschen in Angst und Schrecken zu versetzen, damit sie sich zum christlichen Glauben bekehrten. Wenn nicht alles ganz nach Plan lief, konnte sich die Kirche auf einen Sündenbock berufen. Die eingeschüchterten Heiden traten zum Christentum über, weil man ihnen weismachte, dass ihre Götter böse Geister seien. Insbesondere die gehörnten Götter des Landes sowie bestimmte Tiere verkörperten teuflische Wesen. Das Heidentum kannte die Vorstellung vom ultimativen Gut und Böse ebenso wenig wie die Natur selbst. Für derartig schlichte Polarisierung ist das Leben schließlich zu vielschichtig.

Als Hexer habe ich gelernt, dass man Gott und Göttin nicht fürchtet, sondern sie liebt, achtet und durch Meditation, Naturverbundenheit und Magie eine persönliche Beziehung zu ihnen aufbaut. Wir können uns nie darauf herausreden, dass uns der Teufel in Versuchung geführt hat, da wir für unsere Taten und deren Folgen in jeder Beziehung selbst verantwortlich sind. An einen Teufel, der uns verführt, glauben wir nämlich nicht.

Der Begriff »okkult« ist kein Synonym für das Wort böse; er bedeutet »geheim« oder »verborgen« und bezieht sich auf Informationen, die nicht allgemein bekannt, schwer zu erhalten und zu begreifen sind. Traditionellerweise fallen sämtliche mystische Künste in den Aufgabenbereich der wenigen Menschen, die sich dafür interessieren. Die meisten sorgen sich um das eigene Überleben sowie um ihre Wunscherfüllung im Alltag und interessieren sich weniger für intensive Innenschau, Meditation und Spiritualität, jene Schlüssel einer lohnenden mystischen Praxis. Das Okkulte ist das Mysterium des Lebens, das sichtbar gemacht werden muss, um begriffen zu werden.

Wir bezeichnen Magie, übersinnliche Fähigkeiten, Divination und spirituelle Arbeit als übernatürlich, aber was bedeutet das wirklich? Die Übernatur ist die natürliche Welt in ihrer erhabensten magischen Verfassung. Dem Wort »übernatürlich« haftet der Beiklang von etwas Unnatürlichem, etwas außerhalb unserer Welt Befindlichem an. Doch das ist irreführend. Wer das Übernatürliche anzapft, zapft nämlich die Ursprünglichkeit an, die durch alles und jeden fließt. Das ist Göttlichkeit in Aktion. Es gibt nichts Natürlicheres als Magie, denn sie verbindet uns Menschen mit den Kräften der Natur. Die Wurzel des englischen Wortes für Hexe, Wicca, wird normalerweise mit »biegen oder gestalten« übersetzt. Das bezieht sich darauf, dass wir uns mit den Strömungen des Lebens biegen, gestalten und verbinden.

Mit der Angst vor der Magie drücken wir eigentlich die Angst vor unserer eigenen persönlichen Macht und Verantwortung aus. Es fällt uns normalerweise leichter, diese an eine Institution, Kirche oder Gesellschaft abzutreten. Das kennzeichnet jedoch einen Mangel an Aufgeschlossenheit, der zu einem gestörten Gleichgewicht führt. Mit unseren mannigfachen Vorstellungen vom schwarzen Mann, von den geheimnisvollen bösen Mächten, vom Teufel oder archetypischen, großen bösen Wolf, der an unserer Tür klopft und unser Leben bedroht, haben wir dieses Ungleichgewicht vertuscht. Sogar unsere auf Schrecken beruhenden Metaphern zeugen davon, wie sehr wir uns von der Wahrheit losgelöst haben. Dunkelheit symbolisiert das Leben, den Schoß der Göttin. Die gehörnten heidnischen Götter dienen oft als Beschützer und Väter. Der Wolf gilt als ein mächtiges Totemtier des Schutzes. Wären uns diese magischen Wahrheiten bekannt, würden unsere Ängste schwinden.

In Wirklichkeit sind Magie, Ritualarbeit und Zaubersprüche

genauso gefährlich wie das Überqueren einer Straße. Wenn Sie in einer verkehrsreichen Stadt leben, könnte das zwar ziemlich riskant sein, aber das wird Sie nicht davon abhalten, die Straßenseite zu wechseln. Der Schlüssel ist die Beachtung der Sicherheit. Alles im Leben birgt gewisse Risiken in sich. Wer dies bestreitet, lügt. Man kann nie genau wissen, wo Gefahren lauern, doch die Angst vor ihnen hindert die Menschen nicht daran, ihrem gewöhnlichen Leben nachzugehen. Wenn Sie die Straße überqueren, schauen Sie nach rechts und nach links, achten auf die Ampeln und verhalten sich aufmerksam. Es ist sehr wahrscheinlich, dass Sie dann heil auf der anderen Seite ankommen werden. Wenn Sie aber unachtsam sind, könnten Sie tatsächlich überfahren werden.

Mit der Magie verhält es sich genauso. Meistens ist sie ungefährlich. Wenn Sie gut ausgebildet und vorsichtig zu Werke gehen, wird Ihnen nichts geschehen. Psychischer Schutz und magische Verteidigung sind gewissermaßen die Werkzeuge, die man benötigt, falls etwas nicht nach Plan läuft. Im Idealfall werden sie nie zum Einsatz kommen, doch wie ein guter Pfadfinder sollten Sie allzeit bereit sein. Diese Fertigkeiten werden Sie erlernen, beherrschen, ausbauen und bald als ganz normale Begleiter auf Ihrem magischen Lebensweg betrachten. Wohin dieser Weg Sie auch führen mag, ein geschütztes magisches Leben ist Ihnen gewiss.

Gelegentlich höre ich Horrorstorys von Menschen, die alle Vorbereitungskapitel eines Magiebuchs überspringen und sich sofort an komplizierte Zauber auf den hinteren Seiten heranwagen. Gelingt ihnen tatsächlich ein Zauber, betrachten sie sich als »fortgeschritten« oder »begabt« und gehen davon aus, dass sie überhaupt keine Vorarbeit zu leisten brauchen. Es kann durchaus sein, dass sie talentiert sind, aber das allein genügt nicht, um sich Kunst, Erkenntnis und einen spirituellen Weg anzueignen. Alle Begabung ist sinnlos, wenn sich diese drei Aspekte nicht in Balance befinden. Das wäre genauso, als wenn Sie mit verbundenen Augen erfolgreich eine viel befahrene Straße überqueren und anschließend davon ausgehen, dass Ihnen das jedes Mal gelingen wird. Damit fordern Sie nur das Schicksal heraus.

Sind magische Angriffe echt?

Ja, sie sind echt. Das ist die einfache Antwort. Sie sind echt, weil wir sie als echt erfahren. Das ist das Entscheidende für diejenigen, die solchen Angriffen ausgesetzt sind. Da ich als öffentlicher Hexer und Magie-Lehrer arbeite, bin ich im Laufe der Jahre von unzähligen Klienten angesprochen worden, die davon überzeugt waren, dass irgendjemand sie verflucht hatte. Dabei fiel mir ein Muster auf: Die meisten Menschen schrieben ihr »Unglück« anderen zu. Sie kamen gar nicht auf die Idee, dass ihnen ihre eigenen Gedanken und Gefühle einen Streich gespielt und sie an der Schaffung ihres eigenen Elends selbst mitgewirkt haben könnten. Oh nein, es war immer die Schuld eines anderen und meine Aufgabe, das für sie wieder in Ordnung zu bringen.

Ich bringe für niemanden etwas in Ordnung. Ich helfe Menschen, sich zu verändern und zu schützen. Dazu gehört auch, dass ich ihnen Verfahren beibringe, die sie jederzeit beschirmen. Eines meiner Lieblingszitate stammt von dem berühmten chinesischen Philosophen Laotse: »Wenn du einem Mann einen Fisch gibst, machst du ihn für einen Tag satt. Lehre ihn das Fischen und du machst ihn ein Leben lang satt.« Ich versuche, diese Weisheit auch auf meine ganze Arbeit anzuwenden.

Als ich den Workshop eröffnete, der diesem Buch zugrunde liegt, ging es mir zu Beginn vor allem darum, dem Spiel »Schuld ist der andere, ich bin das Opfer, jetzt bring das in Ordnung« ein Ende zu bereiten. Ich erklärte damals, dass

90 Prozent aller magischen Angriffe in Wirklichkeit gar keine seien, sondern selbst geschaffene Einbildungen. Obwohl dies stimmt, hilft es demjenigen nicht, der einen solchen Angriff zu erleben glaubt. Und der Spruch »Hast eben Pech gehabt« ist nicht sonderlich wirkungsvoll, wenn sich jemand magisch angegriffen fühlt und nicht weiß, wie er sich verhalten soll. Unsere Gesellschaft ist stark darauf ausgerichtet, dem Opfer Hilfe anzubieten. Insofern ist es eine ganz natürliche Reaktion, wenn man sich im Notfall an andere wendet, die einem beistehen sollen. Wie könnte man auch die Angelegenheit selbst in Ordnung bringen, wenn man nicht einmal merkt, dass man an dem wahrgenommenen magischen Angriff selbst aktiv beteiligt ist? Nur wer so etwas am eigenen Leib erfahren hat, kann Mitgefühl für andere in ähnlicher Lage aufbringen.

Von diesem Gedanken geleitet entdeckte ich, dass sich die Mehrzahl der magischen Angriffe, Bannflüche und Spukgeschichten keinesfalls als das herausstellten, was sie auf den ersten Blick zu sein schienen. Menschen neigen gemeinhin zu voreiligen Schlüssen, um ihre eigenen Ängste oder Vorurteile bestätigt zu sehen. Um festzustellen, was wirklich geschehen und wie das Problem am besten zu lösen ist, braucht man ein waches Bewusstsein, gute Selbstbeobachtung und ein Arsenal geistiger Verfahren. Letztere werden wir mit diesem Buch gemeinsam erarbeiten.

Aufmerksamkeit auf sich ziehen

Warum scheinen alle, die mit Magie, Okkultismus, Hexerei und Heilen zu tun haben, viel öfter unter magischen Angriffen zu leiden und der Schutzmagie eher zu bedürfen als »normale« Menschen, die ohne all dies prima auskommen? Die herkömmliche Annahme, dass Menschen, die mit magischen

Künsten zu tun haben, ein bisschen verrückt, paranoid oder von Wahnideen geleitet sind, trifft normalerweise nicht zu.

Diejenigen von uns, die sich der magischen Praxis widmen, haben viel Zeit darauf verwendet, ihr Bewusstsein und ihre mediale Begabung den unsichtbaren feinstofflichen Kräften zu öffnen. Die meisten Menschen nehmen diese feinstofflichen Energien, die uns und unsere Umgebung durchdringen, kaum richtig wahr. Ich bin der festen Überzeugung, dass nahezu jeder das Feinstoffliche wahrnehmen kann, doch unsere Gesellschaft ermutigt uns nicht gerade dazu, diese Fertigkeit auszubilden. Einige Menschen haben einen natürlichen Zugang zur Aufnahme der Feinstofflichkeit und lassen sich in alten Bräuchen, beispielsweise dem Hexenkult, ausbilden, um mit diesem erweiterten Bewusstsein zurechtzukommen.

Hinzu kommt, dass Hexen, Magier und Schamanen bei den unsichtbaren Mächten auch mehr Aufmerksamkeit erregen. So hat ein Lehrer einmal die magische Veranlagung mit einer Flamme verglichen. Die persönliche Flamme der meisten Menschen strahlt eine durchschnittliche Lichtmenge aus, die mit dem Licht aller anderen Menschen im magischen Hintergrund verschmilzt. Doch die meisten sind sich nicht einmal ihres eigenen Lichts oder irgendeiner anderen Art der feinstofflichen Energie bewusst. Sobald man diese aber wahrnimmt und die eigene Flamme durch magische Praktiken aktiv anfacht, wird das Licht heller. Handlungen wie ein regelmäßiges Ritual, der Einsatz von Tarotkarten und tägliche Meditation schüren das Feuer unserer inneren Flamme. Dadurch zieht man mehr Aufmerksamkeit auf sich, entzündet gewissermaßen ein Signalfeuer für alle menschlichen und nicht menschlichen Wesen, die in der Lage sind, dies zu erkennen. Auch Sie werden im Laufe Ihres Wachstums eine Zeit lang mehr Aufmerksamkeit erregen. Diese zeigt sich oft gütig oder neutral. Wenn Sie aufnahmefähig sind, werden Sie sogar die Anwesenheit eines

Geists verspüren. Der Eindruck, beobachtet zu werden, kann allerdings ein gewisses Unbehagen auslösen.

Im Laufe dieser Entwicklung findet Ihr Licht sein Gleichgewicht. Sobald Sie Ihren eigenen Willen, den wahren Sinn Ihres Seins, entdeckt haben, wird Ihr Licht seinen Platz im Plan des Universums einnehmen. Es wird sich in das spirituelle Muster einfügen, relativ unbemerkt und unberührt bleiben und nur jene Energien und Wesenheiten anziehen, die Ihnen bei der Erfüllung Ihrer Aufgabe behilflich sein werden. Das gilt natürlich nicht für diejenigen, deren Trachten darin besteht, besonders viel Aufmerksamkeit zu erregen.

Bestimmte New-Age-Weisheiten bauen sich auf einer angstbesetzten Polarität auf, in der das Licht in den ständigen Kampf mit dem Dunkel verwickelt ist. Je heller das Licht scheint, so heißt es, desto mehr ziehe man die Aufmerksamkeit dunkler Mächte an, die man dann bekämpfen müsse. Da haben wir wieder das Grundprinzip des ganzen Gut-gegen-Böse- und Gott-gegen-Teufel-Arguments, das in der wirklichen magischen Welt nichts zu suchen hat. Ich hatte die Ehre, mich unter vielen Menschen mit enormen spirituellen Leuchtfeuern zu bewegen, die allesamt ihrer Arbeit ohne großes Theater und schwere Kämpfe nachgehen. Wenn Sie Streit erwarten, werden Sie ihn auch magisch herstellen und ihm ausgesetzt sein. Wenn Sie Frieden erwarten und herstellen, wird es in Ihrem Leben auch Frieden geben.

In allen Traditionen gibt es Praktizierende, die bewusst oder unbewusst Konflikte hervorrufen, damit sie sich im großartigen Plan des Ganzen bedeutend vorkommen können. Ich bin jedoch dahintergekommen, dass solche Individuen weitaus weniger wichtig sind als diejenigen, die jede Auseinandersetzung zum Heilen und Versöhnen nutzen. Sobald sich Ihre magische Macht vergrößert, denken Sie darüber nach, wofür Sie Ihr neu erworbenes Wissen einsetzen möchten.

Psychische Gefahren

Die Gefahren scheinen zwar nicht immer dort zu lauern, wo man sie vermutet, dennoch muss Ihnen im Notfall klar sein, dass Sie Schutz brauchen. Wer nichts mit echter Magie zu tun hat und seine »Kenntnisse« ausschließlich aus Hollywood-Filmen bezieht, geht davon aus, dass Schutz nur dann erforderlich ist, wenn es gilt, böse Geister zu bannen oder sich vor einer »bösen Hexe« zu verteidigen. Die tatsächlichen potenziellen Gefahren kommen allerdings in vielen unterschiedlichen Masken daher.

Obwohl ich mich sehr dafür einsetze, im Schadensfall zunächst alle herkömmlichen Erklärungen heranzuziehen, bin ich kein Schönfärber und bestreite ebenso wenig wie die meisten Hexen, dass es böse Geister und Menschen gibt. Wir glauben zwar nicht an eine ultimative Quelle des Bösen wie den christlichen Teufel, aber dennoch können menschliche Absichten und Überzeugungen Gedankenformen und Gebilde des Bösen erzeugen oder weniger liebenswürdige Geister auf bestimmte Bezeichnungen für den Teufel hören, um bestimmten Menschen Aufmerksamkeit und Energie abzuziehen. Doch bevor Sie solche esoterischen Möglichkeiten in Betracht ziehen, sollten Sie erst nach einfacheren Antworten suchen. Es gibt ein breites Spektrum von Gefahren, die weitaus prosaischer sind. Einige liste ich hier auf:

Körperlicher Schaden

Schutzmagie ist sehr hilfreich, wenn man sich vor körperlicher Gewalt schützen will. Einige Menschen konzentrieren sich bei ihrer Verteidigungsmagie auf rein psychische Schäden und setzen zum Schutz ihrer körperlichen Unversehrtheit keinen Zauber ein. Doch der sollte ebenfalls herangezogen werden, um sowohl Körper als auch Seele vor Beschädigungen zu bewahren. Natürlich ist die Schutzmagie nicht in der Lage, Fäuste zu blockieren oder den Kurs von Geschossen abzulenken. Sie funktioniert auf subtilerer Ebene, indem sie den Menschen intuitiv aus einem potenziellen Gefahrenbereich herausgeleitet. Wenn sie erfolgreich eingesetzt wird, werden Sie nie erfahren, wie das vor sich ging. Ihnen wird nur klar sein, dass Sie außer Gefahr sind.

Schädliche Energie

Ich sage »schädliche Energie« zu dem so häufig verwendeten Begriff »negative Energie« und lege auch meinen Schülern ans Herz, bei der Ritualarbeit mit mir nie von negativer Energie zu sprechen. Die Angewohnheit »negativ« mit »schlecht« und »positiv« mit »gut« gleichzusetzen ist ein weiteres polarisierendes New-Age-Konzept. Jeder weiß zwar, was mit solchen Worten gemeint ist, aber sie sind aus sprachlichen Gründen nicht angebracht, da sich negativ/positiv auf eine elektrische Ladung bezieht. Negative Ionen können dem Menschen unter Umständen sogar gut tun. Alles, was Sie aus dem Gleichgewicht bringt, ist »schlecht«, aber nicht notwendigerweise negativ. Wenn Ihnen etwas schadet, Sie verstört oder Ihnen die Balance nimmt, sollten Sie dies als schädliche, unausgewogene oder unharmonische Energie bezeichnen.

Man ist sich schädlicher Energie nicht immer bewusst, denn sie wird sehr oft durch unbewusste Restbestände des Alltagslebens hervorgerufen. Streit, Gewalt, Trauer, Depression, Stress und Krankheit können unausgewogene Kräfte hinterlassen, die wie Staubflusen unter dem Bett zurückbleiben. Da sie sich außerhalb des »Blickfelds« befinden, räumen die meisten Menschen solche Hinterlassenschaften nicht weg, weshalb sie ihnen ziemlich lange erhalten bleiben. Wir alle machen gelegentlich schwere Zeiten durch, doch wenn ein schlechtes Gefühl lange Zeit andauert, kann es gut möglich sein, dass sich eine Energie aus der Vergangenheit immer noch störend bemerkbar macht, auch wenn sich die Lage selbst mittlerweile beruhigt hat.

Schädliche Energie findet man überall. Sie kann Situationen schaffen, die physisches, seelisches und emotionales Unbehagen hervorrufen, angefangen von Kopfschmerzen und Übelkeit bis hin zu dem Gefühl, in emotionale/geistige Muster eingesperrt zu sein. Darüber machen sich die meisten Menschen wenig Gedanken, weil sie daran gewöhnt sind. Es ähnelt dem Wohnen in einem verdreckten Haus. Sensitive Menschen, die ihre psychischen Fähigkeiten nicht unter Kontrolle halten können, sind in besonderem Maße schädlicher Energie ausgesetzt. Auch dem praktizierenden Magier können schädliche Energien Probleme bereiten. Er muss auf jeden Fall dafür sorgen, sie vor Ritualen oder anderer magischer Arbeit loszuwerden.

Schädliche Beurteilungen

Alle Gedanken bestehen aus Energie. Wenn jemand an Sie denkt, leitet er seine Energie weiter. Auch wenn jemand etwas denkt, ohne es auszusprechen, kann er Ihre Energie, Stimmung und Kraft beeinflussen, wenn Sie nicht zentriert sind, sich also nicht im Einklang mit Ihrer eigenen Macht und dem eigenen Selbst befinden.

Da die meisten Menschen an dieser Theorie zweifeln, führe ich in meinen Seminaren Gruppenübungen vor, um den Beweis zu erbringen. Ich lasse einen Schüler nach vorn kommen und unterziehe die Kraft dieser Person der traditionellen Kinesiologie, einer Bewegungslehre, die auch als Muskeltesten bekannt ist und die im Holismus häufig angewandt wird. Durch das Muskeltesten kann man herausfinden, ob eine bestimmte Substanz einen Menschen stärkt oder schwächt.

Erst bestimmen wir das grundlegende Kraftniveau eines Menschen, damit wir eine Vergleichsbasis für den anstehenden Test haben. Der Betreffende streckt seinen stärkeren Arm im rechten Winkel zum Körper aus und bemüht sich, ihn dort zu halten, während ich versuche, ihn nach unten zu drücken. Diese einfache Übung verschafft mir eine Vorstellung von der normalen Kraft dieses Menschen.

Dann lege ich einen Gegenstand in die schwächere Hand der Testperson und bitte sie, das Objekt an die Brust zu drücken, damit die Energie der Substanz mit seiner persönlichen Energie in Kontakt gebracht wird. Als Substanz kann alles Mögliche dienen – beispielsweise ein Kristall, ein Kraut oder eine Vitamintablette. Ich übe jetzt abermals Druck auf den stärkeren Arm aus, um herauszufinden, ob diese Substanz die Kraft der Testperson stärkt oder schwächt. Wird ihre Kraft dadurch gesteigert, rate ich ihr, den Kristall bei sich zu tragen oder die Vitamintablette regelmäßig einzunehmen. Stellt sich heraus, dass der Test den Arm des Menschen schwächt, dann ist die Substanz nicht gut für ihn.

Danach fordere ich die Gruppe auf, der Person starke Gedanken zu schicken, wobei ich auf Hinweiskarten vorgebe, ob diese freundlich oder unfreundlich sein sollen. Sendet die Gruppe Gedanken wie »ich liebe dich«, »du bist schön« oder »du bist stark« aus, wird die Testperson gekräftigt, auch wenn sie die Worte nicht hört. Denkt die Gruppe aber »ich hasse dich«, »du bist hässlich«, »du bist schwach« oder andere böse Worte, verringert sich die Kraft der Versuchsperson. Eine solche Veränderung tritt ein, ohne dass der Betroffene auch nur ein einziges Wort vernimmt.

Wenn jemand Sie also auf unkonstruktive Weise kritisiert, könnte er Ihnen schädliche Energie schicken. Das heißt natürlich nicht, dass wir in unserem Alltagsleben keine Urteile fällen oder Vergleiche anstellen sollten, doch der Geist, in dem dies geschieht, spielt eine entscheidende Rolle. Sie können durchaus an der Arbeit eines Menschen etwas auszusetzen haben oder manche seiner Eigenschaften nicht mögen, aber wenn Sie ihn als Gesamtperson herabsetzen oder für schlecht halten, können Sie ihm damit schaden. Jemanden mit einem Schimpfnamen zu belegen, ist auch eine Form des psychischen Angriffs. Hass, Neid und Wut fallen ebenfalls unter diesen Begriff, auch wenn uns das meistens nicht bewusst ist. Unsere Erziehung hat uns nicht darauf vorbereitet, dass unseren Worten und Gedanken Macht innewohnt.

Schädliche Projektionen

Projektionen ähneln Zaubersprüchen. Sie sind die Kunst, unsere Energie absichtlich oder unbewusst in die Zukunft zu senden, damit sie sich dort manifestiert. Hexen und Magier nutzen Meditation und Ritualarbeit, um Projektionen ganz bewusst zu übertragen, auch wenn sie sich nur so etwas Profanes wie einen Parkplatz in der Nähe des angesteuerten Ziels wünschen.

Die meisten Leute setzen ihre Projektionen jedoch unbewusst auf eine Weise ein, die ihnen oder anderen abträglich ist. Schädliche Projektionen könnte man als die Fortsetzung schädlicher Beurteilungen bezeichnen, nur dass sie sich in diesem Fall auf die Zukunft beziehen. Wenn Sie denken, dass ein bestimmter Mensch nie erfolgreich, nie gesund sein, nie die wahre Liebe finden und es nie zu irgendetwas bringen wird, senden Sie schädliche Projektionen aus. Die meisten Menschen haben so etwas gar nicht vor – dies ist ein unbewusster Aspekt unserer Kultur – aber jetzt, da wir Bescheid wissen, sollten wir uns darüber im Klaren sein. Noch einmal: Der Geist, in dem

Gedanken oder Wörter projiziert werden, ist von allergrößter Bedeutung. Man kann unterschiedlicher Meinung sein und diverse Möglichkeiten ausloten, ohne einander zu verdammen.

Der Böse Blick

Kein Buch über Schutzmagie wäre ohne die Erwähnung des Bösen Blicks vollständig. Meine Großmutter mütterlicherseits hatte mit Volksmagie zu tun und erzählte gern, wie man den üblen Auswirkungen des Bösen Blicks beikommt. Ich fand das immer ziemlich seltsam, da mir niemand erklärt hatte, was es mit dem Bösen Blick wirklich auf sich hatte. Die älteren Generationen meiner Familie gaben oftmals dem Bösen Blick die Schuld, wenn irgendetwas schief ging. In einem Umfeld, das viele Italoamerikaner der ersten und zweiten Generation aufweist, die solche Realitäten verstehen und akzeptieren, glauben auch die Nachgeborenen viel eher an den Bösen Blick. Später ging ich davon aus, dass diesem Glauben das alte Spiel von Schuldzuweisung und Opfermentalität zugrunde lag, mit dem meine Familie, Schüler und Klienten meiner Ansicht nach brechen sollten. Inzwischen aber ist mir klar geworden, dass sich der Böse Blick tatsächlich metaphysisch solide untermauern lässt.

Aus schamanistischer oder energetischer Perspektive betrachtet schickt der Böse Blick – der schädliche Energie aus Ihren Augen in die eines anderen sendet – eine zerstörerische Kraft in die feinstofflichen Körper oder in die Chakra-Säule des Opfers. Damit wird die Verbindung zwischen dem persönlichen Selbst und dem höheren Selbst sowie seinen Führern unterbrochen. Wenn Sie selbst das Opfer sind, wird Ihr Sinn für Schutz und Führung durch Ihre spirituellen Verbündeten gestört. Ihre intuitive Wahrnehmung dieser Verbündeten ist getrübt oder blockiert. Sie werden auf Ihrem Weg nicht mehr geleitet und sind so Gefahren ausgesetzt, die Sie für Erkrankungen und Unglück anfällig machen. Außerdem beschleicht Sie das Gefühl, am falschen Ort zur falschen Zeit zu sein. Den meisten Praktizierenden des Bösen Blicks sind die damit verbundenen Mechanismen nicht wirklich vertraut. Sie setzen dieses Mittel nur ein, weil sie wissen, dass es funktioniert.

Der Böse Blick ist mit schädlichen Beurteilungen und Projektionen vergleichbar, wird aber im Gegensatz zu den anderen beiden immer ganz bewusst und wissentlich dann eingesetzt, wenn jemand mit ein paar Kenntnissen über den Bösen Blick einer Person oder einer Familie Schaden oder Pech an den Hals wünscht – normalerweise weil noch irgendeine Rechnung offen steht. Man kann dies auch eine »Verfluchung« nennen, aber ich ziehe es vor, dieses Wort einer anderen Kategorie zuzuordnen. Wenn der Böse Blick von einem Fluch begleitet wird, geht es meistens um eine volksmagische Verdammung oder um eine dilettantische Verwünschung. Da spielt es dann keine Rolle, welcher Selbsttäuschung oder welchem Größenwahn der Absender erlegen ist. In unserem modernen westlichen Kulturkreis fehlt allerdings meistens der Glaube an die Kraft der Magie. Wer einen Bösen Blick aussendet, spricht zwar im Geist einen Fluch aus, bezweifelt aber, dass die Energie der Gedanken anderen tatsächlich schaden könnte. Das ist aber der Fall und deswegen ist mit dem Bösen Blick nicht zu spaßen.

Zeitfallen

Zeitfallen sind gewissermaßen eine Erweiterung des Bösen Blicks und werden von denjenigen eingesetzt, die etwas mehr darüber wissen. Anstatt dem Gegner nur ganz allgemein Pech an den Hals zu wünschen, hat der Zeitfallensteller eine genaue Vorstellung davon, welches Ereignis dem Adressaten schaden soll, und sendet durch Wörter oder Visualisation entsprechende Gedanken aus. Normalerweise verschafft das Unheil des Opfers dem Täter ein Gefühl des Wohlseins oder Behagens. Wie beim Bösen Blick glauben auch hier die wenigsten Menschen an die Macht von Gedanken und Absichten, weshalb man solche Zeitfallen gern in das Reich der Fantasie oder des üblen Wunschdenkens verbannt, doch wenn Sie sich das Missgeschick anderer ausmalen, senden Sie tatsächlich psychische Gefährdungen aus.

Seelische Vampire

In der New-Age-Gemeinde und anderen Szenen des Okkultismus belegt man mit dem populären Begriff »seelischer Vampir« jemanden, der anderen Energie, Lebenskraft und Emotionen abzieht. Ich kann diese Formulierung nicht leiden, sehe mich aber genötigt, sie hier zu verwenden, damit keine Missverständnisse aufkommen. Der Terminus »seelischer Vampir« wird mit »Energie-Vampir« und »psychischem Vampir« gleichgesetzt. Das Wort »Vampir« erzeugt augenblicklich die Vorstellung eines dunklen schauerlichen Wesens, das mit voller Absicht üble Taten verrichtet, eben eine Kreatur des Bösen. Die meisten Menschen, denen man dieses Etikett aufklebt, wissen überhaupt nicht, was sie anrichten und begreifen nicht, welche Mechanismen dabei ablaufen, da sie in einer Welt erzogen wurden, die psychische Energie nicht akzeptiert und versteht. Diese Menschen halten sich nicht in einer geistig gesunden oder spirituell mächtigen Umgebung auf. Sie sind oft körperlich, geistig oder emotional gebeutelt und häufig depressiv.

Stoßen solche Vampire auf eine Person, die optimistisch und lebenssprühend ist, versuchen sie, sich in deren Gegenwart aufzuhalten. Dahinter steckt der unbewusste Wunsch, von den Erfahrungen dieses Menschen zu profitieren und genauso lebendig zu werden wie er. Doch anstatt den eigenen Energien und Schwingungen einen Anschub zu geben und die eigenen Verhaltensmuster denen der Zielperson anzupassen, ziehen sie den anderen mit nach unten. Sie nähren sich psychisch von den Kräften der lebenssprühenden Menschen, um die Löcher in ihren eigenen Energiekörpern zu stopfen.

Meistens begreifen psychisch gesunde Menschen nicht, welche Dynamik diesem Energieabzapfen zugrunde liegt und können daher das Wegsickern ihrer eigenen Kraft nicht verhindern. Sie merken nur, dass sie sich völlig erschöpft und ausgelaugt fühlen, wenn ein gewisser Vampir auftaucht, eben jener Mensch, über dem die schwarzen Wolken hängen. Doch anstatt dem Vampir eine Atmosphäre des Heilens und Förderns angedeihen zu lassen, ziehen sich die Betroffenen lieber zurück.

Den Vampiren geht es nur darum, sich einfach wohler zu fühlen. Wenn sie aber auf Ablehnung stoßen, fühlen sie sich nur noch schlechter und rutschen immer tiefer in Depressionen und Finsternis hinein. Es ist wichtig zu begreifen, dass wir alle durch Phasen wandern, in denen wir anhänglich und bedürftig sind und nicht wissen, wie wir damit umgehen sollen. Sobald wir aber die Dynamik der Energie begriffen haben, können wir andere um Hilfe bitten, ohne diesen Menschen zur Last zu fallen, und wir können anderen helfen, ohne selbst ausgelaugt zu werden.

Es kommt nur sehr selten vor, dass bestimmte seelische Vampire die Mechanismen ihres Handelns begreifen und es regelrecht genießen, von anderen Kraft abziehen zu können. Sie sind zwar in der Lage, ihr Tun vernünftig zu begründen und zu rechtfertigen, überschreiten hierbei jedoch Grenzen, weshalb man sich in solchen Fällen durchaus der Schutzmagie bedienen kann. So eine bewusste Grenzüberschreitung kann nämlich durchaus ungesunde Energiemuster schaffen, die als eine Grundlage für gefährliche Magie gelten.

Unerleuchtete Gurus

Ich nutze den Begriff »unerleuchtete Gurus« als freundlichen Kodenamen für potenzielle Kultführer. In der spirituellen Szene, in den Hauptströmungen sowie in der New-Age-Bewegung, können bestimmte Persönlichkeiten im Mittelpunkt einer enormen psychischen Energie ihrer Anhänger stehen. Manche derart Geehrte trifft dies völlig unerwartet. Sie wissen nicht, was sie mit dieser Autoritätsposition anfangen sollen und quälen sich damit ab. Andere versuchen, ihren Schülern gegenüber so mächtig wie nur möglich zu wirken. Leider missbrauchen viele solcher Führer Gelegenheit und Macht und nutzen die psychische Kraft anderer bewusst oder unabsichtlich aus. Entweder zum persönlichen Gewinn, zur Steigerung ihrer Lust oder einfach nur zu ihrer Unterhaltung geben sie den mächtigen seelischen Vampir ab. Die meisten sind keinesfalls schlechte Menschen, da sie, wie der seelische Vampir, unbewusst handeln und von den Auswirkungen ihrer Macht gewissermaßen selbst überwältigt sind. Es gibt jedoch auch andere, die psychisch gewieft genug sind, um genau zu wissen, was sie tun. Sie genießen ihre Machtposition außerordentlich und bauen einen Personenkult auf, bei dem sie und ihr neu entdeckter Sinn für Macht im Mittelpunkt stehen.

Unerwünschte Geister

Wenn es um Schutzmagie geht, fürchten sich die meisten Leute weitaus weniger vor Menschen in der körperlichen Welt als vor Wesenheiten aus der spirituellen Sphäre. Doch die geistige Welt ist von ebenso vielen Geschöpfen bevölkert wie die sichtbare Welt. Die meisten Wesen, die sich anfänglich zu uns hingezogen fühlen, sind hilfreiche Geister, die uns führen wollen und darauf warten, von uns bemerkt zu werden.

Andere Geister wiederum, die einem auch häufig begegnen können, gelten als die Aasfresser der Astralebene. Wenn Sie nämlich Ihre magische Flamme entfachen, werden sich allerlei unterschiedliche Kreaturen für Sie interessieren. Einige sind schelmisch oder verspielt. Wie Nagetiere, Insekten oder Reptilien gehören sie nicht gerade zum Lieblingsumgang der meisten Menschen, aber auch sie sind eben Teil der Schöpfung. Sie sind relativ harmlos und verschwinden, sobald sie begriffen haben, dass auch Sie ihnen nicht schaden werden. Donald Michael Kraig, der Autor des Buchklassikers *Modern Magick*, nennt sie »die kleinen Ekel«, eine sehr zutreffende Bezeichnung. Die in diesem Buch vorgestellten Schutztechniken reichen aus, um diese Geister für immer zu bannen. Wie auch unseren tierischen Aasfressern gestehe ich denen der Astralebene ein Recht auf Leben zu, aber es sollte nicht gerade dann das Äquivalent einer Ratte auf mir herumkrabbeln, wenn ich meditiere.

Der zweite Typ unerwünschter Geister kommt normalerweise in Gestalt von erdgebundenen Toten daher. Dies sind die Geister aus Volksüberlieferungen, die Energien derjenigen, die zwar diese Welt verlassen haben, jedoch noch nicht in die nächste eingetreten sind. Eine unerledigte Aufgabe, eine Gewalttat, ein Schockerlebnis oder eine große Ungerechtigkeit verhindern ihren Aufstieg in die nächste Sphäre. Einige dieser Geister sind zwar Seelen mit vollem Bewusstsein, aber die weitaus meisten bestehen aus den Echos und Bruchstücken dessen, was sie einmal dargestellt haben. Man kann sie als astrale Scherben bezeichnen, die, an die Welt gebunden, in den niedrigsten Schwingungen der Ätherebene zurückgelassen worden sind.

Die dritten Vertreter unerwünschter Geister werden in einigen Überlieferungen Astrallarven genannt und gelten als vampirische Gedankenformen. Sie vermischen sich mit dem, was wir gemeinhin von Vampiren wissen. Diese Gedankenformen, Konstrukte mentaler Energie, werden normalerweise unabsichtlich oder wissentlich von Menschen geschaffen. Sie können aus einer Besessenheit oder gar aus mystischen Praktiken und Zaubersprüchen heraus entstehen, sind aber irgendwann in Vergessenheit geraten. Um sich zu erhalten, benötigen sie weiterhin Energie und hängen sich daher an einen Menschen oder an einen Ort, von dem sie langsam die Vitalenergie abziehen. Normalerweise verfügen diese Wesen über kein Bewusstsein, da sie keine vollständigen, bewussten Geister sind und nur das für ihre Existenz Erforderliche tun. Astrallarven sind nicht unbedingt bösartig oder beängstigend, obwohl das auch vorkommen kann. Letztendlich gleichen sie Parasiten, die sich von unserem Blut ernähren. Da sie unserer Gesundheit schlecht bekommen, sollten sie entfernt werden.

Die böswilligen Geister stellen die letzte Gruppe der unerwünschten Geister dar. Darunter können zwar auch Geister von Toten fallen, die keine Ruhe finden, aber in den meisten Fällen haben diese Wesenheiten nicht als Menschen ihren Anfang genommen und sind durch Wut, Angst und andere Schattengefühle an die Welt gebunden. Einige wurden im Laufe der Jahrhunderte als Gedankenformen von Magiern geschaffen und nie gebannt. Andere ähneln zunächst Beuteln, in denen schädliche Energie und schädliche Gedanken der normalen Bevölkerung stecken, und nehmen erst allmählich Gestalt an. Wenn unaufmerksame Magier oder Hexen Geister aus der anderen Welt herbeirufen, aber sie danach nicht bannen oder freilassen, können solche unglücklichen Geister dieser Welt verhaftet bleiben. Meistens manifestieren sie sich auf erschreckende und gewalttätige Weise.

Elementale Wesenheiten, die invoziert und nie ordentlich gebannt wurden, oder Naturgeister, denen wegen des mangelnden Umweltbewusstseins der Menschheit das Gleichgewicht entzogen wurde, können sich in einem Zustand der Unruhe befinden und bösartige Gefühle aussenden, die von Sensitiven aufgenommen werden. In einigen Bereichen der Natur geben sich die Geister liebend und freundlich. Sollte man aber in bestimmte andere Gefilde abwandern, könnte Grauen aufkommen. Es stammt von den Geistern, die nicht gestört werden wollen und normalerweise alles Menschliche vertreiben, um einen Ort zu schützen.

Einige New-Age-Gruppierungen mit polarisierter Ausrichtung von Hell und Dunkel gehen davon aus, dass es eine Geisterhierarchie gibt, die der Liebe und dem Licht entstammt. Demgegenüber muss es dann ja auch eine Hierarchie von Geistern, Wesenheiten, Meistern und Magiern geben, die nicht der Liebe entspringen, sondern Unheil bringen wollen sowie Streit, Zwietracht oder Versuchung und die eine Reihe anderer übler Emotionen wie Zorn, Angst, Wollust, Gier und Neid säen. Das ist die urzeitliche Vorstellung vom Gegenstreit der Engel und Dämonen.

Obwohl sich die Auffassung von Engeln und Dämonen auch in antiken Kulturen findet, passt diese polarisierende Einstellung nicht zum modernen Wicca. Unsere Vorfahren der Hexenkult-Traditionen haben nicht in solch absoluten Extremen gedacht. Alles, einschließlich der Geister, umfasst Spektren und nicht etwas Absolutes. Historisch gesehen tauchte diese Polarisierung erst mit der Zoroaster-Religion auf, die großen Einfluss auf Judentum, Christentum und Islam ausübte. Untersucht man die mittelalterlichen Codices jener Dämonennamen, die von jüdisch-christlichen Magiern benutzt wurden, entdeckt man, dass ein Großteil der Namen und Symbole auf antike heidnische Götter zurückzuführen ist.

Verfluchungen

Ich definiere Verfluchungen als »einen bestimmten schädlichen Zauber, den ein Praktizierender der Magie ausübt«. Ein solcher Mensch weiß ganz genau, wie Zauber funktionieren, und nutzt diese Kenntnis, um in voller Absicht Schaden herbeizuführen. Früher dachte ich, dass diese Art des Schadenszaubers selten vorkommt, da einer der Grundsätze in den meisten magischen Strömungen lautet, dass jede Energie letztendlich zu ihrer Quelle zurückkehrt. Das heißt, dass jegliche magische Handlung, gleich ob hilfreich oder schädlich, mit dreifacher Intensität auf ihren Verursacher zurückfällt. Im Hexenkult nennen wir dies das Gesetz der dreifachen Erwiderung. Gerade durch dieses Gesetz wird der Praktizierende dazu ermutigt, seine magischen Kenntnisse dafür einzusetzen, anderen beizustehen. Unsere einzige moralische Richtschnur ist die Wicca-Regel (englisch: *Wicca-Rede*): »Tue, was du willst, wenn es niemandem schadet.« Auch nicht Ihnen selbst!

Früher ging ich davon aus, dass die Angst vor magischen Querschlägern andere davon abhalten würde, sich der Magie zu schlechten Zwecken zu bedienen. Leider hat das wachsende Interesse an der Magie und die Leichtigkeit, mit der entsprechendes Material erhältlich geworden ist, dafür gesorgt, dass inzwischen eine ganze Reihe gefährlicher Magier die Kunst nutzt, um Schaden anzurichten. Allerdings hat es immer schon Menschen gegeben, die die Magie missbrauchten. Ich wünschte es wäre nicht so, aber es hat keinen Sinn, den Kopf in den Sand zu stecken. Solche unerfreulichen Wahrheiten sind einer der Gründe, weshalb *Ein Schwarzer Gürtel für die Seele* gebraucht wird.

Diejenigen, die über höhere Kenntnisse verfügen, können mächtige Geister anrufen oder erschaffen und sie aussenden, um ihre Konkurrenten heimzusuchen. Wenn Sie aber geschützt, zentriert und sich Ihrer Macht bewusst sind, können Sie solche Wesen ablenken. Selbst wenn sich diese Geister nicht vertreiben lassen, kehren sie doch irgendwann zu ihrem Absender zurück und quälen ihn. In diesem Stadium wird es ihm nicht leicht fallen, sie abzuwehren oder zu bannen.

Psychischer Angriff

Ein psychischer Angriff ähnelt einer Verfluchung, muss aber nicht mithilfe ritualmagischer Werkzeuge ausgeführt werden, um die gleiche Wirkung zu erzielen. Wer einen psychischen Angriff startet, braucht weder Altar noch Kerzen, Symbole oder andere Werkzeuge, sondern wird ganz einfach seinen Willen darauf konzentrieren, einer bestimmten Person Unheil, Schmerzen oder Pech zu wünschen. Auch hier gilt der Grundsatz der Magie: Was man aussendet, kehrt zum Verursacher zurück, doch diese Tatsache scheint diejenigen nicht zu stören, die sich derartiger Praktiken bedienen. Diese Menschen scheinen zu glauben, dass sie über den Geboten des Universums stehen, über dem Gesetz der dreifachen Erwiderung, und davon ausgenommen sind. Sie sehen sich als kosmische Herren der Gerechtigkeit: Wenn es ihnen schlecht geht, steht ihnen das Recht zu, bei anderen Elend zu verursachen, ohne eine Rückwirkung befürchten zu müssen. Letztendlich verschafft ihnen das auf Dauer allerdings nur noch mehr Leid.

Mesmerismus

Obwohl einige Menschen Mesmerismus als einen psychischen Angriff werten würden, handelt es sich dabei nicht um einen psychischen oder physischen Schaden, sondern um eine Unterdrückung des Willens. Manche Menschen sind so einnehmend und überzeugend, dass sie andere auf bestimmte Weise hypnotisieren und deren Willen in eine gewünschte Richtung lenken können. Eigentlich ist Mesmerismus eine Form der Gedankenkontrolle oder in extremen Fällen eine Gehirnwäsche.

Wie bei seelischen Vampiren steckt bei den meisten Mesmeristen keine Absicht dahinter. Zumindest glauben sie nicht, dass es sich dabei um irgendeine magische oder psychische Praxis handelt. Sie sehen sich selbst als gute und überzeugende Redner mit stichhaltigen Argumenten. Auf Dauer entsteht hier kein drastischer Schaden, denn der Mesmerist setzt weder seinen Willen bewusst ein, noch leiten ihn böse Absichten. Wenn aber Urteilskraft und Intuition der Zielperson für eine längere Zeit getrübt sind, dann geht hier etwas anderes vor.

Wie beim seelischen Vampirismus begreifen einige Täter, was sie anrichten, erkennen die damit verbundene Macht und ziehen bewusst ihren Vorteil daraus. Manchmal werden sie durch dieses Machtgefühl regelrecht »high«. Sektenführern wird oft diese Art des Mesmerismus unterstellt, der zu fanatischem Verhalten und bedingungsloser Treue der Anhänger führt. Einige Fachleute deuten die psychischen Mechanismen als die Vitalkraft des Lebens, auch Prana oder Akasha genannt, die der Mesmerist durch die Augen aussendet, um Menschen für sich einzunehmen, sie zu verführen und zu kontrollieren. Anders als beim Bösen Blick ist die Energie des Mesmerismus nicht unmittelbar und unangenehm, sondern sanft und verführerisch. Sie wird dazu genutzt, die Zielperson in Entzücken zu versetzen.

Das Gebet

Ein Gebet kann etwas Herrliches sein, doch wenn sich die falschen Hände falten, kann es Schaden anrichten. Es gehört dann zwischen die Verfluchung und den psychischen Angriff, verdient aber eine eigene Kategorie. Auch diejenigen, die für Hexen, Magier, Schwule, Lesben und Freisinnige beten, könnten dadurch schädliche Magie betreiben. Ich würde mir zwar wünschen, dass sie um Liebe und das höchste göttliche Wohl beten, aber die meisten sprechen ihre Gebete in der Hoffnung, dass die anderen sich zu »ihrem Weg« bekehren, weil sie ihn für den einzig richtigen halten. Sie beten darum, dass die anderen ihre »sündigen« Überzeugungen und Handlungen aufgeben. Das ist eine Art des psychischen Angriffs, die genauso unethisch ist wie alle anderen auch. Man findet derartiges nicht nur in der rechten konservativen Ecke, sondern auch bei einigen New-Age-Pharisäern.

Vererbte Energien

Energien können von einer Generation auf die andere vererbt werden, genau wie körperliche Merkmale, beispielsweise Haar- oder Augenfarbe oder eine bestimmte Begabung. Solche Energien können sich als Wohltaten, Geschenke oder hilfreiche Geister erweisen, aber auch die Form eines so genannten Familienfluchs annehmen. Sie sind so etwas Ähnliches wie ein Familienkarma. In manchen Fällen werden schädliche Energien von einem Familienmitglied auf das andere während der Geburt übertragen. Manche dieser Kräfte bestehen aus ungelösten Fragen und Konflikten, die ein Vorfahr erzeugt hat, beispielsweise intensive Gefühle der Angst, der Reue, der Einsamkeit oder des Zorns. Energie kann nicht zerstört werden, doch sie lässt sich leicht umwandeln. Wenn ein Mensch vor seinem Tod eine bestimmte schädliche Energie nicht umwandelt, und wenn es sein Wunsch ist, dass die Familie ebenfalls verflucht wird, dann kann diese Energie an künftige Generationen weitergegeben werden.

Ungelöste Probleme, beispielsweise das eigene Leben nicht

in den Griff bekommen zu haben, können an Nachfolgende weitergegeben werden. Manchmal zerstreuen sich derartige Energien im Laufe der Zeit und der Generationen, aber einige bleiben beharrlich bestehen, bis sie durch Lebensentscheidungen, die zu spiritueller Reinigung und Befreiung führen, aufgelöst werden. Wenn beispielsweise Ihr »Familienfluch« darin besteht, dass man in seinem Beruf nicht glücklich werden kann, weil dies Ihre Vorfahren seit Generationen nie gewesen sind, sollten Sie sich ganz gezielt eine Arbeit suchen, die Sie befriedigt, um diesen Zyklus zu beenden.

Energien aus früheren Leben

Manche Menschen glauben, dass unerwünschte schädliche Energien an der Seele haften und uns in jedem Leben aufs Neue begleiten, bis wir das Problem gelöst haben. Diese Energien können schon von Geburt an offensichtlich sein, oder sie werden erst dann aktiviert, wenn wir in diesem Leben wieder in eine ähnliche Lage geraten. Sind wir in einem früheren Leben verflucht worden, besteht die Möglichkeit, dass uns der Fluch auch noch im gegenwärtigen Leben begleitet. Gelegentlich ist es schwirig, zwischen den Konsequenzen aus Handlungen eines früheren Lebens (unser Karma) und den Folgen damaliger Verfluchungen zu unterscheiden, doch Meditation, Innenschau und eine ehrliche Wahrnehmung werden Ihnen in beiden Fällen bei der Lösung des Problems helfen.

Das Selbst

Es kann auch vorkommen, dass Sie selbst die größte Schadensquelle ihres eigenen magischen Wohlbefindens sind. Wahrnehmungsmangel, ein schwach ausgebildetes Selbstwertgefühl, Selbstbezichtigungen, verschobene Grenzen, ungelöste Gefühlswallungen und persönliche Ängste können eine Simulation all jener psychischen Angriffe herstellen, die oben beschrieben sind. Ängstliche Menschen sehen überall böse Geister. Menschen, die voller Zorn stecken, sehen zornige Menschen, die hinter ihnen her sind. Die Welt ist Ihr Spiegel und Sie können Ihr eigener schlimmster Feind und Saboteur sein. Bevor Sie also ausziehen, um jemand anderen zu beschuldigen, schauen Sie erst einmal in den Spiegel. Wenn Sie dabei erkennen, dass Sie aus irgendeinem Grund auf irgendeiner Ebene an diesem Vorgang mitwirken, dann übernehmen Sie bitte Ihren Teil der Verantwortung.

Grenzen setzen

Das Kernproblem in jeder Situation, bei der Schutz erforderlich ist, betrifft Abgrenzung. Wird uns körperlich, seelisch, emotional oder psychisch Gewalt angetan, dann wird unserem Sinn für Abgrenzung Gewalt angetan. Wenn wir einem anderen Schaden zufügen, überschreiten wir eine Grenze. Alle Quellen psychischen Unrechts haben letztendlich mit Grenzen zu tun. Bewusst oder unbewusst übertreten wir eine Grenze oder lassen es zu, dass unsere überschritten wird, weil wir nicht wissen, wie wir das verhindern können. Die Vorstellungen von Grenzen, Territorien und Raum betreffen alle Lebensaspekte, doch es ist sehr schwierig, im wirklichen Leben dafür eine gesunde Vorlage zu schaffen. Abgrenzungssymbole – vom magischen Kreis bis zum Schutzschild – werden sowohl in der traditionellen Magie als auch in der modernen Psychologie immer wieder bemüht.

Beim magischen Ritual ziehen wir Grenzen, um einen heiligen Bereich zu schaffen, der die Energie einschließt und unerwünschte Mächte und Geister fern hält. Im magischen Kreis sind wir vor ihnen geschützt, sodass sie uns bei der Arbeit nicht stören, wenn wir hilfreiche Geister anrufen. Das Ritual grenzt auch den Alltag vom mystischen Leben ab: Mit einer Grenzziehung wird der Weg eröffnet und mit einer anderen geschlossen.

Magische Verteidigung arbeitet mit der Aura, unserer energetischen Grenze, und unserem individuellen Raum. Wer psychisch gesund ist, verfügt über einen ausgeprägten Sinn für diese Intimsphäre, ist aber in der Lage, sich in bestimmten Situationen anzupassen. Auch wenn die Grenze abgesteckt ist, erweist sie sich keineswegs als unbeweglich.

In der Psychologie geht es bei den Grenzen darum, die eigenen Gedanken und Gefühle zu beherrschen und nicht auf andere zu projizieren. Umgekehrt gehört zur Abgrenzung auch, dass wir Beurteilungen oder Verantwortlichkeiten anderer nicht etwa als Teil unserer eigenen Identität ansehen.

Meine Freundin und Coven-Gefährtin Jessica verbrachte eine Zeit in Wales als Mitglied einer semimagischen ökologischen Bauernschaft. Die Abgrenzungsthematik war eine große Herausforderung für die Gruppe, deren typisches Mantra lautete: »Das ist nicht mein Ding. Das ist deine Sache und du musst selbst damit fertig werden.« Doch wie selten sagt man so etwas in aller Offenheit! Nach meiner Erfahrung schleichen wir meistens um den heißen Brei herum, machen Andeutungen, aber kommen nie wirklich auf den Punkt. Vielleicht wurde dieser Spruch in Jessicas Kommune etwas zu häufig gebraucht und ausgeschmückt, aber ihre Geschichte zeigte mir, dass Abgrenzungen in der Psychologie, der Magie und bei der seelischen Gesundheit viel mehr miteinander verflochten sind, als wir bisher geglaubt haben. Das Wort »Psyche« bedeutet ursprünglich »Seele«, auch wenn wir es im medizinischen Bereich heute als Vorsilbe gebrauchen, um das Geistige im Gegensatz zum Körperlichen zu kennzeichnen. Ich hoffe, dass wir uns der Ergiebigkeit dieses Wortes wieder bewusst werden und nicht länger die Seele von Geist, Herz, Körper und Magie scheiden.

Ausgewogener Schutz

Jedes Mal wenn wir vor einer Aufgabe stehen, die Abschirmung, Schutz oder Selbstverteidigung erfordert, tut es gut, die jeweilige Situation von einer ausgeglichenen Seelenlage aus zu beurteilen. Das hindert uns daran, übertrieben zu reagieren, ein Drama zu inszenieren oder einen Streit vom Zaun zu brechen. Befinden wir uns im Gleichgewicht, können wir die Situation besser bewerten und von einem stabilen Fundament aus mit ihr umgehen.

Ich nutze das Modell des Pentakels mit Feuerelementen als Zeichen für Ausgewogenheit und betrachte es als meinen größten Lehrer (Abbildung 1). In der Schutzmagie wird den fünf Elementen Folgendes zugeordnet:

Erde: Erdung

Gehen Sie vor allen Dingen überlegt und realistisch zu Werke. Suchen Sie erst nach einfachen, vernünftigen und alltäglichen Erklärungen, bevor Sie voreilig die Schlussfolgerung ziehen, einem magischen Angriff ausgesetzt zu sein.

Wasser: Mitgefühl

Wenn Sie ermittelt haben, dass jemand oder etwas Ihrem Problem zugrunde liegt, zeigen Sie Mitgefühl für diese Person oder Wesenheit. Wir verletzen andere nur dann, wenn wir uns selbst auch verletzt fühlen. Erinnern Sie sich daran, dass Ihnen

Abbildung 1: Das Pentakel

einmal Schaden zugefügt wurde und Sie daraufhin ihrerseits jemanden verletzt oder dies zumindest in Betracht gezogen haben? Mitgefühl entschuldigt die Taten eines anderen nicht, doch es verschafft Ihnen das seelische Einfühlungsvermögen, um behutsam und anteilnehmend mit der Lage umzugehen, anstatt wütend zu reagieren.

Luft: Verständnis

Verständnis bezieht sich auf das wahre Wissen um die Verteidigung. Geben Sie sich Mühe, die Mechanismen der feinstofflichen Energie, der Gedanken, des Willens und der Gefühle zu verstehen. Machen Sie sich die treibenden Kräfte der Selbstverteidigung zu Eigen. Wenn Sie Ihre eigene Wirklichkeit verstehen und danach leben sowie Ihre Begabungen gezielt einsetzen, kann Ihr wahres Selbst nicht durch einen anderen beschädigt werden, ungeachtet der Macht oder Befähigung, die dieser auszustrahlen vermag.

Feuer: Macht

Sie sind nur dann wirklich jederzeit geschützt, wenn Sie verantwortungsbewusst Ihre eigene persönliche Macht mit dem höchsten ethischen Ehrenkodex verbinden. Wenn Sie sich auf diese Art der Macht konzentrieren, unterstützt Sie auch die Macht des Universums. Dann kann Sie nichts und niemand besiegen.

Geist: Bestimmung

Sie sollten begreifen, dass alle Ereignisse im großen Plan des Universums eine Bestimmung haben. Die Erfüllung mancher Menschen drückt sich auf der höchsten bewussten Ebene aus, was bei anderen wiederum nicht der Fall ist. Dennoch erfüllen auch sie auf einer bestimmten Ebene eine Bestimmung und dienen dem großen Ganzen. Meistens erweist sich gerade jener Mensch, der spirituell am wenigsten »entwickelt« erscheint, als der größte Lehrer, da er magische Dramen schafft, die uns dazu herausfordern, die Bemeisterung unserer eigenen Erdung, unseres Mitgefühls, unseres Verständnisses und unserer Macht zu überprüfen. Ohne solche schwierigen Erfahrungen würden wir nicht wissen, wie gut wir die vier Ideale der Erdung, des Mitgefühls, des Verständnisses und der Macht tatsächlich verkörpern.

Wenn Sie vor Herausforderungen stehen und sich dabei dieser Grundsätze des Pentakels bewusst sind, werden Sie mit der Situation umgehen können und Ihre Grenzen mit dem größtmöglichen Maß an Liebe, Vertrauen und Würde erhalten.

KAPITEL 2

Wo geht es hier zum Hexendoktor?

Jetzt kennen Sie die potenziellen psychischen Gefahren, aber woher wissen Sie genau, wann Sie wirklich Schutz brauchen? Wenn Sie aus der Opferrolle aussteigen wollen, kann es schwierig werden. Wir neigen nämlich entweder zur Annahme, dass die Schuld immer bei anderen liegt oder übernehmen umgekehrt für alles ganz allein die Verantwortung. Es stimmt, dass wir in jeder gefährlichen Situation, ganz gleich ob eingebildet oder tatsächlich vorhanden, selbst eine Rolle spielen, weil wir derartige Vorkommnisse aufgrund unserer früheren Gedanken und Handlungen anziehen. Doch wir müssen einen neutralen Mittelweg finden, wo wir für unsere Taten zwar Verantwortung übernehmen, aber nicht gleichzeitig auch die Zuständigkeiten anderer auf uns laden.

Letztendlich können die Grundlagen der Schutzmagie und der magischen Verteidigung jederzeit ausgeübt werden. Es kann Ihnen niemals schaden, sich auf Ihre eigene Macht und Heiligkeit zu konzentrieren. Auch wenn Sie glauben, damit auf eine bestimmte Situation vielleicht zu extrem zu reagieren, werden Ihnen die in diesem Buch beschriebenen Rituale der Bannung und der Reinigung nicht zum Schaden gereichen. Sie könnten Ihnen im Gegenteil dabei helfen, sich über die Situation im Klaren zu werden und sie besser zu überblicken.

Symptome psychischer oder magischer Störungen

Zu den möglichen Symptomen psychischer oder magischer Störungen, die ein anderer herbeigeführt hat, ganz gleich ob absichtlich oder unbewusst, gehören:

- Das Gefühl, dass Sie von etwas Gruseligem, Unfreundlichem oder Bösartigem beobachtet werden, insbesondere wenn Sie ruhig nachdenken oder mit einer spirituellen Arbeit beschäftigt sind.
- Eine Empfindung der Schwere oder des Drucks, als ob sich etwas auf Ihrer Brust oder auf Ihren Schultern niedergelassen hat. Dieses Gefühl einer physischen Gegenwart könnte von einem unerklärlichen plötzlichen Temperaturwechsel begleitet sein. Kälte oder Hitze treten ohne erkennbare oder messbare Veränderung der äußeren Temperaturverhältnisse auf.
- Sie hören bösartige Stimmen. Normalerweise handelt es sich dabei um »psychische Stimmen« im eigenen Kopf, aber gelegentlich erscheinen sie so wirklich, dass man sie zu hören vermeint. Manchmal werden sie auch von mehr als nur einer weiteren Person in der näheren Umgebung vernommen.
- Ungewöhnliche psychische Manifestationen von beängstigenden Erscheinungen. Diese können sich als obsessive Gedanken an Unglücke oder Angriffe manifestieren, obwohl Ihnen so eine Denkweise normalerweise fremd ist. Zu den Manifestationen können auch flüchtige, aber beunruhigende Visionen im wachen Alltagsleben gehören. Oder sehr ausführliche Visionen, die bei Ritualen oder Meditationen auftauchen und Sie bei der spirituellen Arbeit stören.

- Lebhafte und wiederkehrende Albträume. Oft zeigen sich dabei Bilder, die ganz allgemein als erschreckend gelten, aber nicht unbedingt Ihre ganz persönlichen Ängste und Phobien ausdrücken.
- Ein plötzlicher stechender Schmerz im Körper. Üblicherweise wird er als Kopfschmerz wahrgenommen. Traditionellerweise wird behauptet, dass er dann auftritt, wenn der Name des Widersachers in Gegenwart des Angriffsopfers genannt wird oder wenn das Opfer an den Angreifer denkt. Dabei wird ein Schmerz im dritten Auge oder im Nacken wahrgenommen, ohne dass es dafür eine Erklärung gibt. Auch an den Chakras können Schmerzen auftreten.
- Ein langsamer, aber stetiger Verlust an persönlicher Energie. Diese Belastung kann sich auf Ihre Arbeit und auf Ihr Privatleben sowie auf Ihre magischen Fertigkeiten und Begabungen auswirken. Ihre Intuition kann schwächer werden und Ihre Fähigkeit, mit Energie und Magie umzugehen, nachlassen. Normalerweise wird dieser Kräfteverlust von einem intensiven Kältegefühl begleitet, obwohl Sie sonst nicht sonderlich kälteempfindlich sind.
- Das Gefühl eines seelischen Verlusts oder des Eingesperrtseins. In einigen Traditionen belegen übel wollende Magier einen Menschen mit einem Fluch, indem sie einen Teil seines Energiekörpers gefangen nehmen und diesen an der Rückkehr in den Leib hindern. Manche halten dieses Stück für einen Teil der Seele. Nach schamanischen Begriffen verlieren Sie dadurch zwar nicht die Seele selbst, jedoch eines ihrer Fragmente oder eine ihrer Scherben.

Traumatische Erlebnisse können Teile unserer Energie zerstückeln. Wenn wir uns nicht die Zeit nehmen, sie zu heilen und wieder ins Ganze einzufügen, kann das Trauma dazu führen, dass diese Stücke unsere Umgebung verlassen und in Anderswelten Zuflucht suchen. Eine schamanische oder traditionelle Heilung kann sie normalerweise zu uns zurücklocken – es sei denn, ein anderer hindert sie absichtlich daran.

In Voodoo-Traditionen sagt man, übel wollende Praktizierende schnappen sich Ihren »ti bon ange« (kleinen Engel), womit der Astralkörper gemeint ist, der sich während Ihres Schlafs auf Reisen begibt. Diese Magier setzen Zauber ein, um das kleine Selbst gefangen zu nehmen, in der Hoffnung, damit auf diesen Menschen im Wachzustand Einfluss ausüben zu können. Zu den Symptomen einer solchen Erfahrung gehört ein Verlustgefühl. Es scheint einem an Macht, Bestimmung und Identität zu mangeln. Es fehlen Wille und Interesse am Leben. Man wandelt wie ein Zombie umher oder verrichtet ganz mechanisch die Alltagsangelegenheiten, ohne an irgendetwas wirklich Anteil zu nehmen. Manche Heiler nennen dies »Geistergehen«. Es kann durch schädliche Magie hervorgerufen, aber auch durch Trauma oder Erkrankung ausgelöst werden.

- Verlieren von vielen wichtigen persönlichen Gegenständen, obwohl Sie normalerweise nicht dazu neigen, Dinge zu verlegen.
- Anfälligkeit für Unfälle, obwohl Sie sich normalerweise vorsichtig bewegen. Sie können wertvolle Gegenstände zerbrechen, sich selbst oder andere verletzen. Das reicht von kleinen Beulen und Quetschungen bis hin zu ernsthaften Verletzungen.
- Eine plötzliche und unerwartete Krankheit, für die es keine Ursachen zu geben scheint. Wenn Sie als Hexe oder Mystiker eine Beziehung zu Ihrem Körper haben, empfiehlt sich eine intensive Meditation, bei der Sie Ihren Kör-

per durchsuchen, um die Quelle der Erkrankung und die Botschaft, die von ihr ausgesendet wird, zu identifizieren. Wenn Sie keine Ursache entdecken, könnte dies ein potenzielles Symptom für einen magischen Angriff sein.

In vielen Traditionen der Volksmagie belegen übel wollende Praktizierende ganze Familien mit einem Fluch. Auf diese schädliche Energie spricht normalerweise am schnellsten das schwächste Mitglied der Familie an: das Baby. Es wird dann von einer länger andauernden Kolik geplagt, die nicht auf normale Weise geheilt werden kann. Die Heilertraditionen vieler Naturvölker gehen davon aus, dass eine Reihe von Erkrankungen durch schädliche Kräfte außerhalb des Körpers des Betroffenen verursacht werden. Auch wenn Ihnen jemand unabsichtlich Übles wünscht, kann sich dies als Krankheit oder Verletzung manifestieren. Zerstört man die Energie dieses Übelwollens oder bannt man den Geist der Krankheit, wird man wieder gesund.

- Eine lange Kette von Ereignissen, die man eigentlich nur als »Pechsträhne« bezeichnen kann. Das betrifft vor allem finanzielle, persönliche oder gefühlsbetonte Bereiche des Lebens. Um die Wurzel dieser Pechsträhne aufzudecken, gehen Sie hier genauso vor, wie im Fall von Erkrankungen als einem möglichen Symptom eines psychischen Angriffs. Oft bringen wir uns selbst in eine schlechte Lage und können die Schuld nicht auf Menschen abladen, die uns übel wollen. Durch eine Erkrankung können uns Körper und Geist auffordern, Gleichgewicht und Heilung zu suchen. Genauso können uns auch Erfahrungen mit Pechsträhnen zu einem Leben in besserem Einklang mit uns selbst führen.

- Eine unbeabsichtigte Veränderung in Ihrer persönlichen Erscheinung und Ihrem Auftreten, fast so, als wolle sich ein Teil von Ihnen verstecken. Die wenigen Male, da ich selbst Ziel einer schädlichen psychischen Kraft war, rasierte ich mich eine Zeit lang nicht und wechselte ständig meine Garderobe, als ob ich jemanden von meiner Fährte abbringen wollte. Zu jener Zeit fiel mir mein Verhalten überhaupt nicht auf. Erst im Nachhinein konnte ich die Gründe erkennen.

- Irgendeines der oben erwähnten Symptome, das auftaucht, nachdem Sie ein seltsames, unerwartetes oder unerwünschtes Geschenk von einem Fremden erhalten haben oder von jemandem, den Sie im Verdacht haben, dass er Ihnen schaden will. Praktizierende schädliche Magier laden mit Ihren Flüchen und Zaubern oft Gegenstände auf, um dem Empfänger eines solchen Geschenks Schaden zuzufügen. Eine meiner Freundinnen erhielt einen teuren Pullover von einer gestörten Frau geschenkt, die ihr den Job in einem esoterischen Geschäft neidete. Als meine Freundin den Pullover anzog, wurde sie todkrank. Erst nachdem das Kleidungsstück mit einem Schutzritual vergraben wurde, verschwand die Krankheit genauso geheimnisvoll, wie sie aufgetreten war. Unter ähnlichen Umständen wurde mir eine Kette geschenkt. Ich erkannte, was hinter dieser Gabe stand und verbrannte sie augenblicklich. Der Spender zeigte sich höchst überrascht, dass ich weiterhin gesund und munter herumspazierte.
- Das Gefühl von teilweiser oder gänzlicher Besessenheit. Bei einer Besessenheit müht sich ein böser Geist, oft als Dämon oder Teufel bezeichnet, Kontrolle über einen physischen Körper auszuüben. Geht es um eine teilweise Besessenheit, kommt das Gefühl auf, als ob etwas Fremdes versucht, Sie zu vereinnahmen – oder verkürzt gesagt: als ob Sie in Ihrem Körper nicht mehr allein sind. Die gänzliche Besessenheit reicht von dem Gefühl, die

motorische Kontrolle verloren und sie an einen anderen abgegeben zu haben bis hin zu den klassischen Stereotypen: Man spricht mit feindseligen Stimmen, kennt plötzlich Fremdsprachen, verändert sich äußerlich oder verfügt unverhofft über ungewöhnliche Körperkraft. Es ist wichtig, darauf hinzuweisen, dass eine gänzliche Besessenheit zu den am seltensten auftretenden Symptomen gehört. Die meisten aufgezeichneten Fälle dämonischer Besessenheit während der Zeit der Hexenverfolgungen waren übrigens wahrscheinlich auf Mutterkorn-Vergiftungen zurückzuführen. Dabei handelt es sich um einen Schlauchpilz, der sich in Getreideähren ausbildet und Wirkungen wie ein schlechter LSD-Trip hervorruft. Kurzzeitig kann er starke körperliche Kräfte und Wahnsinn auslösen.

Wenn Sie eines oder mehrere dieser Symptome aufweisen, muss das noch lange nicht heißen, dass Sie einem magischen Angriff ausgesetzt sind. Wie schon erwähnt können Sie Ihr eigener schlimmster Feind sein. Daher sollten Sie auch diese Möglichkeit in Betracht ziehen.

Wenn Sie mit den Techniken, die in den nächsten Kapiteln beschrieben werden, die schädlichen energetischen Verbindungen zerstören, sollten Sie allerdings ziemlich schnell von diesen Symptomen befreit sein.

Symptome eines psychischen Angriffs können sich sehr schnell manifestieren, doch sie verschwinden ebenso schnell wieder. Vor kurzem übertrug sich auf mich unbeabsichtigt die psychische Energie eines Freundes, der sehr böse mit mir war. Dieser Freund, ein mächtiger Hexer, der jedoch oft unkonzentriert ist, wollte mir nichts Böses wünschen, aber er hatte sich sehr über mich geärgert. Mir ging es körperlich schlecht; ich hatte mit Übelkeit, Durchfall und Kopfschmerzen zu kämpfen.

Die Symptome tauchten ganz plötzlich auf. Nach ein paar Stunden spürte ich intuitiv, dass die Quelle nicht in mir selbst steckte. Ich übersprang die traditionelle Diagnose und Fragestellung, führte nur das Kleine Bannende Pentagrammritual aus (siehe Kapitel 7) und war danach von den Übeln befreit. Ich meditierte darüber und spürte, dass mein Freund die Quelle meines Unwohlseins war. Also telefonierten wir miteinander und klärten die Missverständnisse. Selbst unbeabsichtigte psychische Angriffe können Ihnen schaden, doch die Befreiungstechniken sorgen für schnelle Erleichterung und helfen Ihnen, die Situation wieder in Ordnung zu bringen.

Leugnung

Wenn man psychisch angegriffen wird, entscheidet man sich normalerweise für eine dieser zwei Möglichkeiten: Man übernimmt entweder selbst die gesamte Verantwortung oder lehnt sie total ab. Doch es gibt noch eine dritte Möglichkeit: Leugnen. Dabei lehnt man es ab, die Verantwortung selbst zu tragen oder sie einem anderen aufzubürden, da man nur an das Gute im Universum glaubt. Also stellt man sich blind und tut so, als sei alles in Ordnung. Das Leugnen in einer Vielzahl von Situationen ist eine typisch menschliche Eigenschaft. Wenn es um Magie geht, fällt es einem besonders leicht, weil ein Großteil der Welt sowieso nicht an Magie glaubt. Da scheint es einfacher zu sein, sich der Mehrheit anzupassen, sogar dann, wenn uns Erfahrungen beweisen, dass es auch etwas anderes gibt.

Unser überliefertes spirituelles Wissen steckt voller Verleugnungen. Man kann sehr schnell darin gefangen sein, ohne es überhaupt zu bemerken. Manchmal glauben wir, dass wir uns spirituell verhalten, während wir in Wirklichkeit dumm sind, weil wir uns nicht schützen.

Man hat uns gesagt, dass alles göttlich ist. Göttlichkeit ist Liebe, also ist alles Liebe. Geister und Kräfte können nicht böse sein, weil sie aus Liebe bestehen. Wenn die Weisen so etwas behaupteten, meinten sie damit, dass alles ein Ausdruck des Göttlichen ist und dass die Göttlichkeit viele Möglichkeiten hat, sich in der materiellen Welt zu äußern. Doch wir müssen uns im Klaren darüber sein, dass zu bestimmten Zeiten bestimmte Ausdrucksformen des Göttlichen für uns ungeeignet sind – beispielsweise Menschen und Situationen, die uns schaden können. Deshalb müssen wir in unserem Leben entsprechende Grenzen ziehen.

Es wird oft beteuert, dass wir nur deshalb dem »Negativen« Macht verleihen, es stärken und Streit anfachen, weil wir uns eben auf das »Negative« konzentrieren. Stattdessen sollten wir lieber friedlich sein und in uns ruhen. Doch es gibt einen Unterschied zwischen der Nichteinmischung in einen Streit und der Nichtanerkennung seiner tatsächlichen Existenz. Wenn ich mir friedliche Krieger wie Mahatma Gandhi anschaue, stelle ich fest, dass sie sich nicht aktiv an der Gewaltausübung beteiligten und damit den Gewaltzyklus weiter vorantrieben, sondern dass sie sich der Lage bewusst waren und entsprechend handelten. Wenn Sie eine schlechte Angelegenheit nicht als solche erkennen, können Sie sich auch nicht für den höchsten Weg entscheiden, um mit ihr fertig zu werden. Fehlt Ihnen das Bewusstsein für die Situation, können Sie nicht sicher sein, ob Sie ihr nicht vielleicht sogar zusätzliche Energie verleihen. Manchmal führt das Ignorieren dazu, dass einem unglückseligen Umstand Zeit und Raum gegeben werden, sich auszuweiten oder alles noch mehr aus dem Gleichgewicht geraten zu lassen. Sich einer solchen Situation nicht hinreichend bewusst zu sein, ist kein Zug einer gesunden und kompetenten Hexe.

Ich bekenne mich schuldig, meine Ängste allzu oft zu leugnen oder sie schlicht rational erklären zu wollen. Wie jede andere dunkle Emotion kann auch Angst ein Lehrer sein. Im Hexenkult müssen Sie sowohl Ihre Intuition als auch Ihren Geist ausbilden. Nur so können Sie feststellen, welche Ängste Sie überwinden und welche Sie in Ehren halten müssen, weil sie Ihnen beibringen, wie man etwas Schlechtem aus dem Weg gehen kann. Einige Ängste manifestieren sich in Ihrem besten Interesse. Heidnische Traditionen lehren, dass wir unsere Ängste nicht leugnen, sondern ihnen begegnen sollen, da sie oft in die Lektionen der unterirdischen Götter und Göttinnen eingeschlossen sind. Bilder des gehörnten Gottes und der als Vettel dargestellten hässlichen alten Göttin sind erschreckend, doch auch sie sind von Liebe geprägt. Menschen und Situationen, vor denen ich mich fürchte, sehe ich viel mehr als gewisse Aspekte der dunklen Götter und nicht als etwas Dämonisches. Ich trachte danach, sie bereitwillig anzunehmen und das Gute in ihnen zu sehen. Doch es gibt Zeiten, in denen man sich vor ihnen schützen muss, also eine Grenze ziehen und sie nicht annehmen darf.

Solche Ängste sollten geehrt und anerkannt werden. Man sollte auf sie hören, anstatt sie zu verabschieden oder einfach weiter mit sich herumzutragen. Die wahre Prüfung der geistigen Bemeisterung besteht nicht darin, die Botschaft zu ignorieren, sondern sie zu vernehmen, entsprechend zu handeln und dennoch nicht durch die Angst beherrscht zu werden. Die Angst zu ehren, ist etwas anderes, als von ihr beherrscht und aufgefressen zu werden.

Eine andere Falle, in die ich immer wieder hineintappe: Ich gehe automatisch davon aus, dass meine Beweggründe auch die der anderen sind, dass wir alle durch die gleiche Brille schauen. Aber das ist einfach nicht richtig. Weil ich mir nicht vorstellen kann, Schadensmagie anzuwenden, fällt es mir schwer zu glauben, dass andere, gar Hexen, Magie nutzen, um Menschen zu schaden. Wie können sie nur so etwas tun? Die

Antwort ist einfach. Solche Hexen vertreten nicht die gleichen ethischen Normen und definieren das Wort »Hexe« anders als ich. Obwohl es vorteilhaft ist, sich in andere einfühlen zu können, sollte man sich der Tatsache nicht verschließen, dass nicht in allen Menschen das Gute wohnt.

Paranoia

Dem Leugnen steht die Paranoia gegenüber. Während manche Leute dazu neigen, jeglichen Schaden, der auf sie ausgerichtet ist, zu ignorieren, gibt es andere, die nur allzu bereit sind, einen böswilligen Feind hinter jedem Baum zu entdecken. Das reicht vom Glauben an eine Hexe, die Bannflüche ausstößt, über die Einstellung, dass ein ganzer Coven dahinter steckt, bis zur globalen Konspirationstheorie. Hierfür ziehe ich gern den guten alten Spruch heran: »Nur weil du paranoid bist, heißt das noch lange nicht, dass sie nicht hinter dir her sind.« Man sollte anerkennen, dass sich schädliche Kräfte gegen einen richten können, aber bei der reinen Paranoia wird der Brennpunkt auf die Schuldfrage verlagert. Man sollte lieber danach fahnden, wie man in diese Lage geraten ist, wie man sie wieder bereinigen und ihr abermaliges Auftauchen verhindern kann.

Viele paranoide Menschen oder solche in Opferstimmung bannen den Schaden einer »Quelle« und ziehen ihn von einer anderen wieder auf sich, da die Wurzel des Ungleichgewichts oder der Grund, weshalb sie einem solchen Erlebnis ausgesetzt waren, nie aufgedeckt wurden. Unter der Vielzahl der Möglichkeiten kann es auf der einen Seite das Leugnen und auf der anderen Seite die Paranoia geben, aber eine Hexe strebt danach, in einem Gleichgewicht zu leben und die Wirklichkeit, auch die magische Wirklichkeit, tatsächlich so zu sehen, wie sie ist, und nicht durch die Brille des Unbewussten oder der Angst.

Diagnose

Wenn Sie sichergehen wollen, ob etwas oder jemand darauf aus ist, Ihnen zu schaden, Sie das aber nicht klar erkennen können, sind Sie auf dem richtigen Weg. Es ist ziemlich normal, daran zu zweifeln. Wären Sie in der einen oder anderen Richtung Ihrer Sache absolut sicher, würde ich das für ungesund halten. Wenn Ihnen die Erdungs- und Konzentrationsübungen in den Kapiteln 3, 5 und 6 keine Klarheit verschaffen, empfehle ich andere Formen der Divination. Noch besser wäre es, den unbeeinflussten Rat eines Magiers einzuholen, der diese Divination für Sie ausführen kann. Er ist mit der Situation weder emotional verbunden noch energetisch auf sie eingestellt und kann Ihnen daher einen deutlicheren, unverstellten Blick bieten.

Sie können aus einer Reihe unterschiedlicher Divinationspraktiken wählen. Wenn Sie allein arbeiten, wäre es ideal, eine Methode auszusuchen, bei der Sie sich wohl fühlen. Wenn Sie sich an einen Außenstehenden wenden, überlassen Sie es am besten ihm, das wirkungsvollste Verfahren für den entsprechenden Fall zu bestimmen.

Das Pendel

Ziehen Sie im Zweifelsfall das Pendel zurate. Ein Pendel ist ein Gewicht, das an einer Schnur hängt. Das kann ein schmückender Quarzkristall an einer Silberkette oder auch eine Wäscheklammer an einem Stück Bindfaden sein. Viele Menschen setzen auch ihre Halskette als Pendel ein.

Bevor Sie sich an die Arbeit machen, reinigen Sie den Gegenstand (siehe Kapitel 3). Nehmen Sie eine meditative Haltung ein und bitten Sie um Kontakt zu Ihren höheren Führern. Halten Sie das Pendel ganz ruhig. Wenn Sie es zum ersten Mal benutzen, sollte Ihre erste Frage lauten: »Was bedeutet ja?« Warten Sie ab, wie sich das Pendel verhält. Am Anfang wird seine Bewegung kaum wahrnehmbar sein, doch nach einigen Augenblicken wird es deutlich ausschlagen. Fragen Sie dann: »Was bedeutet nein?« Meistens dreht sich das Pendel bei »ja« im Uhrzeigersinn und bei »nein« in die andere Richtung, doch Sie sollten bei jedem neuen Pendel diese Fragen stellen, da jedes Pendel und jeder Mensch unterschiedlich reagieren.

Gehen Sie dann zu den Ja- und Nein-Fragen über, um die Quelle Ihres Problems zu identifizieren. Beispielsweise: »Brauche ich derzeit Schutz?« – »Will mir jemand schaden?« – »Ist es ein lebender Mensch?« – »Ist es ein Geist?« – »Geschieht dies absichtlich?« – »Geschieht dies unabsichtlich?« – »Ist es (Name des Menschen/Geists)?«

Über Ihre höhere Führung vermittelt Ihnen das Pendel eindeutige Ja- oder Nein-Antworten. Allerdings glauben viele Menschen, dass man das Werkzeug selbst beeinflusst und es nach Wunsch antworten lässt. Natürlich ist es sehr leicht, das Pendel in jene Richtung schwingen zu lassen, die man herbeisehnt, sogar wenn Sie es nicht selbst halten und von Ihrem Unterbewusstsein bewegen lassen. Die Beeinflussung eines Pendels ist vergleichbar mit der eines Menschen bei dem Muskeltest, der in Kapitel 1 beschrieben wird (s. S. 22 f.). Da verändern starke Gedanken die Antwort von ja auf nein und schwächen die Muskeln. Starke Gedanken können auch das Pendel beeinflussen und Ihnen entweder die Antwort geben, die Sie erwünschen, oder eine, die Sie fürchten. Um dieses Problem zu vermeiden, schlage ich vor, dass Sie erst die Frage stellen, dann die Augen schließen und sich einen friedlichen Ort vorstellen, der in keiner Weise mit der Antwort zusammenhängt. Öffnen Sie nach ein paar Momenten die Augen, und schauen Sie nach, was Ihnen das Pendel sagt.

Tarot/Runen

Zwei meiner Lieblingsarten der Divination sind Tarotkarten und nordische Runen. Allerdings lassen sie einiges zu wünschen übrig, wenn es um definitive Ja- oder Nein-Antworten geht. Doch sie kommen zu Ergebnissen, die es Ihnen gestatten, die Lage auf einem höheren Niveau zu überdenken. Es kann sich als äußerst schwierig erweisen, auf Fragen klare Antworten zu erhalten, wenn man für sich allein diese beiden Divinationsverfahren anwendet. Wenn es aber nicht anders geht, empfehle ich, sich zunächst ruhig hinzusetzen und mit dem Orakel zu meditieren. Wenn Sie bereit sind, stellen Sie am besten eine allgemeine Frage zur Lage wie: »Bedarf ich derzeit magischen Schutzes?« Ziehen Sie dann eine Karte oder eine Rune. Wenn es eine »helle« Karte oder Rune ist, gehe ich davon aus, dass ich mich nicht in Gefahr befinde. Liegt eine »dunkle« Karte oder Rune vor, vermute ich ein Problem. Dabei sollte aber auch die Bedeutung der jeweiligen Rune oder Karte in Betracht gezogen werden.

Teeblätter/Kristallsehen

Bei diesen beiden Arten der Divination werden dem Geist Symbole vorgeschlagen, die Informationen der psychischen Sinne in den Vordergrund treten lassen. Es wird Ihnen sehr schwer fallen, diese Techniken zum magischen Selbstschutz einzusetzen, da sie zu den Verfahren gehören, die höchstwahrscheinlich durch Gedanken und Ängste Ihres Unterbewusstseins getrübt sind.

Ei-Divination

Diese Form der Divination hat mich ein südamerikanischer Magier gelehrt. Sie eignet sich vor allem zur Diagnose und Heilung, kann aber auch eingesetzt werden, um schädliche Geister und Kräfte zu diagnostizieren. Sie ähnelt der Bilderschau bei Teeblättern oder Kristallkugeln. Man nehme ein frisches rohes Ei und bitte den Betroffenen, sich hinzusetzen und über sein Leben und sein Problem nachzudenken, während er sich das Ei ans Herz hält. Dann wird das Ei aufgeschlagen und der Inhalt in einen feinen Glaskelch gegossen, der mit etwas Wasser gefüllt ist. Betrachten Sie Eigelb und Eiweiß, um festzustellen, ob eine äußere Macht gegen diese Person arbeitet oder eine körperliche Erkrankung vorliegt. Dabei interpretieren Sie die im Eigelb erkennbaren Symbole. Es ist ein sehr intuitives und schwierig zu erklärendes Verfahren. Man sollte es einfach ausprobieren und im Laufe der Zeit durch Übung verbessern. Ich setze diese Technik ein, wenn mich Menschen aufsuchen, die unter einem Fluch zu stehen glauben.

Malocchio

Malocchio bedeutet »Böser Blick« und stammt aus den Traditionen südeuropäischer Volksmagie. Die Heilung des Malocchio ist eine der mächtigsten Formen der Diagnose und der Aufhebung von Verfluchungen. Das gilt sogar dann, wenn der Schadensverursacher sich mit italienischer Magie nicht auskennt. Ich habe dieses Heilverfahren von meiner italienischen Großmutter erlernt, der es von ihrer Familie weitergegeben wurde. Ihre Patentante war eine gefragte »Fluchbrecherin« in der italienischen Kleinstadt, aus der sie stammte. Normalerweise werden diese Kenntnisse an Heiligabend weitergegeben. Bei diesem Verfahren wird der Böse Blick gleichzeitig erkannt und gebannt. Dazu gibt es diverse Varianten. Ich stelle Ihnen jetzt das Ritual vor, das ich selbst erlernt habe.

Sie brauchen dafür eine Nadel, natives Olivenöl extra und einen Spaghettitopf. Bringen Sie Wasser im Topf zum Kochen, verringern Sie dann die Hitzezufuhr und lassen Sie es sanft weiterköcheln. Geben Sie drei Tropfen Öl ins Wasser. Wenn sich das Öl trennt, ausbreitet oder mit dem Wasser vermischt, ist kein Malocchio anwesend. Verbinden sich aber die drei Tropfen miteinander, dann handelt es sich um einen Fall des Bösen Blicks. Meine Mutter starrt auf den Tanz des Öls im Wasser, wie andere in Kristallkugeln oder in magische Spiegel, und gewinnt dadurch zusätzliche Informationen über die Art des Fluches. Um ihn zu bannen, müssen Sie eine Kerze segnen und die Nadel in der Flamme sterilisieren. Danach stechen Sie die Nadel ins Öl und brechen es damit auf. Mir wurde dazu ein christliches Gebet an Jesus und Maria beigebracht, doch heutzutage ziehe ich folgenden Spruch vor: »Auge um Auge. Ich bitte Göttin und Gott, diesen Fluch zu brechen. So soll es sein.« Wenn sich das Öl beim ersten Kontakt mit der Nadel nicht zerteilt, wiederholen Sie den Vorgang so lange, bis es geschehen ist. Je schwerer es Ihnen fällt, das Öl zu brechen, desto stärker ist der Böse Blick.

Auralesen

Wer sich im Auralesen auskennt, wird oft sagen können, ob sich eine ungesunde Kraft auf einen Menschen richtet oder ihm anhaftet. Wenn der Auraleser sehr begabt ist, kann er sogar detaillierte Informationen aufnehmen und feststellen, woher und von wem diese Energie stammt und was sie auf den mentalen, emotionalen und seelischen Ebenen anrichtet. Doch selbst wenn Sie ein erfahrener Auraleser sind, wird es Ihnen schwer fallen, dies an sich selbst auszuüben. Man kann es mit einem Spiegel versuchen. Zu mehr Einzelheiten über das Auralesen empfehle ich mein Buch *The Inner Temple of Witchcraft: Magick, Meditation and Psychic Development*.

Schamanische Reise

Die schamanische Reise ist meine absolute Lieblingsdivination, aber auch hierbei handelt es sich um eine Methode, die man nur schwer auf sich selbst anwenden kann. Man versetzt sich in einen Trancezustand, wobei man seine Fragen im Geist verwahrt, besucht die schamanischen Anderswelten und holt sich Rat aus der Welt der Geister. Man muss schon einige Erfahrungen gesammelt haben, ehe man mit definitiven Antworten zurückkommt, doch diese stecken dann voller symbolischer Informationen.

Ich befand mich einmal in der Lage, eine Schamanin aufsuchen zu müssen, um Fragen zu klären, die einen anderen Magier betrafen. Ich hatte den leisen Verdacht, dass mir dieser Mensch etwas Übles an den Hals wünschte, hatte dafür aber keine Beweise. Ich wies zwar ein paar klassische Symptome für einen magischen Angriff auf wie plötzliche Schmerzanfälle, eine unerwartete Erkrankung und eine Pechsträhne, doch ich verschanzte mich hinter dem Leugnen und suchte andere Erklärungen, ohne ernsthaft diese Person als Störungsquelle in Betracht zu ziehen. Dann erzählte mir ein gemeinsamer Bekannter, dass dieser Mensch sehr gegen mich eingenommen sei und schon früher Schadensmagie ausgeübt habe. Ich wollte es immer noch nicht glauben und verwies diese Bemerkung in das Reich von Klatsch und Tratsch.

Schließlich ergab sich die Gelegenheit, eine Schamanin zu

bitten, eine Reise für mich zu unternehmen. Sie sagte, dass sie an meine Frage denken, sie aber nicht laut aussprechen würde. Als sie aus der Trance zurückkehrte, beschrieb sie detailliert die Persönlichkeit dieses Menschen. Er hatte sich als Skorpion an meiner Kehle verkörpert und kämpfte mit meinem eigenen Totemtier, einer Spinne. Die Spinne war am Verlieren, weil ich sie nicht anspornte und nicht dafür ehrte, dass sie mich beschützte. Die Schamanin entfernte den Skorpion sowie sein Gift und heilte meine Kehle. Ich bin mir ziemlich sicher, dass der Magier, der mir schaden wollte, keine schamanischen Mittel eingesetzt hatte, wahrscheinlich nicht einmal das Bild des Skorpions, doch das war die Symbolik, die sich der Schamanin offenbarte. Meine Probleme lösten sich auf und ich wurde sehr viel gewissenhafter bei meinen eigenen Ritualen zum psychischen Selbstschutz.

Am Tag darauf sah ich zwei weitere Schamanen in meinem Tarot-Kurs. Sie nahmen mich beide nach dem Unterricht zur Seite und meinten, dass ich so aussähe, als sei mir eine riesige Last genommen worden. Ich erschien ihnen zum ersten Mal seit Wochen klarer, freier und gesünder. Diagnose und Heilung hatten also eine tatsächliche Auswirkung, die auch von anderen wahrgenommen wurde.

KAPITEL 3

Seelische Hygiene

Vorbeugung ist die beste Medizin. Probleme, die psychischen Selbstschutz erforderlich machen, ähneln oft Erkrankungen. Etwas ist aus dem Gleichgewicht geraten und muss wieder zurechtgerückt werden. Doch wenn man verhindern kann, überhaupt aus dem Gleichgewicht gebracht zu werden, ist man natürlich am besten dran. Die holistische Magie hilft Ihnen dabei, die eigene Kraft so zu festigen, dass Sie in Stresszeiten, wenn Sie am anfälligsten für Krankheiten sind, Ihre Mitte nicht verlieren. Eine regelmäßige seelische Grundversorgung oder Hygiene kann Ihnen diese magische Immunität gegen die meisten Gefährdungen verleihen.

An diesen psychischen Hygieneverfahren ist so erfreulich, dass sie jedem, der dies wünscht, zur Verfügung stehen. Sie erfordern weder eine besondere Begabung noch ausgebildete magische Fertigkeiten, sondern nur den Willen, sich mit ihnen zu beschäftigen. Wie das geht, habe ich Freunden, meiner Familie, Schülern und Klienten beigebracht.

Geistige Körper

Wir achten bei unserem physischen Körper auf Hygiene und Pflege und sollten unsere Energiekörper genauso gut versorgen. Hygiene hält ungesunde Bakterien vom physischen Leib fern, da sie sich dann nicht mehr vermehren und ihn infizieren können. Wir nehmen gesundheitsfördernde Substanzen zu uns, damit der »Motor« unseres materiellen Körpers wie geschmiert läuft. Unsere geistigen Körper sollten wir auf die gleiche Weise behandeln, da sie durch unsere Alltagserlebnisse auf energetischer Ebene genauso schmutzig werden wie der physische Körper.

In unserer modernen Welt gehen die meisten Menschen davon aus, dass wir nur einen einzigen Körper haben, auch wenn einige zugeben, dass etwas Unsichtbares diesen Körper belebt. Die meisten religiösen Hauptströmungen bezeichnen diese belebende Kraft als Seele. Wenn ein Mensch stirbt, verlässt die Seele den Körper, der dann nicht mehr belebt ist. Er hat den vitalen Funken verloren und wird der Erde zurückgegeben.

Weise Frauen und Männer aus Traditionen auf der ganzen Welt wissen, dass diese Vorstellung zwar zutreffend, aber sehr vereinfacht ist. In Wirklichkeit haben wir nämlich nicht nur Leib und Seele, sondern eine Reihe unterschiedlicher Körper. Wir bestehen aus einem einzigartigen Energiemix, einer Ansammlung von feinstofflichen Körpern. Schon zu unseren Lebzeiten und nach dem Tod trennen sich einige Körper ab und kehren an ihre Quelle zurück. Manche Glaubensrichtungen und die meisten modernen Hexen gehen davon aus, dass sich die individuellen Lebensfunken an einen anderen Ort oder in eine künftige Inkarnation begeben.

Esoteriker ordnen diese Energiekörper unterschiedlich ein und geben ihnen diverse abweichende Bezeichnungen. In einigen Systemen gibt es sieben, neun, zehn oder zwölf Körper, denen jeweils verschiedene Attribute zugeschrieben werden.

Allen Unterschieden zum Trotz gibt es verblüffende Übereinstimmungen. Ich vermute, dass die Diskrepanzen auf unterschiedliche Blickwinkel zurückzuführen sind, die sowohl gesellschaftlich geprägt sind als auch von der jeweiligen Ausbildung abhängen. Wenn Sie von einem Lehrer oder aus einer Überlieferung erfahren, dass wir mit Bestimmtheit über zwölf geistige Körper verfügen, werden Sie genauso viele finden. Wenn Sie hören, dass es sieben Körper gibt, werden Sie sieben entdecken. Schließlich neigen wir dazu, Autoritäten und Traditionen Recht zu geben.

Ich glaube, dass die Energiekörper in Wirklichkeit mit den Wasserschichten des Meeres vergleichbar sind. Die Wissenschaft kann diese Schichten zwar mit Begriffen wie Druck, Temperatur, Licht, Strömung und Population beschreiben, aber auch ihr fällt es schon schwerer zu sagen, wo eine Schicht aufhört und die andere anfängt. Bei einer bestimmten Zahl wird einfach eine Grenze gezogen, aber diese Markierungen werden relativ willkürlich gesetzt. Tatsächlich geht eine Ebene in die andere über, doch wir nutzen diese unterschiedlichen Bezeichnungen, um die diversen Schichten irgendwie auseinander zu halten.

In der Magie gehen wir auf die gleiche Weise vor. Wir erleben und bemessen unterschiedliche Energiekörper, doch sie sind allesamt Teil eines einzigen großen Systems, eines riesigen Meeres, bei dem alle Wasser zusammenkommen und durcheinander fließen. Unsere Grenzmarkierungen beruhen zwar auf Erfahrung, können aber durchaus als willkürlich festgesetzt betrachtet werden. Der eine geistige Körper strömt in die anderen und durchdringt sie. Die Gesundheit eines jeden Körpers hängt von der Gesundheit aller anderen Körper ab. Veränderungen in einem Körper strömen auch in die anderen hinein und beeinflussen sie, von den feinstofflichsten bis hin zu den grobstofflicheren Ebenen.

Zur Vereinfachung werden wir bei unserer Arbeit ein Vierkörpersystem handhaben, das sich auf die vier Elemente gründet (Abbildung 2). Wenn Sie dieses Vierkörpersystem kennen, werden Sie begreifen, dass sich auch die komplexeren Systeme mit mehreren geistigen Körpern, ganz gleich mit welchen Bezeichnungen sie versehen werden und woher sie stammen, eigentlich auf diese vier Körper reduzieren lassen. Jeder Körper hat eigene Bedürfnisse und muss auf eine ganz bestimmte Weise gepflegt und gesäubert werden.

Dazu verleiht jedes Element seinen eigenen Segen und seine eigenen Techniken zur Reinigung, Heilung und Gleichgewichtsfindung und bietet einen eigenen Weg zur seelischen Hygiene an, der auf mehreren Ebenen begangen werden kann. Die elementaren Hygieneverfahren überschneiden sich allerdings, da auch die geistigen Körper ineinander übergehen. Es kann geschehen, dass Sie mit einer bestimmten Technik bessere Schwingungen zustande bringen als mit einer anderen und diese Methode dann eben überall einsetzen. Nur Sie selbst können herausfinden, was bei Ihnen am besten funktioniert. Dann sollten Sie sich auch nur auf jene Methoden konzentrieren, die Sie tatsächlich benutzen. Wenn Sie von vornherein wissen, dass Sie nie ein rituelles Bad nehmen werden, weil Sie Bäder grundsätzlich nicht mögen, dann sollten Sie sich auch nicht dazu verpflichtet fühlen. Machen Sie sich auf die Suche nach mindestens einem Verfahren, das für Sie wirkt, und setzen Sie es oft ein.

Der physische Körper

Der physische Körper ist Ihnen wahrscheinlich am besten vertraut. Er besteht aus Fleisch, Blut, Organen und Knochen und bezieht sich auf das Element Erde, dem grobstofflichsten der

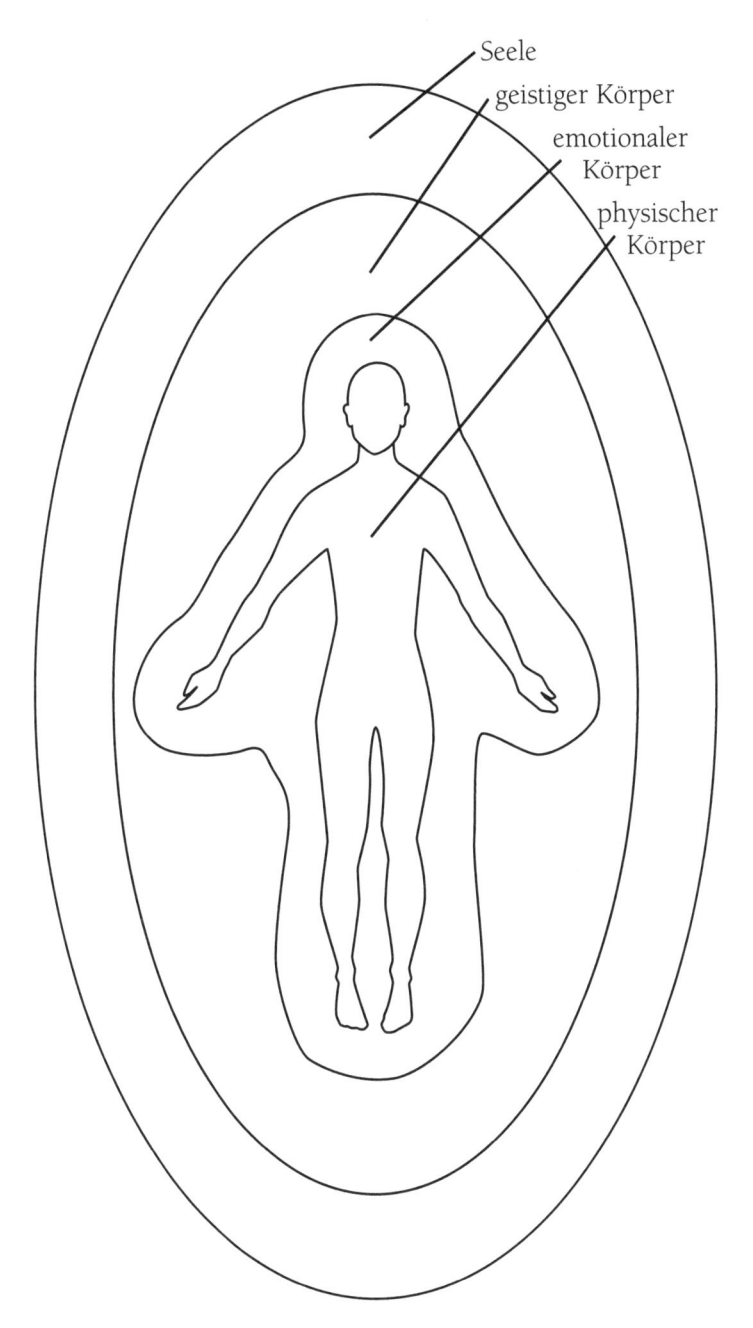

Abbildung 2: Elemente und Körper

vier Elemente. Es ist natürlich wünschenswert, dass Ihre Art der Körperpflege Ihnen und der Gesellschaft, in der Sie leben, entgegenkommt! Auf der ganzen Welt gibt es unterschiedliche Vorstellungen darüber, wie und wann man sich waschen und wie man duften sollte. Wenn Sie sich Ihrer Umgebung diesbezüglich nicht anpassen, wird es Ihnen früher oder später schon jemand nahe legen.

Wenn ich davon spreche, den physischen Körper spirituell zu säubern, beziehe ich mich auf die grobstofflichsten, mächtigsten und weltlichsten Reinigungsverfahren. Zu ihnen gehören körperliche Handlung und ein einfaches Ritual. Beides hat die weitreichendsten Auswirkungen auf alle geistigen Körper. Am wirksamsten finde ich das einfache Ritual der Räucherung, das ich nahezu täglich ausübe.

Jeder kann es ausführen, auch wenn er nicht daran »glaubt«. Der Reinigungseffekt tritt ganz zwangsläufig ein, selbst wenn Sie Ihr Räucherwerk ohne Zeremonie oder bestimmte Absichten entzünden. Wer behauptet, nicht an die Kraft der Räucherung zu glauben, kann genauso gut sagen, dass er nicht an die Kraft von Seife glaubt. Wenn Sie es richtig anwenden, wird es funktionieren, auch wenn Sie es nicht zugeben wollen. Wie Seife kann auch jeder Mensch Räuchermittel gebrauchen.

Jetzt weiß ich schon, welcher Einwand von den erfahrenen Heiden unter Ihnen kommen wird: »Für Räucherungen verwendet man Weihrauch, und das ist ein Werkzeug der Luft. Ist daher dieses Verfahren für den geistigen Luftkörper nicht viel geeigneter als für den physischen Erdkörper?« Sie haben völlig Recht. Ich begreife, worauf Sie hinaus wollen, und rein technisch gesehen könnten Sie Räucherung mit Luft gleichsetzen – oder auch mit Feuer, denn zunächst zünden Sie den Weihrauch ja mit Feuer an. Es gibt zwei Gründe, warum ich das Ritual der Räucherung dem physischen Leib zuordne.

Erstens: Man braucht es nur auszuführen und es funktioniert auf der Stelle. Räucherungen erfordern nur eine schlichte Handlung. Beim Luftelement werden wir auf geistigere Verfahren näher eingehen. Jeder, und damit meine ich wirklich jeden, kann Räucherungen vornehmen. Ich habe diese Kunst Menschen beigebracht, die überhaupt nichts mit Esoterik anfangen können, und es hat ihnen ausnehmend gut gefallen.

Zweitens: Die Substanzen, die wir verbrennen, diverse Kräuter, Hölzer und Harze stammen aus der natürlichen Sphäre, nämlich von der Erde. Obwohl die Natur streng genommen etwas ganz anderes ist als die reine elementare Erdenergie, harmonieren diese Substanzen vorzüglich mit dem Element der Erde.

Der Akt der Räucherung besteht aus dem Ritual, bei dem Sie sich selbst, andere Menschen oder Gegenstände durch den geheiligten Rauch eines gesegneten Weihrauchs schleusen oder schwenken. Der Rauch reinigt auf energetische Weise. Wenn Sie einen Bereich reinigen wollen, verbrennen Sie dort das Räucherwerk. Möchten Sie das gesamte Haus säubern, gehen Sie mit dem glimmenden Weihrauch in jedes Zimmer. Das Räuchern funktioniert auf mannigfaltigen Ebenen. Auf der physischen Ebene verändert es den Geruch eines Gebiets. Menschen reagieren heftig auf Düfte und bestimmte Gerüche werden auch mit bestimmten Kräften assoziiert.

Auf der geistigen Ebene hat jede Substanz, die als Räucherwerk eingesetzt wird, eine spezielle Schwingung, die sich bei der Verbrennung intensiviert. Sie wird durch den Rauch zwar freigesetzt, verbreitet sich aber viel weiter als der sichtbare Qualm. Wird der Weihrauch gesegnet, dann verstärkt sich die Wirkung noch mehr. Für stark reinigendes und schützendes Räucherwerk wie jenes, das auch in der Zeremonialmagie verwendet wird, sollte man Substanzen mit kräftigen »hohen« Schwingungen benutzen, denen üblicherweise auch ein herbwürziger Duft anhaftet.

Menschen, die von »negativer« Energie sprechen – das, was ich schädliche oder grobstoffliche Energie nenne – meinen damit eigentlich niedrigere, langsamere, eher stagnierende Kräfte. Wenn man stark schützenden und reinigenden Weihrauch verbrennt, zwingen seine hohen Schwingungen alle anderen dazu, sich ihm anzupassen oder aus der Umgebung zu verschwinden. Sie können nämlich nicht weiter auf der niedrigen grobstofflichen Ebene verharren, wenn die gesamte Energie um sie herum verfeinert wird. Einer meiner Schüler verglich das einmal mit einer Uhrensammlung, bei der sich die Uhren, die anfangs mit gewisser Abweichung liefen, allmählich einem einheitlichen Muster anpassen. Eine starke laute Uhr kann den gesamten Vorgang beherrschen. Mit Energie funktioniert das auf ähnliche Weise: Die höhere Energie erzieht die niedrigere dazu, sich ihr anzupassen. Kann letztere das nicht, muss sie den heiligen Ort verlassen.

Für den Akt der Räucherungen kommen unterschiedliche Substanzen infrage, aber nicht jedes Räucherwerk verfügt über die Eigenschaft der Reinigung, Bannung und des Schutzes. Nur weil Ihnen der Duft eines bestimmten Mittels gefällt, heißt das noch lange nicht, dass es sich für alle Fälle zur Räucherung eignet. Einige Räuchermittel verändern Stimmungen, andere verschaffen beim Zaubern mehr Energie, ziehen Liebe oder Geld an, verursachen einen Trancezustand oder werden genutzt, um eine astrologische, planetarische, elementale oder saisongebundene Kraft zu feiern. Jedes Mittel dient einem bestimmten Zweck, ist aber nicht unbedingt für die uns interessierende Aufgabe geeignet. Für Schutz- und Reinigungsräucherungen haben sich folgende Substanzen bewährt:

Salbei: Bei den nordamerikanischen Ureinwohnern das Lieblingskraut der Heiler. Es gibt sehr viele unterschiedliche Salbei-Arten, beispielsweise den echten Salbei, den nordamerikanischen Beifuß und den weißen Salbei aus Kalifornien, den ich persönlich bevorzuge. Alle Arten haben ähnliche Eigenschaften.

Zedernholz und Süßgras: Beide stammen aus amerikanischen Traditionen, können für sich allein, gemeinsam oder zusammen mit Salbei eingesetzt werden.

Weihrauch und Myrrhe: Diese Mischung wird sowohl von der katholischen Kirche als auch von Hexen am liebsten benutzt. Dem Weihrauch haften die männlichen Eigenschaften von Sonne und Jupiter an, während die Myrrhe die weiblichen Eigenschaften von Mond und Saturn enthält. Wenn beide Substanzen zusammen verglimmen, schaffen sie einen heiligen Bereich und vertreiben unerwünschte Einflüsse.

Copal: Das Copalharz wird von den Schamanen Mittel- und Südamerikas verräuchert. Ihm werden stark schützende Eigenschaften zugeschrieben.

Lavendel: Eines der vielseitigsten Kräuter. Sein herrlich entspannender Duft kann genutzt werden, um einen Raum zu reinigen und zu schützen.

Drachenblut: Unterschiedliche rote Harze, die jeder Kräutermischung mehr Kraft verleihen. Wenn dieses Harz für sich allein verbrannt wird, enthält es die Kraft des Kriegers, es wird vom Mars regiert und verbannt unerwünschte Geister und Kräfte mit Gewalt.

Zimt: Dieses aromatische Gewürz, das in der Küche so gern Verwendung findet, kann zum Schutz des Heims verräuchert werden.

Nelken: Ein weiteres Gewürz, das Schutz verleiht. Ganze Nelken sind eine sichere Alternative zu »Schutzdornen«, normalerweise Nägel, Nadeln, Stifte und Glasstücke, die bei traditionellen Schutzzaubern zu Hilfe genommen werden. Nelken, die auf heißer Kohle oder in einem Feuer verräuchert werden, senden starke Schwingungen aus, um unerwünschte Kräfte zu vertreiben.

Beifuß: Traditionell als magisches und Visionen förderndes Kraut bekannt eignet sich Beifuß auch als Räucherwerk, um unerwünschte Kräfte und Geister zu bannen. Meine Kräuterlehrerin zeigte mir, wie man Räucherbündel herstellt. Man bindet dabei Beifuß mit anderen Pflanzen zusammen wie Salbei, Kiefernadeln, Zedernholz, Färberkamille oder Lavendel. Beifuß wird auch bei der Akupunktur eingesetzt, weil es gesunden Energiefluss stimuliert und traditionellerweise die Krankheitsenergie bannen soll.

Fünfnadelige Kiefern: Solche Kiefern, vor allem die weiße Weymouthkiefer, enthalten starken Schutz der göttlichen Macht. Jedes »Blatt« besteht aus fünf Nadeln, wie eine fünfblättrige Blume. Derartige Formationen verfügen oft über eine Schutzkraft, die dem Pentakel zugeordnet wird (siehe Abbildung 4). Aus solchen Kiefernadeln wird ein vorzügliches Räuchermittel hergestellt, das die göttlichen Schutzmächte invoziert, die von Sonne und Jupiter beherrscht werden. Zu Ehren des neuen Gottes wird es oft zur Wintersonnenwende verbrannt.

Färberkamille: Eine magisch vielseitig einsetzbare Pflanze. Sie wird oft benutzt, um Hautreizungen – auch durch giftige Pflanzen – zu behandeln. Ich verwende sie, um Insekten fern zu halten. Beim Verbrennen vertreibt sie alle unerwünschten Schädlinge und Energien. Färberkamille passt gut mit Beifuß und Wacholder zusammen.

Techniken des Räucherns

Räuchermittel sind als Bündel, Stäbe, Kegel und in Pulver- oder Körnerform erhältlich. Es macht allerdings Spaß, Räucherbündel aus vielerlei getrockneten Kräutern selbst herzustellen. Sammeln Sie frische Kräuter, die Sie dann mit einer Baumwollschnur fest zusammenbinden und zum Trocknen auf einen Rost legen, sodass von allen Seiten Luft herankommt. Wenn es soweit ist, entzünden Sie die Spitze und pusten sie aus. Lassen Sie die Pflanzen vor sich hin glimmen und brennen, denn dabei entsteht Ihr heiliger Rauch. Unter das Räucherbündel oder das Räucherstäbchen sollten Sie natürlich feuerfestes Geschirr stellen. Manche nehmen hierfür eine irdene Schale oder eine Muschel.

Pulverisierter Weihrauch macht eine Menge Schmutz und Arbeit, ist aber weitaus am hexenhaftesten! Zerkleinern Sie Ihre Kräuter in einem Mörser oder benutzen Sie dafür eine Küchenmaschine. Besorgen Sie sich dann als Verbrennungsgrundlage kleine Holzkohletabletten, die in den meisten Esoterikläden verkauft werden. Entzünden Sie die Kohle und streuen Sie etwas Räuchermittel darauf. Sobald Sie mehr Rauch benötigen, fügen Sie neues Räuchermittel hinzu. Mit einem nicht brennbaren Gegenstand kehren Sie die angesammelte Asche weg und legen Weihrauch nach. Machen Sie mit einzelnen Pflanzen den Anfang. In Kapitel 7 (s. S. 193) werden Sie lernen, eine kompliziertere Mischung herzustellen.

Setzen Sie alle Gegenstände, die Sie reinigen wollen, dem Rauch aus. Wenn der Akt der Räucherung Ihnen selbst oder einem anderen Menschen gilt, fächeln Sie den Rauch über den ganzen Körper, wenn möglich über Vorder- und Rückseite.

Beim Verbrennen von Salbeibündeln oder anderen Kräutern kommen oft auch Federn zum Einsatz: Mit Truthahn- oder Krähenfedern fächelt man die glühende Kohle an, um mehr Rauch zu gewinnen.

Der Akt der Räucherung kann zu einer Zeremonie gestaltet werden. Bevor ich mich, jemand anderen oder einen Gegenstand räuchere, halte ich den glimmenden Weihrauch meistens nach Norden, Osten, Süden, Westen, weise damit nach oben und zum Boden, zu meiner linken und rechten Seite sowie zum Herzen und bitte um den Segen aller Himmelsrichtungen und der Götter. Wenn Sie mit bestimmten Gottheiten, Totems oder Engeln (siehe Kapitel 6, S. 141 ff.) arbeiten, können Sie diese als Teil Ihres persönlichen Reinigungsrituals anrufen. Sie sollten dabei sowieso möglichst kreativ zu Werke gehen.

Um den physischen Körper wirklich zu schützen, seien Sie sich seiner auch wirklich bewusst und finden Sie Ihre Mittigkeit durch Rituale wie den Akt der Räucherung. Wer ein klares Bewusstsein hat, kann sich auf schwierige Situationen besser einstellen.

Der emotionale Körper

Der emotionale Körper wird durch das Element Wasser symbolisiert. Diesem Körper werden zahlreiche Namen verliehen. Manche sagen dazu Astralkörper, psychischer Körper oder Traumkörper. Jeder Begriff unterliegt zwar einer anderen kulturellen Bedeutung, aber allen werden ähnliche Kräfte zugeschrieben.

Diese Energieebene wird durch das Wasser versinnbildlicht, weil sie sich wie Wasser in einem Gefäß bewegt und Formen annimmt. Die Kräfte des Willens und der Fantasie verleihen dieser Astralenergie Gestalt. Wenn wir zu ihr im Schlaf Kontakt aufnehmen, werden alle unsere Gedanken – die des Alltagslebens sowie unsere Wünsche, Träume und Ängste – auf der Astralebene Form annehmen. Und das erfahren wir als Träume. Auch unsere Gefühle verwandeln sich mithilfe unseres Willens und unserer Fantasie in Gestalten. Sie sind ständig im Fluss und verändern sich schnell. Wie Wasser können auch sie klar und kühl oder aufgepeitscht und trüb sein.

Wasser ist für Verschmutzung besonders anfällig. Es fließt

frei überall hinein, über alles hinweg und sammelt in seinem Lauf Unreinheiten auf. Das Gleiche kann auch mit unseren Gefühlen geschehen. Wenn wir unseren emotionalen Körper nicht wirkungsvoll abgrenzen, nehmen wir emotionale Verunreinigungen und Gifte von anderen Menschen und Orten auf. Wie man die Kraft des Wassers als psychische Energie betrachtet, so stellt der emotionale Körper sehr oft jene energetische Sphäre dar, die uns psychische Informationen vermittelt. Ohne deutliche psychische Abgrenzungen ist es schwierig dahinterzukommen, ob es sich dabei um eine wahre psychische Erfahrung, eine Erkenntnis oder Botschaft handelt oder ob uns ein falscher Eindruck vermittelt wird, der aus unseren eigenen persönlichen Wünschen und Ängsten besteht oder auf die psychischen Verunreinigungen zurückzuführen ist, die wir von anderen übernommen haben. Wenn wir hier keinen Unterschied feststellen können, nehmen wir Gefühle und Eindrücke von anderen auf. Das ist nicht aufzuhalten, wenn wir selbst nicht deutlich erkennen, was geschieht.

Einfühlungsvermögen

Wer in der Lage ist, die Gefühle anderer wahrzunehmen und sich auf andere einzustellen, zeigt Empathie, also Einfühlungsvermögen. Menschen, die mit Magie nichts zu tun haben, betrachten diese Fähigkeit eher als etwas Symbolisches, etwa als ein Verständnis für die Gefühle anderer. Wer sich mit Magie beschäftigt, weiß, dass Gefühle Energie sind und Empathie eine große Begabung oder ein großes Problem darstellen kann, je nachdem, wie man sie vermittelt und mit ihr umgeht.

Einfühlungsvermögen ist ein Segen, wenn man selbst gut geerdet ist und die eigene Sensibilität benutzt, um sich über Beziehungen und Situationen ein besseres Bild zu machen. Es ist sehr wichtig, im Gespräch für die Gefühle des anderen empfänglich zu sein. Einfühlungsvermögen verschafft uns die Gelegenheit, mehr als nur Worte im Gespräch einzusetzen. Kommunikationsmittel, denen eine emotionale Resonanz abgeht, wie beispielsweise Computer, können empathiebegabte Menschen ganz schön durcheinander bringen.

In gewisser Hinsicht sind wir alle empathisch, denn wir nehmen die Energie von Klängen, feinen Nuancen und entsprechenden Gefühlen auf. Nur gibt es eben verschiedene Abstufungen von Sensitivität. Menschen, die sich selbst für empathisch halten, verfügen über diese Fähigkeit in größerem Umfang als der Durchschnitt der Bevölkerung. Leute, die gesunde Empathie aufweisen, arbeiten oft in Heilberufen, sind Lehrer, Therapeuten, Sozialarbeiter, Künstler, Schauspieler oder Musiker. Eine hoch entwickelte Sensitivität ist bei all diesen Berufen gefragt, doch die Menschen, die sie ausüben, neigen in hohem Maße dazu, schnell ausgebrannt zu sein. Das liegt daran, dass sie zwar Sensitivität aufweisen, ihnen aber die erforderliche Erdung sowie notwendige Abgrenzungen fehlen, um langfristig gesund zu bleiben.

Mitgefühl kann auch so etwas wie ein Fluch sein, wenn man es nicht richtig im Griff hat. Einige Menschen lassen sich von den Gefühlen und der Energie anderer leicht überwältigen und wissen dann nicht mehr, wo ihre eigenen Emotionen anfangen und wo sie aufhören. Andere Empathiker lassen sich zwar nicht derartig hinreißen, halten sich jedoch in der Sphäre des Wassers für so bewandert, dass sie den Umgang mit dem Element Luft nie richtig erlernen, also nicht in der Lage sind, die eigenen Gefühle zu vermitteln. Das macht es vielen Menschen so schwer, zu ihnen eine Beziehung aufzubauen.

Schon in jungen Jahren gehen solch sensible Seelen davon aus, dass alle anderen Menschen über dasselbe Bewusstseinsniveau wie sie selbst verfügen und fühlen sich verletzt, wenn man sie missversteht. Andererseits achten solche Empathiker viel zu wenig auf die Worte ihrer Gesprächspartner. Sie spüren zwar die Emotionen, ignorieren aber den Rest der Kommunikation. Manchmal sind die Emotionen tatsächlich wahrhaftiger, doch wenn ein Mensch mit weniger Empathie den Eindruck gewinnt, dass er »gelesen« wird, anstatt dass man ihm zuhört, kann das zu komplizierten Verwicklungen führen.

Neben den so genannten empfänglichen Empathikern gibt es auch die projizierenden Empathiker. Meistens sind beide Fähigkeiten gleichzeitig vorhanden, doch einige projizierende Empathiker nehmen die Gefühle anderer überhaupt nicht wahr, sondern lassen lediglich alle Welt an ihren eigenen Gefühlswallungen teilnehmen. Das ist nicht immer eine schlechte Sache. Solche Empathiker können nämlich außer ihrer Nervosität, ihren Depressionen und ihrer Wut auch Freude, Liebe und Frieden verbreiten. Ihre Stimmung wird zum beherrschenden Gefühl in ihrem Umfeld und die meisten Menschen begreifen nicht, wie das geschehen kann.

Wenn Sie sich das nächste Mal unter Menschen befinden und merken, dass sich Ihre Laune plötzlich verändert, beobachten Sie die anderen um sich herum. Sie halten sich beispielsweise auf einer Party auf und spüren einen scheinbar grundlosen Stimmungsumschwung oder fühlen sich mit einem Mal ganz anders als sonst. Sehen Sie sich im Zimmer um und finden Sie heraus, ob ein anderer Anwesender eine vergleichbare Laune aufweist. Ist das der Fall, sollten Sie das akzeptieren und den Entschluss aussenden, ausgeglichener zu sein und sich auf die eigene Mitte zu konzentrieren. Achten Sie darauf, ob sich Ihre Stimmung danach wieder normalisiert.

Unkontrollierte Empathie hat sehr viel mit Abgrenzungsproblemen zu tun. Man sollte in der Lage sein, die Fähigkeiten der Sensitivität oder Projizierung bei Bedarf einzusetzen, sie aber auch ausschalten können, wenn man davon überwältigt zu werden droht. Menschen mit großen Empathieproblemen kann geholfen werden, wenn sie die Abgrenzungs- und Heilungsverfahren dieser Lektion gewissenhaft praktizieren. Sehr nützlich kann es auch sein, regelmäßig zu meditieren oder Rituale auszuüben, die der Innenschau dienen.

Ohne diese Praktiken kann es problematisch sein herauszufinden, welche Gefühle einer äußeren Quelle und welche dem eigenen Wesen entspringen. Wenn tiefe Gefühle aufsteigen, die geheilt werden sollten, fällt es in Krisenzeiten leicht, sie mit der Begründung zu verabschieden, dass es sich wohl um die Emotionen anderer handeln müsse. Projizierende Empathiker, die über ihre Fähigkeit Bescheid wissen, begeben sich oft in die Isolation und ziehen sich von anderen Menschen zurück, weil sie Angst haben, ihnen wehzutun. Wer Schwierigkeiten mit seinen persönlichen Grenzen hat, der gibt entweder anderen die Schuld oder nimmt sie ganz auf sich. Wie so oft liegt auch hier die Wahrheit in der Mitte.

Letztendlich ist Empathie ein bedeutender Lehrer und eine große Gabe. Der Umgang mit ihr ist nicht immer leicht, aber wer vor dieser Herausforderung steht, ist zu einer wichtigen Schulung über feinstoffliche Wahrnehmung berufen.

Das rituelle Bad

Eine der vorzüglichsten Reinigungs- und Heilungstechniken des emotionalen Körpers ist das rituelle Bad. Man sollte die reinigende Kraft des Wassers keinesfalls unterschätzen. Im Hexenkult wird oft darüber gesprochen, wie unerlässlich das rituelle Bad vor der ernsthaften Arbeit sei, doch die meisten Hexen, die ich kenne, überspringen das Bad und machen sich gleich ans Zaubern. Ich tue das nicht, außer mir fehlt wirklich die Zeit, denn ein rituelles Bad sorgt für eine stärkere magische und magnetische Ladung des Rituals.

Wasser säubert den emotionalen Körper und entfernt emotionale Gifte, während es gleichzeitig auch den physischen Körper reinigt. Viele Schutz- und Reinigungskräuter werden auch dem Wasser eines rituellen Bades beigegeben, um seine Wirkung zu verstärken. Salze kommen ebenfalls zum Einsatz, da sie auf magische Weise grobstoffliche Energien herausziehen. Man kann auch Essig in einer Schale stehen lassen und damit schädliche Kräfte neutralisieren. Diese werden in der Schale absorbiert und gesammelt. Hinterher schüttet man den Essig auf die Erde oder in den Ausguss. Der (frische) Essig kann auch ins Badewasser gegeben werden. Einer meiner Freunde nimmt gelegentlich ein »Bierbad«, was man früher ein Gerstensaftbad nannte, um unerwünschte Einflüsse loszuwerden, vor allem wenn er sich magisch angegriffen fühlt. Essig- und Bierbäder riechen nicht sonderlich gut, weshalb ich für mein rituelles Bad dieses Rezept vorziehe:

Reinigendes Badesalz

- 1 Tasse Meersalz
- 1 Esslöffel Lavendelblüten/-blätter
- $1/2$ Esslöffel Schafgarbenblüten/-blätter
- 1 Prise Beifuß oder Myrrhe
- 5 Tropfen Lavendelölessenz
- 3 Tropfen Myrrhenölessenz

Während Sie diese Zutaten vermischen, nehmen Sie jede in die Hand (außer den Ölen). Spüren Sie, wie sich Ihre Energie mit dem jeweiligen Ingrediens vermengt und es dadurch seine natürliche Heilungskraft abgibt. Bitten Sie Göttin und Gott, Sie zu segnen, zu schützen und zu reinigen. Vermischen Sie jetzt alles gut miteinander. Schütten Sie die Mischung in eine Flasche, wo sie einige Wochen lang luftdicht verschlossen in Ruhe gelassen werden sollte, damit sich die Düfte gut miteinander verbinden. Beim ersten Gebrauch füllen Sie ein Musselin- oder Baumwollsäckchen mit ein paar Esslöffeln der Mischung und geben es in Ihr Bad. Sie können das Säckchen auch so an den Wasserhahn hängen, dass das Wasser darüber fließt. Nehmen Sie Ihr Bad. Wenn Sie fertig sind, lassen Sie das Wasser ab, während Sie noch in der Wanne sitzen bleiben, damit die unerwünschten Energien, durch Salz und Kräuter gereinigt, mit dem Wasser in die Kanalisation abfließen können.

Blütenwasser

Kräuter- und Blütenwasser sind Teil eines weiteren Verfahrens, bei dem durch Wasser Schutz verliehen wird. Rosenwasser gilt dabei als das Wirkungsvollste. Sie können es in vielen Drogerien kaufen oder selbst zu Hause herstellen. Man vermischt zum Beispiel einige Tropfen Rosenölessenz mit 75 Prozent Wasser und 25 Prozent Alkohol (zur Konservierung) und schüttelt alles gut durch. Es bleibt Ihnen überlassen, wie viele Tropfen Sie hineingeben möchten, also wie stark der Duft sein soll. Hierbei handelt es sich zwar nicht um echtes Rosenwasser, aber die magische Wirkung wird dennoch erzielt. Dieses Verfahren kann sehr kostspielig sein, wenn Sie echtes Rosenöl benutzen anstatt synthetisch hergestelltes. Letzteres verfügt allerdings über keinerlei magische Eigenschaften. Bei echter Rosenölessenz gibt es unterschiedliche Qualitätsabstufungen, aber für unseren Zweck können Sie ruhig eine günstigere Variante nehmen.

Am einfachsten lässt sich Rosenöl durch einen Aufguss aus Rosenblättern und Wasser herstellen. Gießen Sie kochendes Wasser über einen Esslöffel Rosenblüten, lassen Sie den Aufguss etwa fünfzehn Minuten stehen und schütten Sie dann die Wasser- und Alkohollösung dazu. Ich verwende Wodka, weil

Abbildung 3: Rosen-Hydrosol

er sich als Konservierungsmittel sehr gut eignet, wenn er hochprozentig ist. Wenn Sie das nicht mögen, können Sie auch pflanzliches Glyzerin nehmen.

Zum dritten Verfahren gehört die Schaffung eines echten Hydrosols (Abbildung 3). Nehmen Sie einen großen Topf, der keinesfalls aus Aluminium sein darf, und zwei kleine Schalen, die in diesen Topf passen. Eine Schale stellen Sie umgekehrt auf den Boden des Topfes und die andere mit der richtigen Seite nach oben darauf. Diese zweite Schale wird das Gebräu »auffangen«. Geben Sie die Rosenblätter in den Topf und nur so viel Wasser dazu, dass sie gerade bedeckt sind. Den Deckel setzen Sie dann umgekehrt so auf den Topf, dass sich der Griff über der zweiten Schale befindet. Erhitzen Sie die Mischung. Wasserdampf wird vom Boden des Topfes zum Deckel aufsteigen, sich dort sammeln und über den Griff in die aufrecht stehende Schale tröpfeln. Das ist dann Ihr Rosenwasser, auch unter dem Namen Rosen-Hydrosol bekannt. Konservieren Sie die Flüssigkeit mit etwas Alkohol oder Glyzerin. Fertiges Rosenwasser kann man auch als kosmetisches Mittel in Bioläden und Drogerien kaufen. Lesen Sie aber bitte das Etikett, um sicherzugehen, dass das Wasser aus echten Rosen und nicht synthetisch hergestellt worden ist.

Kommerzielle Hydrosole sind normalerweise ein Nebenprodukt der Ölessenz-Destillation, doch das Experiment mit der hausgemachten Variante macht einfach Spaß. Die Duftqualität des kommerziellen Wassers gefällt mir zwar besser, aber ich stelle gern meine eigenen Produkte her.

Rosen beleben den Geist und sorgen gleichzeitig für Erdung. Sie stellen Schwingungen reiner Liebe dar und gelten in den meisten Traditionen als schützende Substanz. Steht Ihnen weder Rosenwasser noch Rosenölessenz zur Verfügung, können Sie als Schutzmaßnahme versuchen, Rosen zu visualisieren. Laden Sie den Geist der Rose zu sich ein. Vor Ihrem inneren Auge werden die Blüten dahinwelken, während sie die schädliche Energie absorbieren. Löschen Sie dann das Bild der Rosen, indem Sie sich vorstellen, dass sie sich in Flammen auflösen. Die Energie wird gesäubert, während Ihre Gedanken neue immaterielle Rosen wachsen lassen.

Rosen sind nicht die einzigen schützenden Pflanzen, die Sie einsetzen können. Der Extrakt der Zaubernuss gewährt auch Schutz und ist in Fachgeschäften erhältlich. Er riecht allerdings nicht besonders angenehm. Sie können von allen Schutzkräutern Aufgüsse herstellen. Reiben Sie damit die Chakras und jene Stellen ein, wo Sie Ihren Pulsschlag verspüren, und versehen Sie Ihre Tür- und Fensterrahmen mit diesem Wasser. Ich bringe es im Uhrzeigersinn an, auch wenn einige Hexen glauben, dass Schutz gewährt wird, wenn man die Rahmen entgegen dem Uhrzeigersinn einreibt. Man kann das Blütenwasser in eine Sprayflasche geben und schädliche Vibrationen im Zimmer einfach wegsprühen. In Kapitel 7 werde ich Ihnen das Rezept für ein noch intensiver wirkendes Schutz- und Bannungsspray mit Blütenwasser und Ölessenzen verraten.

Das Wesen des emotionalen Körpers gleicht dem Wasser. Es verbindet sich leicht mit anderen Substanzen. Wenn wir unsere Grenzen aus den Augen verlieren, kann es geschehen, dass wir in der Beziehung zu anderen Menschen unangebrachte Energieströme herstellen. Dabei ziehen wir entweder Kraft von anderen ab oder lassen uns umgekehrt von ihnen Kraft rauben. Dadurch entstehen schädliche Stränge, da wir an unseren emotionalen Körper und diverse Chakras gebunden sind. Wenn jemand »Ihre Strippen zieht«, dann zupft er wortwörtlich an Ihrer Energie und sorgt für eine Reaktion des emotionalen Körpers. Um zu erlernen, wie man derartige Verbindungen abbricht, sollten Sie sich an die Sphäre der Engel wenden wie in Kapitel 6 beschrieben (s. S. 145 f.)

Der mentale Körper

Der mentale Körper bedarf wahrscheinlich mehr als alle anderen Körper der Reinigung. Im Gehirn der meisten Menschen herrscht eine derartige Unordnung, dass man sich schon ganz schön anstrengen muss, das dort Aufbewahrte auch richtig einzusetzen, ohne über den seit Jahren angesammelten Unrat zu stolpern. Der spirituelle Prozess ist sehr stark von der Bemühung geprägt, unsere mentalen Schränke aufzuräumen, um Übersichtlichkeit und Harmonie herzustellen.

Durch unseren Kopf jagen täglich Millionen von Gedanken, doch die meisten von ihnen melden sich jeden Tag immer wieder aufs Neue. Wir folgen stagnierenden Mustern und dem, was uns vertraut ist, und schaffen nichts Neues. Die Energie strömt von den ursprünglichsten Ebenen zu den grobstofflichsten, um sich dort zu manifestieren. Unsere Gedanken sind weniger grobstofflich und lösen Gefühle aus. Diese wiederum sind grobstofflicher als Gedanken. Wenn Ihnen lange genug ein bestimmter Gedanke durch den Kopf geht, werden Sie Gefühle heraufbeschwören, die mit diesem Gedanken verbunden sind. Versuchen Sie mal, sich an eine besonders schmerzliche oder erfreuliche Zeit in Ihrem Leben zu erinnern, und Sie werden erleben, wie sich durch Ihre Gedanken tatsächlich Gefühle manifestieren. Durch diese Gefühle entstehen Empfindungen, körperliche Reaktionen, die physisch messbar sind. Während Sie über Ihr schmerzliches/erfreuliches Erlebnis nachdenken, achten Sie darauf, wie sich Ihre Atmung, Ihr Herzschlag und Ihre Muskelreaktionen verändern. Die physische Welt ist erheblich grobstofflicher als die emotionale Welt. Starke Gefühle können Tränen auslösen. Bei belastenden Emotionen treten normalerweise Kontraktionen und Beschleunigungen auf, während erfreuliche Gefühle befreiend wirken. Die seelische Gesundheit bestimmt die Gesundheit auf der emotionalen und physischen Ebene.

Wahrhaftige Innovatoren und magische Persönlichkeiten können ihre Gedanken außerhalb der üblichen Muster und Gewohnheiten bewegen und dadurch Angelegenheiten aus einem anderen Blickwinkel betrachten. Wenn wir unseren geistigen Körper wirklich benutzen wollen, müssen wir ihn genauso trainieren wie unseren physischen Körper. Bei unseren mentalen Übungen handelt es sich nicht schlichtweg um mathematisches Training und Gedächtnisaufgaben, die man in den traditionellen Lehrbüchern findet. Diese sind zwar auch hilfreich, gehören aber nicht zu den wirkungsvollsten Verfahren, da sie dafür sorgen können, dass man einem vorgegebenen Muster verhaftet bleibt. Mentale Reinigung bedeutet nicht, dass Sie lernen, wie jeder andere zu denken, sondern dass Sie zum wahren Ich finden. Die gründlichste mentale Reinigung wird durch Erfahrungen erzielt, bei denen nicht das alte Gedankengut bedient wird, sondern bei denen Sie das Gehirn zu Ihrem Werkzeug, Diener und Hilfsmittel machen und nicht etwa zu Ihrem Meister, der Sie in vertrauten Mustern gefangen hält. Der Schlüssel heißt geistige Innenschau. Eine solche Selbstbeobachtung nährt das Wahrnehmungsvermögen. Wir verrichten vielerlei aus Gewohnheit, ohne dass wir uns unserer Handlungen wirklich bewusst sind. Wir kleben an der starken Energie vergangener Ereignisse und Muster, ohne es auch nur zu merken. Die Innenschau offenbart uns diese Muster und erlaubt uns zu entscheiden, welche Angelegenheiten uns dienlich sind und welche weniger. Sie befähigt uns, Erwünschtes in unser Leben einzubringen.

Tagebuch führen

Wenn Sie sich noch nie mit Innenschau beschäftigt haben, schlage ich vor, mit Tagebuchschreiben den Anfang zu machen. Schreiben Sie alles aus Ihrem Leben nieder, was Ihnen durch den Kopf geht, aber sorgen Sie dabei für eine gewisse Disziplin. Es geht nicht darum, nur das aufzuschreiben, was man will, wenn einem gerade danach ist.

Mir gefällt der Rat von Julia Cameron, der Autorin des Buchs *The Artist's Way*. Sie empfiehlt, sich dazu zu verpflichten, jeden Tag drei Seiten zu füllen, ganz gleich, was dem im Wege stehen könnte. Selbst wenn Sie nichts weiter zustande bringen als den Satz: »Mir fällt nichts ein«, dann notieren Sie eben das. Schrittweise werden Sie anfangen das niederzuschreiben, was Ihnen bewusst ist, beispielsweise die Ereignisse des Tages, Ihre Gefühle und Reaktionen darauf. So werden Sie allmählich das

Unbewusste anzapfen und beginnen, Muster zu schildern, die Ihnen zunächst als solche nicht aufgefallen sind. Man kann durchaus drei Seiten täglich schreiben, ohne angestrengt in sich hineinzuschauen. Cameron schlägt »Morgenseiten« vor, doch mir fällt es leichter, vor dem Schlafengehen zu schreiben. Das Tagebuch verschafft Ihnen ein Ventil, um vieles loszuwerden.

Wenn Sie nach einigen Wochen oder Monaten Ihre Einträge nachlesen, werden Sie bemerken, dass sich viele Ihrer Gedanken und Gefühle verändert haben. So werden Sie Ihre eigenen Reaktionsmuster und Lebensthemen erkennen können. Tagebuchschreiben kann eine mühselige Aufgabe sein, aber es lohnt sich.

Ich empfehle, auch ein Traumtagebuch zu führen, entweder getrennt vom anderen oder als dessen Bestandteil. Traumsymbole helfen uns beim gründlicheren Nachdenken über die unbewussten Themen, die sich während des Schlafs manifestieren. Träumen ist ein großartiger magischer Zustand für Entdeckung und Heilung.

Meditation

Das nächste Werkzeug seelischer Hygiene besteht aus regelmäßiger Meditation. Das ist die Zeit, in der man zur Ruhe kommt und in sich geht. Es gibt zahlreiche Meditationsverfahren, angefangen bei den fernöstlichen Techniken, bei denen man sich auf seinen Atem konzentriert oder ein Mantra rezitiert bis hin zu den westlichen Visualisations- und Entspannungsmethoden. Wer sich regelmäßig die Zeit nimmt, in sich zu gehen, ruhig zu sein und der höheren Führung zu lauschen – auch wenn keine Botschaft durchkommt –, räumt geistige Muster auf und erhält einen frischen Blick auf sein Leben. Regelmäßige Meditation baut Stress ab, stärkt die Lebenskraft und die Kreativität. Ich spüre es ganz deutlich, wenn ich meine tägliche Meditation vernachlässige, weil ich mich dann nicht so gesund, bewusst, froh und lebendig fühle. Einige Menschen meditieren zehn Minuten täglich, andere zwei Stunden oder irgendeine Zeit dazwischen. Nehmen Sie sich die Zeit und verhalten Sie sich dabei genauso diszipliniert wie beim Tagebuchschreiben. Machen Sie sich das Meditieren einen vollen Mondzyklus lang zur Gewohnheit, also achtundzwanzig Tage lang. Dann werden Sie erleben, wie leicht es ist, sich daran zu gewöhnen. Wenn Sie ausführlichere Informationen über Meditationstechniken wünschen, lesen Sie mein Buch *The Inner Temple of Witchcraft: Magick, Meditation and Psychic Development*.

Therapie oder Beratung

Das letzte nach innen gewandte Verfahren für das Luftelement und den geistigen Körper ist Therapie oder Beratung. Die meisten Menschen schrecken davor zurück, aber diese Leistung ist nicht nur für »kranke« Menschen bestimmt. Sogar unter Hexen klebt ihr ein Stigma an: Man geht davon aus, dass Menschen, die Beratung brauchen, verrückt oder sonst irgendwie gestört seien. Ein solches Etikett brauchen wir weder uns selbst noch anderen aufzukleben. Jeder von uns geht durch schwierige Zeiten und wir können alle geheilt werden. Wenn wir für die Innenschau Hilfe benötigen, um die Muster zu erkennen, sollten wir eine äußere, objektive Quelle aufsuchen. Obwohl sich die meisten an Freunde und Familienmitglieder wenden, was hilfreich sein kann, ist es sehr sinnvoll, zu einem wirklich objektiven, nicht betroffenen und geschulten Menschen zu gehen, der uns beim Sortieren von Gedanken, Gefühlen und Erfahrungen hilft. Schämen Sie sich nicht, Rat von außen in Anspruch zu nehmen. Wenn Sie zugeben,

Hilfe zu brauchen, ist das ein ganz gesundes Zeichen für Ihren allgemeinen Gemütszustand.

Der seelische Körper

Der seelische Körper korrespondiert mit dem Element Feuer, jenem persönlichen göttlichen Funken, der uns allen innewohnt. Die Seele wird mit der höchsten Ebene spirituellen Wissens assoziiert und oft das höhere Ich genannt. Hierbei handelt es sich um den energetischsten und am schwersten zu fassenden Körper, der dadurch am meisten geschützt und vor Schäden von außen bewahrt ist. Sein feuriges Wesen verhindert, dass sich zu viel schädliche Energie ansammelt, und verbrennt das, was uns nicht dient. Unser wahres Wesen ist mit allem verbunden und durch nichts gebunden. Wenn wir uns mit der Seele, also mit dem Göttlichen, identifizieren anstatt mit Geist, Gefühlen und Körper, finden wir wahren Schutz sowie Furchtlosigkeit und ewige Weisheit.

Geistiges Sonnenfeuer

Die Heilungs- und Schutztechniken des Feuers schicken die göttliche Kraft aus unserer Seele zu den anderen feinstofflichen Körpern. Beim ersten Verfahren wird das Sonnenfeuer zum Heilen und zum Schutz eingesetzt. Um damit in Berührung zu kommen, gehen Sie am besten hinaus in die Sonne. Das Sonnenlicht kann die Aura vergrößern und reinigen. Dabei ist kein rituelles Sonnenbaden gemeint, bei dem man sich mit magischen Bräunungsmitteln eincremt, sondern es genügt, sich fünf bis zehn Minuten täglich im Sonnenlicht aufzuhalten. Lassen Sie sich die angesammelten schädlichen Energien von der Sonne wegbrennen. Forschungsstudien haben ergeben, dass kurze regelmäßige Aufenthalte in der Sonne das Immunsystem unmittelbar stärken.

Das zweite Verfahren ist ein Widerhall des ersten: Visualisieren Sie beim Meditieren regelmäßig die Sonne und stellen Sie sich vor, wie Sie von goldenem, hell schimmerndem Sonnenlicht umgeben sind und davon angeregt werden. Sie können dieses Verfahren in tiefer Meditation einsetzen oder einfach nur mit geschlossenen Augen bei der Entspannung. Um die heilenden Kräfte von Feuer, Licht und Sonne für die Gesundheit und zum Schutz einzuladen, müssen Sie sich nicht in tiefer Trance befinden oder ein ausführliches Ritual vornehmen.

Stellen Sie sich vor, dass Sie auf allen vier spirituellen Ebenen gleichzeitig existieren. Wahre Gesundheit entsteht auf all diesen Ebenen, wenn Ihre physischen, emotionalen, geistigen und seelischen Komponenten ausgeglichen sind und miteinander harmonieren. Mit der Bemeisterung dieser Ebenen verfügen Sie über den ganzen spirituellen Schutz, den Sie benötigen.

KAPITEL 4

Zum Schutz gekennzeichnet

Magische Amulette gehören zu den am meisten verbreiteten Mitteln der Schutzmagie. Normalerweise sollen Amulette dem Träger eine Reihe magischer Fähigkeiten verleihen, doch Schutz ist dabei eine besonders erstrebenswerte Power. In allen Kulturen und Religionen gibt es solche Schutzgegenstände, denn der Wunsch, vor Schaden, Tücke oder Unfällen behütet zu werden, ist universal. Die Menschheit hat schon immer mittels bestimmter Symbole und Schmuckstücke das Göttliche angefleht, sie zu beschirmen. Von Anbeginn der Zivilisation finden sich Hinweise auf Schutzzauber. Sie reichen bis zu den Sumerern und alten Ägyptern zurück. Wäre eine Zeitreise in die Steinzeit möglich, würden wir sicher erfahren, dass sich schon unsere ältesten Vorfahren von diversen Gegenständen Schutz versprachen. Davon ist zwar kaum etwas überliefert, doch alle Stammeskulturen, die bis in unsere Zeit überlebt haben, kennen Schutzzauber. Letztere haben sich auch ihren Platz in unserer modernen Welt gesichert. Kaum zu glauben, aber Talisman-Magie ist sogar ein Teil der heutigen christlichen Kirche. Wer sich mit einem Kreuz oder Kruzifix zum Christentum bekennt, trägt dieses Symbol aus magischen Gründen. Mein Vater, der viel zu reisen pflegte, hatte immer ein Medaillon des Heiligen Christophorus, dem Schutzheiligen der Reisenden, bei sich. Es gab Kirchen, wo die Priester zu bestimmten Zeiten solchen Schmuck segneten. Dass die Kirche es gutheißt, ein Kreuz oder ein Medaillon zum Schutz zu tragen, ist eigentlich ein Überbleibsel uralter magischer Traditionen. Im Mittelalter warnte die Kirche vor dem Grauen der schwarzen Magie und vor satanischen Hexen, die überall auf der Lauer lägen. Damit wurde die Hexenverfolgung angefacht. Überall glaubte man an übernatürliche Wesen wie Dämonen, Teufel, Kobolde, Vampire und Werwölfe. Damals gingen die Menschen davon aus, dass sie nur durch göttliches Eingreifen, das normalerweise dem christlichen Gottvater zugeschrieben wurde, gerettet werden könnten. Derartige Schmuckstücke sollten Gott gewissermaßen darauf hinweisen, worauf er zu achten und wen er zu beschirmen hatte. Gleiches gilt für viele heidnische Schutzamulette aus grauer Vorzeit. Sie waren Gesuche an das Göttliche, dem Träger Beistand zu verleihen. Einige Symbole sind bestimmten Göttern geweiht, während andere ganz allgemein göttlichen Schutz gewährleisten sollten.

Wie funktionieren Schutzzauber?

Schutzzauber wirken durch Energie, Schwingung und die Absicht, die hinter der Erschaffung des Symbols oder des Zaubers steht. Symbole und Talismane sind ein Mittel, um dem Universum Ihre Wünsche mitzuteilen. Der Zauber birgt die Bestimmung in sich und seine Kraft zieht das von Ihnen Gewünschte an oder wehrt das Gefürchtete ab. Das alles geht sehr subtil vor sich. Wenn Sie ein gutes Schutzamulett besitzen, wird sich in Ihrem Leben alles so glatt und sicher fügen, dass Sie nicht einmal merken werden, dass Sie ein Amulett bei sich tragen.

Leider gehen viele Leute davon aus, dass sie gegen jeglichen Schaden unempfindlich sein werden, wenn sie über ein Schutzamulett verfügen. Von diesem Irrtum werden sie hoffentlich durch ein paar dumme Fehler befreit werden, die nicht allzu viel Schaden an Körper oder Stolz anrichten. Manche Menschen glauben, sie können sich vor einen heranrasenden Lastwagen werfen, ohne überfahren zu werden, wenn sie ein Amulett tragen. Doch magischer Schutz gewährt keine absolute Unverwundbarkeit. Diese Art der Magie gehört zu den Hollywoodfilmen und nicht zur praktischen Magie der realen Welt. Wenn Sie sich bewusst und absichtlich einer Gefahr aussetzen, dann werden Sie die Folgen Ihrer Handlung zu tragen haben.

Magische Amulette wehren schädliche Kräfte ab, bevor sie sich in Ihrem Leben physisch manifestieren. Die Magie solcher Zauber stärkt Ihren eigenen natürlichen Schutzschild, Ihre Verteidigungslinien, Ihre Aura und Ihre natürlichen Grenzen und stellt gewissermaßen eine Barriere zwischen Ihnen und jeglicher psychischer Beschädigung dar. Beispielsweise halten Amulette oft »seelische Vampire« fern, da sie ihnen eine feindselige Schwingung entgegensenden oder Sie für deren Wahrnehmung »unsichtbar« machen und Sie so in Ruhe gelassen werden. Solche Amulette sorgen auch für ein aufgeschlosseneres Bewusstsein hinsichtlich potenzieller Gefahren auf psychischer und physischer Ebene. Selbst wenn Sie sich nicht für sonderlich intuitiv halten, könnte Sie die plötzliche Eingebung überkommen, doch einen anderen Weg nach Hause zu nehmen oder Ihrem Instinkt einer bestimmten Person gegenüber zu vertrauen. Letztendlich könnten solche kleinen Entscheidungen Ihr Leben retten.

Schutzsymbole

Die Symbole, die in diesem Abschnitt vorgestellt werden, haben eine lange Tradition als Werkzeuge des Schutzes und des göttlichen Segens. Symbole funktionieren auf erstaunliche Weise. Sie sind wie ein Codewort für das direkte Gespräch mit dem Geist des Göttlichen.

Als Menschen fällt es uns oft schwer, magische Kraft in ihrer Rohform zu erkennen und einzusetzen. Das ist der Grund, weshalb wir unseren magischen Absichten Symbole hinzugesellen. Die Symbole versinnbildlichen die Magie, die wir anrufen, und geben unserem Gehirn die Möglichkeit, sie zu verarbeiten.

Außerdem helfen sie uns, unsere Zweifel zu überwinden. Wenn wir in Worten um etwas bitten, sei es durch ein Gebet oder durch traditionelle Ritualarbeit, können wir unserem Wunsch zu sehr verhaftet sein und der Energie keinen Raum geben, um die Magie zu manifestieren. Manchmal besteht unser Verhaftetsein aus Ängsten und Zweifeln. Wir tragen unsere Wunschziele immer wieder vor, aber dann erhebt der Zweifel sein hässliches Haupt, weil das gewünschte Ergebnis immer noch ausbleibt. Symbole stellen den Schritt zwischen unserem Verlangen und seiner Manifestation dar. Sie tragen dazu bei, dass wir uns von unseren persönlichen Zweifeln verabschieden und auf diese Weise eine wirksamere Magie zuwege bringen.

Die Symbolmagie kann sich in solche Zeichen aufteilen, die wir selbst mit einem bestimmten magischen Ziel im Kopf erschaffen haben, und jene, die wir von einer höheren göttlichen Quelle »empfangen«. Die meisten Schutzsymbole werden als göttliche Zeichen angesehen, als Manifestationen der sakralen Geometrie des Lebens. Durch sie kommen wir mit Göttern, Göttinnen und göttlichen Mächten in Berührung. Wenn wir diese Symbole tragen, bitten wir diese Kräfte, uns zu schützen.

Es ist wirklich erstaunlich, wie sich die Power magischer Symbole im Laufe der Zeit aufbaut. Wenn ein Symbol immer wieder mit derselben Absicht eingesetzt wird, kann es über eine größere magische »Ladung« verfügen. Im Laufe von Jahrhunderten haben unzählige Menschen diesem Symbol Macht und Bedeutung verliehen sowie mit ihrem Glauben, Willen und ihren Absichten die Power, die Sie bei sich tragen, verstärkt.

Das Pentagramm

Das Pentagramm ist eines der am häufigsten missverstandenen Symbole in der westlichen Welt. Viele Menschen ordnen es dem Satanismus zu, doch sein Ursprung führt weit zurück in eine Zeit, lange bevor es die Vorstellung vom Teufel überhaupt gab. Die fünf Spitzen symbolisieren die fünf Elemente, die fünf Sinne und die menschliche Form. Diese Figur der sakralen Geometrie versinnbildlicht Schutz und stellt somit einen heiligen Schild dar. Pentagramme eröffnen den Zugang zu neuen Kräften und Geistern oder verschließen Türen und bannen Kräfte. Krieger tragen Pentagramme auf ihren Schilden, Hexen konzentrieren sich auf sie, um magische Kräfte zu erlangen und im Alltag sowie bei der magischen Arbeit beschützt zu sein. Das Pentagramm ist das Symbol des modernen Hexenkults und wird von den meisten Hexen in Form eines Ringes oder an einer Kette getragen.

Wenn Sie das Bannende Pentagramm ziehen, wehren Sie alle unerwünschten schädlichen Energien ab. Es gibt eine große Anzahl unterschiedlicher Bannender Pentagramme für jedes der Elemente. Das grundlegende Bannende Pentagramm, das zum Zweck des Schutzes geschlagen wird, bezieht sich auf das Erdelement (Abbildung 4). Ich visualisiere es in blauem oder violettem Licht und schlage es in alle vier Richtungen um mich herum, über mir und unter mir, um den Raum zu reinigen und mich selbst zu beschirmen.

Ein Pentagramm in einem Kreis wird üblicherweise Pentakel genannt und kann genau wie das Pentagramm zum Schutz gezogen werden.

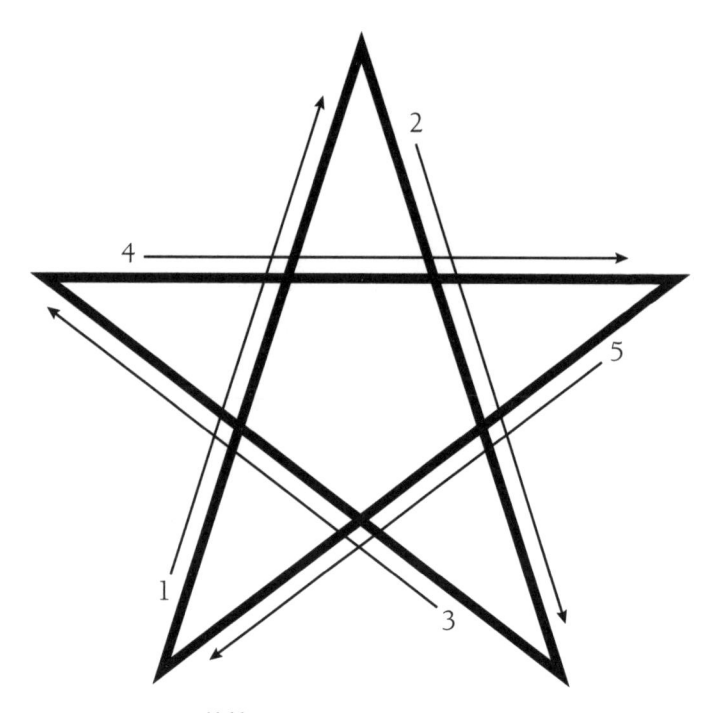

Abbildung 4: Das Bannende Pentagramm

Abbildung 5: Der Ankh

Der Ankh

Der Ankh, auch ägyptisches Henkelkreuz genannt, ist das Symbol des Lebens. Dieses mächtige Zeichen versinnbildlicht die Vereinigung der mütterlichen ägyptischen Göttin Isis mit ihrem Gemahl/Bruder, dem väterlichen Gott Osiris.

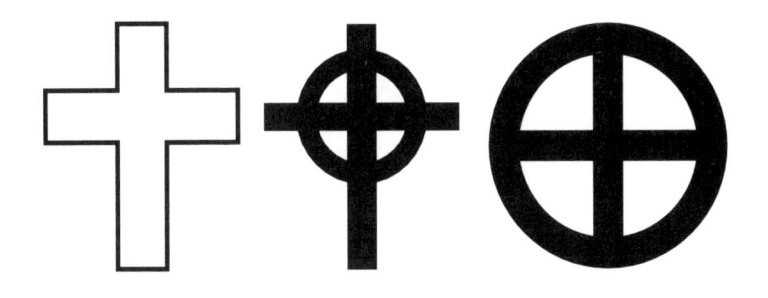

Abbildung 6: Das christliche Kreuz, das keltische Kreuz, das Erdkreuz

Das Kreuz

Das Kreuz ist ein mächtiges Schutzsymbol und wird vor allem von Christen als Zeichen ihres Glaubens an Jesus Christus getragen. Ich kenne christliche Hexen oder solche, die sich als christlich bezeichnen und sich mit Ritualmagie beschäftigen, die mit Kreuz und Kruzifix Schutz und Segen bei ihren Zeremonien erflehen. Viele Heiden haben eine Beziehung zum keltischen Kreuz, das mit einem Kreis um die Balken versehen ist und mit der frühchristlichen Kirche der Kelten in Verbindung gebracht wird. Die meisten Heiden sehen ein gleichschenkliges Kreuz, das manchmal von einem Kreis umgeben ist, als Symbol des Schutzes und der Mutter Erde. Die vier Balken beziehen sich auf die vier Himmelsrichtungen und die vier Elemente des magischen Kreises. Alle diese Kreuze können zum Schutz getragen werden.

Das Horusauge

Das Horusauge ist ein weiteres ägyptisches Symbol, das heutzutage dem Schutz dient. Es wird mit Horus, dem Sohn der Isis und des Osiris, in Verbindung gebracht und manchmal auch

Abbildung 7: Das Horusauge

Abbildung 8: Das Hexagramm

das Auge des Ra, des Sonnengottes, genannt. Es heißt, dass die Augen des Horus, der als großer Beschützer und rächender Kriegergott gilt, Sonne und Mond darstellen sollen.

Das Hexagramm

Das Hexagramm ist ein sechszackiger Stern, wird im Judentum Davidstern genannt, taucht aber in vielen anderen esoterischen Systemen auch auf. Es repräsentiert vielerlei: die oberen und unteren Mächte, die sich in der Mitte treffen, die vier Elemente, die vier Himmelsrichtungen ebenso wie die Richtungen, die nach oben und unten weisen. Das Hexagramm wird oft als Symbol des Herz-Chakras angesehen, weil es am Punkt der Ausgewogenheit und der bedingungslosen Liebe die Vereinigung der oberen mit den unteren Mächten darstellt. Außerdem gilt es als Symbol der himmlischen Sphäre und repräsentiert die sechs magischen Planeten Mond, Merkur, Venus, Mars, Jupiter und Saturn mit der Sonne im Mittelpunkt. Viele Magier,

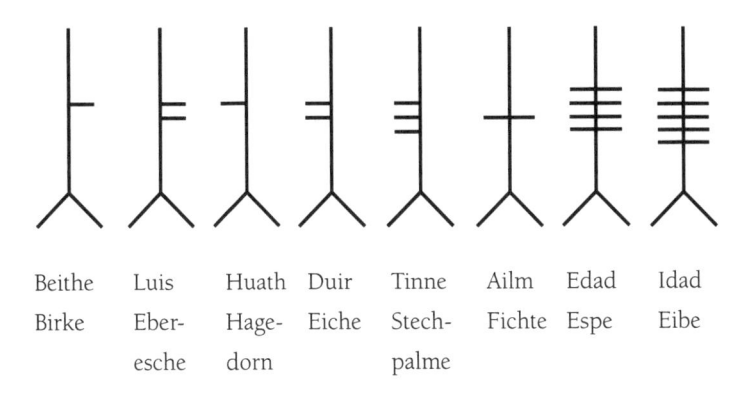

Beithe	Luis	Huath	Duir	Tinne	Ailm	Edad	Idad
Birke	Eberesche	Hagedorn	Eiche	Stechpalme	Fichte	Espe	Eibe

Abbildung 9: Das Schutz-Ogham

die um ausgewogenen Schutz nachsuchen, nutzen das Hexagramm – vor allem wenn sie das fünfzackige Pentagramm fürchten.

Das Ogham-Alphabet

Das Ogham-Alphabet ist ein keltisches Symbolsystem, das mit Bäumen in Verbindung gebracht wird. Man setzt es zur Divination und zur Kommunikation ein. In neuerer Zeit wird es von einigen Menschen als Kalender gebraucht und zum Schutz verwendet. Die hier dargestellten Symbole können auf kreative Weise zu Schutzamuletten gestaltet werden.

Runen

Die Runen sind ein magisches Symbolsystem aus nordischen Ländern und werden zur Divination und zum Zaubern eingesetzt. Man schnitzte sie in Werkzeuge und Talismane ein, um Segen zu erhalten und geschützt zu sein.

ᚦ ᚢ ᚾ ᛁ ᛇ ᛉ ᛒ

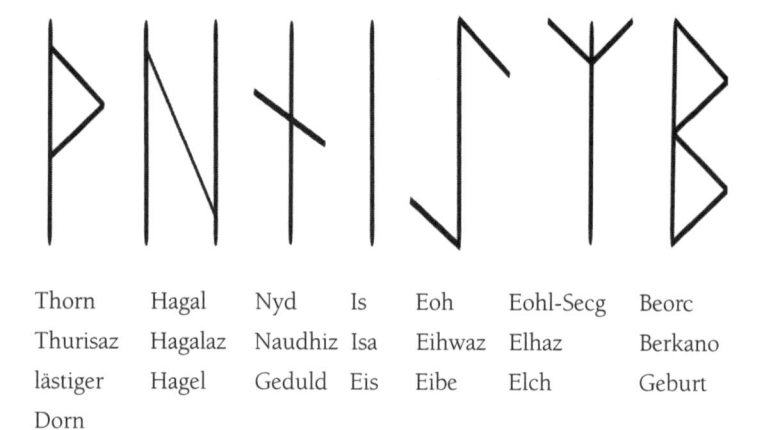

Thorn	Hagal	Nyd	Is	Eoh	Eohl-Secg	Beorc
Thurisaz	Hagalaz	Naudhiz	Isa	Eihwaz	Elhaz	Berkano
lästiger Dorn	Hagel	Geduld	Eis	Eibe	Elch	Geburt

Abbildung 10: Schutzrunen

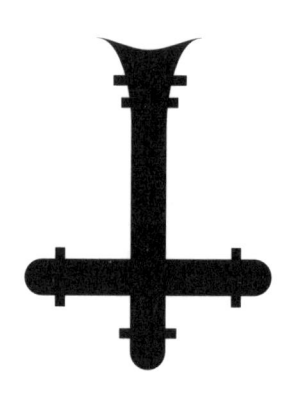

Abbildung 11: Thors Hammer

Thors Hammer

Dieses Symbol wird Thor zugeordnet, dem nordischen Gott des Donners und des Blitzes. Er war mehr an gewöhnlichen Volksgenossen als an Edelleuten interessiert und galt als Gott der Krieger. Sein Hammer, den vor allem die Heiden des Nordens tragen, soll Führung und Schutz gewährleisten.

Abbildung 12: Dreifacher Knoten

Abbildung 13: Die Dreifach-Spirale

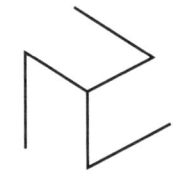

Abbildung 14: Das Triskallion

Der Dreifache Knoten

Als Schutzsymbole gelten auch eine Vielzahl Dreifacher Knoten sowie Zeichen mit drei Zacken oder drei Ausläufern (Abbildungen 12–14). Einige sollen schädliche Kräfte verwirren und binden, da sie dem Muster der Knoten oder Spiralen nicht leicht folgen können. Die Knoten werden normalerweise einer keltischen Quelle zugeschrieben und gelten den Hexen als Schutzsymbole der Dreigestaltigen Naturgöttin. Hexen, denen das Pentakel nicht so recht behagt, nutzen lieber die Dreifach-Figur anstelle des fünfzackigen Sterns.

Diese Schutzsymbole gibt es oft in Form von Schmuckstücken. Einige gelten als sehr esoterisch und sind nicht leicht erhältlich. Man kann das Symbol auf Holz, Ton, Stein oder sogar Papier malen und als Amulett bei sich tragen.

Schutzsteine

Steine, Mineralien und Kristalle sind traditionelle Träger magischer Power. Jedem Stein wohnt ein eigener Geist inne und seine spezifische Kraft hängt von Farbe, Zusammensetzung und historischer Verwendung ab. In der westlichen Magie gelten Kristalle mit kräftiger dunkler Farbe, beispielsweise schwarz, braun, dunkelrot und dunkelgrün, als besonders wirkungsvolle Schutzsteine. Auch Steinen, die mit den Elementen Erde und Feuer in Verbindung gebracht werden sowie mit den Planeten Saturn, Mars und Erde, wird beschirmende Kraft zugeschrieben. In anderen Magiesystemen geht man davon aus, dass bestimmte Steine bestimmten Gottheiten geweiht sind. Wünscht man also den Schutz einer solchen Gottheit, sollte man deren heiligen Stein oder ihr Symbol bei sich tragen.

Allen folgenden Steinen, Mineralien und Fossilien wird neben anderen Eigenschaften eine Schutzfunktion zugeschrieben. Jeder Stein verfügt über eine andere Persönlichkeit. Suchen Sie sich also den aus, zu dem Sie sich am meisten hingezogen fühlen.

Bernstein	Gagat (Pechkohle)
Blei	Granat
Eisen	Hermatit
Fluorit	Jade

Malachit   Roter Jasper
Onyx   Türkis
Quarz   Turmalin
Rauchquarz   Turmalinquarz

Bevor Sie einen Stein als Schutzamulett einsetzen, sollte er gereinigt werden. Räuchern Sie den Gegenstand mit Ihrem Lieblingsweihrauch oder setzen Sie ihn ein paar Stunden lang dem Sonnenlicht aus. Meditieren Sie dann mit dem Stein und bitten Sie seinen Geist um Hilfe und Schutz. Laden Sie den Stein mit Ihrem speziellen Schutzwunsch auf und stärken Sie ihn mit Ihren Gedanken und Ihrer Magie.

Steine können auch mit Symbolen kombiniert werden. Wenn Sie wollen, zeichnen Sie mit Farbe, einem Marker oder sogar mit dem tropfenden Wachs einer Kerze Schutzsymbole auf Ihren Stein. Einige Geschäfte verkaufen Steine mit bereits eingeritzten Symbolen. Wenn Sie mit der Schnitztechnik nicht vertraut sind, wird es Ihnen nämlich recht schwer fallen, so etwas selbst herzustellen. Polierte Kristalle lassen sich schlecht bemalen, aber Sie können sich ja auch einfach am Fluss oder am Strand einen schwarzen oder weißen Stein besorgen und als Grundlage für Ihre künftige Symbolmagie nutzen. Wenn Sie intuitiv spüren, dass ein bestimmter Stein Power hat und sein Geist bereit ist, Ihnen als Beschützer zu dienen und bei der Anrufung schützender Kräfte behilflich zu sein, dann nehmen Sie ihn. Bei der Auswahl Ihres Steins brauchen Sie sich nicht auf die oben stehende Liste zu beschränken.

Schutzkräuter

Auch Kräuter spielen in der Schutzmagie eine herausragende Rolle. Bestimmte Kräuter trägt man bei sich oder verstreut sie um ein Gebäude, um materiellen und spirituellen Schaden abzuwehren. Der Glaube an die Power von Schutzkräutern hat längst in den allgemeinen Volksglauben Eingang gefunden. So weiß beispielsweise jeder, dass Knoblauch Vampire vertreibt. Obwohl es sich hierbei um einen Aberglauben zu handeln scheint, wurzelt er in unserem Wissen um die mächtigen Schutzeigenschaften von Knoblauch. Dieses Gewürz verleiht nicht nur spirituelle Beschirmung, sondern stimuliert auch das Immunsystem und schützt uns vor Erkrankungen.

Sehr viele Anwendungsmöglichkeiten sind aus der traditionellen Kräuterkunde leider nicht überliefert worden. Schließlich waren die Menschen in grauer Vorzeit vor allem mit den Grundbedürfnissen des Lebens beschäftigt – Liebe, Hab und Gut, Heilung und Sicherheit. Die meisten in der Magie eingesetzten Kräuter verfügen über gewisse Schutzelemente. Entweder beschirmen sie den Anwender vor unmittelbarem Schaden oder sie zentrieren seine Kraft; sie helfen, Gefahren abzuwehren, stärken den Selbsterhaltungstrieb oder sorgen für magische Abgrenzung. Alle hier aufgeführten Kräuter gelten zwar als Schutzkräuter, doch jedes verfügt über individuelle Eigenarten, die erforscht und angenommen werden sollten. Sie werden beim Gebrauch selbst herausfinden, worin sich die diversen Kräuter unterscheiden.

Alle Kräuter, die in Kapitel 3 als reinigende Räuchermittel aufgeführt sind, gehören neben den folgenden Pflanzen auch auf diese Liste:

Aloe	Beifuß
Alraune	Birke
Amarant	Blutweiderich
Angelikawurzel	Blutwurz
Anis	Brombeere
Basilikum	Dill

Distel	Mistel
Drachenblut	Myrrhe
Eberesche	Nachtschatten
Eibe	Nessel
Eiche	Odermennig
Eisenhut	Quitte
Eisenkraut	Ringelgold
Erle	Rose
Esche	Rosmarin
Fenchel	Rote Betonie
Fingerhut	Salbei
Fingerkraut	Sandelholz
Gänseblümchen	Schafgarbe
Gartenraute	Schwarzwurz
Ginseng	Solomonssiegel
Ginster	Sonnenblume
Hagedorn	Sternanis
Herzgespann	Tabak
Holunder	Thymian
Immergrün	Tollkirsche
Ingwer	Veilchen
Johanniskraut	Wacholder
Kermesbeere	Weide
Kiefer	Weihrauch
Knoblauch	Wermut
Königskerze	Zaubernuss
Koriander	Zimt
Lavendel	Zuckerhirse
Lorbeer	

Moly gilt als eines der ältesten Schutzkräuter, das sogar schon in der Odyssee des Homer auftaucht: Der Gott Hermes überreicht Odysseus diese Pflanze, damit er gegen den Zauber der

Circe geschützt ist. Moly gilt als Abwehrzauber gegen jeglichen bösen Zauber. Allerdings gibt es ein Problem: Es wird heiß darüber diskutiert, was Moly eigentlich ist und ob es sich dabei überhaupt um ein richtiges Kraut handelt, da die Beschreibungen stark voneinander abweichen. Niemand weiß mit Gewissheit, mit welchem botanischen Namen Moly heutzutage belegt wird. Einer Variante zufolge handelt es sich um Goldlauch, aber moderne Hexen meinen, dass sich die große Power von Moly entweder auf die europäische Alraune oder auf die Gartenraute beziehen müsse.

Für ein Kräuteramulett trägt man eine kleine Menge der entsprechenden Pflanze bei sich. Normalerweise befinden sich die Kräuter in einem kleinen Beutel, der in der Farbe des jeweiligen spirituellen Ziels gehalten ist. Zu schutzmagischen Zwecken eignen sich die Farben Weiß, Schwarz, Braun, Dunkelgrün, Rot oder Türkis. Hat die Blüte der Pflanze oder der Kräuter, die Sie benutzen wollen, eine dieser Farben, eignet sich diese auch für den entsprechenden Amulettbeutel. Wer es etwas exklusiver liebt, kann die Kräuter auch in einer Glas- oder Metallphiole aufbewahren, in einer kleinen Holzschachtel oder in einem Lederbeutel.

Füllen Sie den Behälter mit drei Esslöffeln des Krauts. Das sollte am besten zur Zeit des abnehmenden Mondes geschehen, kurz vor Neumond, aber auf jeden Fall, bevor der Mond zunimmt. Wenn Sie die frische Pflanze ernten können und vor dem Pflücken mit einem Gebet die schützenden Kräfte anrufen, wird der Zauber eine noch stärkere Wirkung entfalten. Finden Sie die gewünschte frische Pflanze nicht in Ihrer Umgebung, dann kaufen Sie eben die getrocknete Variante in einem Fachgeschäft. Doch bevor Sie Trockenkräuter einsetzen, sollten Sie über ihnen meditieren, den Geist der Pflanze um Erlaubnis bitten und das Kraut mit dem Schutzwunsch laden, während Sie es in den Behälter geben. So können Sie es dann mit sich tragen. In Kapitel 7 (s. S. 183 ff.) werden Sie lernen, wie man Kräutermagie mit Steinen und Symbolen kombiniert, da natürliche Substanzen und Symbole gemeinsam besonders guten Schutz gewährleisten.

KAPITEL 5

Ein schwarzer Gürtel für die Seele

Stellen Sie sich vor, Sie wären ein Baum. Ihre Wurzeln sind stark, reichen tief in die Erde und sind dort fest verankert. Sie spüren, wie hoch sich Ihr Stamm erhebt und wie sich Ihre Zweige im Wind bewegen. Sie sind an einer Stelle fest verwurzelt und auch starker Wind kann Ihnen nichts anhaben. Ihre Zweige und Ihr Stamm bewegen sich im Rhythmus des Windes, neigen und biegen sich zwar, brechen aber nie, und die Wurzeln bleiben fest in der Erde verankert.

Wer die Kunst des psychischen Selbstschutzes beherrscht, verhält sich vor allem angesichts widriger Umstände wie ein solcher Baum. Er ist mit der Erde verbunden und zentriert. Er begegnet Prüfungen des Schicksals flexibel und anpassungsfähig. Denken Sie nur an all die Menschen und Situationen, die durch Ihr Leben gestürmt sind, die so vieles umgestürzt und über den Haufen geworfen haben und danach genauso schnell wieder aus Ihrem Leben davongebraust sind. Ohne starke Wurzeln verliert man durch solche Geschehnisse schnell den Halt, wird aus der Erde gerissen und herumgeschleudert. Und wer solch einem starken Wind unbeugsam standzuhalten versucht, wird gebrochen. Um Lebensstürme zu überstehen, brauchen wir Wurzeln und Biegsamkeit.

Wie das Wachstum eines Baumes erfordert auch die psychische Entwicklung lebenslange Arbeit. Manche Menschen verfügen von Natur aus über starke Wurzeln, andere über geschmeidige Biegsamkeit. Doch um beides gleichzeitig zu entwickeln und sich dazu noch eine Vielzahl weiterer Schutzfertigkeiten anzueignen, müssen wir das ganze Leben lang lernen und üben. Hierin ähnelt der psychische Schutz einer Kampfkunst, bei der man auch Zeit benötigt, um den schwarzen Gürtel zu erringen. Ganz gleich, wie viel man schon weiß, man kann die eigene Erfahrung ständig vertiefen. Und wie jene Meister der Kampfkunst, die als wahre Krieger auftreten, lösen auch die Krieger und Hüter der Spiritualität selbst keine Gewalt aus, sondern sorgen lieber dafür, den Frieden zu erhalten. Psychischer Schutz ist die Kunst der Verteidigung, nicht die des Angriffs. Erst wenn Sie diese Kunst wirklich beherrschen, haben Sie sich einen schwarzen Gürtel für die Seele verdient.

Die Seele mit den Elementen schützen

Wenn wir die fünf Elemente weiterhin als Führer zum Weg der Ausgeglichenheit nutzen, versorgen sie uns mit fünf sehr unterschiedlichen Gaben:

Erde = Erdung
Wasser = Abgrenzung
Luft = Flexibilität
Feuer = Aktivität
Geist (Äther) = Mitgefühl

Jeder dieser Pfade führt schon für sich zu Sicherheit, doch ich habe entdeckt, dass man ehesten mit schwierigen Situationen umgehen kann, wenn man sich auf all diesen Wegen gut auskennt. Viele Lehren konzentrieren sich nur auf einen einzigen

Aspekt, aber unsere ausgewogene Methode stattet uns mit mehr Werkzeugen und einer Reihe weiterer Schutzmechanismen aus, auf die wir uns jederzeit berufen können.

Erdung

Die Erde ist der Weg des Praktischen, der Weg der Wurzeln. Wenn uns andere Menschen schaden, wird normalerweise unser Fundament erschüttert. Das Fundament unseres Körpers, unserer eigenen Wahrheit und persönlichen Kraft besteht aus dem Erdreich, in dem unsere Wurzeln ausschlagen. Wenn wir zu unserem wahren Ich keine Beziehung haben, sind wir leicht zu verwirren oder seelisch, emotional, geistig und spirituell aus dem Gleichgewicht zu bringen. Sobald wir jedoch mittig sind, wächst unsere Aufmerksamkeit. Dann sind wir nicht mehr so leicht aus der Fassung zu bringen. Sollte dies doch einmal geschehen, finden wir schnell wieder Halt.

Erdung ist ein Seinszustand. Fehlt uns die Erdung, sind wir weder in unserem Körper noch in unserem Umfeld gänzlich anwesend. Ein Teil von uns ist verschwunden. Erleben wir einen Schock – nach einem Unfall oder einem Trauma –, löst sich ein Teil unserer Energie vom Körper. Dieser kehrt normalerweise zurück und gliedert sich wieder ein, wenn der Schock nachlässt, doch manchmal geschieht das eben nicht. Schamanen sprechen in solchen Fällen von »Seelenverlust«, der eine viel tiefer gehende Heilung erfordert. Ist unsere Energie im Körper und in der Welt besser verankert, treten solche Situationen mit geringerer Wahrscheinlichkeit auf. Ich benutze Blumenessenzen, energetische Heilmittel, die bei Schock oder in Zeiten großen Stresses zur Wiedereingliederung solcher Energiekörper beitragen. Es gibt fertige Markenartikel, die man dafür kaufen kann, beispielsweise Bach-Blüten. Diese Mittel ermutigen die Energiekörper, sich mit dem physischen Körper wieder energetisch zu vereinigen, und verhindern dadurch langfristige Schocknachwirkungen.

Manche Menschen kommen schon mit einem stärkeren Sinn für Erdung auf die Welt. Dies sind die praktischen, vernünftigen und nüchternen Typen, die wir alle kennen. Dann gibt es die anderen, die mit der materiellen Welt ihre Probleme haben und sich dort nie sehr lange aufhalten, wenn sie stattdessen ihren Geist wandern lassen können. Das sind die verträumten, entrückt wirkenden Typen, denen in unserer Gesellschaft oftmals das Etikett »New Age« angehängt wird. Doch sie nehmen die Welt nur anders wahr, reagieren anders auf sie und sind körperlich nicht immer ganz anwesend. Natürlich gibt es auch jede Menge Menschen, die zwischen diesen beiden Extremen zu finden sind. Doch selbst wenn Sie zu einer großartigen natürlichen Erdung neigen, ist es hilfreich zu wissen, wie man diese Energie immer dann bewusst evozieren kann, wenn man ihrer bedarf.

Erdungsmethoden

Erdung kann viel schwieriger sein, als Sie sich vorstellen. Wenn wir meditieren, auf eine schamanische Reise gehen, ein Ritual ausüben oder sogar nur den stressigen Anforderungen des Alltags ausgesetzt sind, begegnen uns Mächte, die uns aus dem Gleichgewicht bringen. Man kann seine Erdung verlieren, wenn man durch jemanden oder durch etwas geschockt wird. Auch wenn man zu viel Energie aufnimmt, selbst wenn es »gute« Energie ist, kann man unausgeglichen und instabil werden und dadurch die Erdung verlieren. Wenn Sie sich zu sehr auf die energetischen und spirituellen Sphären konzentrieren, sogar dann, wenn Ihr visionäres Erlebnis bereits abgeschlossen ist, sind Sie nicht geerdet. Wenn Ihre Gedanken umherirren, Sie gewissermaßen geistig weggetreten sind und sich nicht auf das für Sie Wichtige konzentrieren können, sind Sie ungeerdet. Doch die Lösung des Problems könnte leichter zu finden sein, als Sie glauben. Ich stelle Ihnen einige Erdungsverfahren vor, die Ihnen helfen können, wieder zu Ihren Wurzeln zurückzukehren.

Körperbewusstsein

Es ist sehr wirksam, die Aufmerksamkeit dem eigenen Körper zuzuwenden. Sanfte Gymnastikübungen, bei denen Sie sich Ihrer Muskeln bewusst werden, wie beispielsweise Stretchen, bringen Sie in Ihren Körper zurück. Wenn Sie behutsam vorgehen, können auch kraftvollere Übungen diesen Vorgang auslösen.

Kontakt mit der Erde

Dies ist eine einfache Methode, um die Erdung wiederzuerlangen. Zum Abschluss vieler Rituale und Meditationsübungen drücken die Ausübenden ihre Füße – die meist nackt sind – fest auf die Erde. Andere lassen sich auf Händen und Knien nieder und pressen die Handflächen auf den Boden. Dabei stellen sie sich vor, wie die unerwünschte Energie vom Scheitel über die Hände in die Erde hineinfließt. Diese Energie wird der Erde zurückgegeben. Wenn Sie zu dieser Übung nicht in der Lage sind, können Sie die Energie über einen Altar, einen Stab, ein Schwert oder ein anderes Medium, das magische Energie leitet, an die Erde abgeben.

»Negative« oder schädliche Energie kann der Erde nicht schaden, wenn Sie diese Technik anwenden. Wie ein Blatt, eine Wurzel oder einen Körper wird die Erde auch diese Energie zerfallen lassen und sie in eine nützlichere Form umwandeln. Man kann diese Energie mit dem Auftrag, sie zur Heilung und Ausgewogenheit von Mutter Erde zu nutzen, in den Boden zurück lenken. Meine Schülerin Karen vergleicht schädliche Energie mit Dünger. Auch wenn er Ihren Körper vergiften kann, stellt er für Ihren Garten eine Wohltat dar.

Bäume umarmen

Obwohl dieses Verfahren mit der Generation der freien Liebe in Verbindung gebracht wird, hat es durchaus einen metaphysischen Wert. Wie beim Kontakt mit der Erde nutzt man ein Energie leitendes Medium, das die Empfindung des Verwurzeltseins fördert. Ich erinnere mich an einen Meditationsworkshop, bei dem die Teilnehmer in der Pause ins Freie gingen, um Bäume zu umarmen. Erst dachte ich, diese Menschen sind nicht ganz bei Trost, aber dann überredeten sie mich, es doch einmal selbst auszuprobieren. Und siehe da, es funktionierte! Wenn man es vom metaphysischen Standpunkt aus betrachtet, macht es auch durchaus Sinn.

Bei dieser Methode lässt man sich gewissermaßen mit dem Geist des Baumes auf einen Tauschhandel ein. Sie geben ihm etwas Kraft ab und er verleiht Ihnen seine geerdete und doch offene Energie. Benutzen Sie Ihre Intuition, wenn Sie sicher gehen wollen, ob der Baum überhaupt umarmt werden möchte. Ich habe schon mehrere Bäume erlebt, die mir nicht das Gefühl vermittelten, als willige magische Partner auftreten zu wollen. Da sollte man sich seiner guten Kinderstube entsinnen und erst einmal höflich nachfragen.

Wurzeln ausbilden

Stellen Sie sich als großen Baum vor, bei dem die Wurzeln entweder aus Ihren Beinen und Füßen wachsen oder aus dem unteren Ende Ihres Rückgrats, dem Wurzel-Chakra, falls Sie in der Lotushaltung auf dem Boden sitzen. Spüren Sie, wie sich Ihre Wurzeln ausbilden und durch das Gebäude, in dem Sie sich aufhalten, nach unten in die Erde hineinwuchern. Spüren Sie, wie die Wurzeln immer weitertreiben, durch die Erdkruste, in immer tiefere Schichten, bis sie ungehindert so weit zum Kern durchgedrungen sind, dass der Herzschlag der Mutter Erde vernehmbar ist.

Wenn Ihnen diese Visualisation Schwierigkeiten bereitet und Sie sich immer noch nicht geerdet fühlen, bitten Sie Mutter Erde um ihre geerdete Liebe. Spüren Sie, wie die Erdenergie jetzt in Ihre Wurzeln zieht, fast so, als ob Sie an einem Strohhalm saugen würden. Fühlen Sie, wie die Energie in Ihren Körper eintritt und Ihre Zellen mit grobstofflicherer irdischer Energie füllt. Wenn Sie spüren, dass dabei »zu viel« Energie abgegeben wird, stellen Sie sich einfach vor, wie der Überschuss aus Ihrem Scheitel heraus in den Himmel hineinschießt.

Einsinken

Stellen Sie sich vor, dass Sie auf dem weichen Sand eines Strands stehen. Ihre Füße, die allmählich immer tiefer einsinken, sorgen für Erdung. Sie sind fest im Sand verankert und in Ihrer Macht zentriert.

Erdungsschnur

Konzentrieren Sie sich auf Ihr Rückgrat und spüren Sie, wie Ihre Energie dort nach unten strömt. Fließt unsere Energie nach oben, aktivieren wir normalerweise unsere Wahrnehmungskraft und steigen aus der materiellen Welt empor. Wenn unsere Energie nach unten strömt, bringt sie uns in näheren

Kontakt mit der Welt. Lassen Sie also Ihre Energie abwärts zur Basis der Wirbelsäule, zum Wurzel-Chakra, strömen. Stellen Sie sich einen Lichtstrahl vor, der von dieser Wurzel aus den Körper hinunter und in die Erde hineinfährt. Auch diesen Strahl richten Sie auf den Mittelpunkt der Erde. Ähnlich wie ein Ballon sind Sie jetzt mit dem Boden durch eine Erdungsschnur verbunden.

Wenn Sie den Eindruck haben, dass es Ihnen an Erdung mangelt, sollten Sie eines dieser Verfahren ausprobieren. Jedes kann für sich allein ausgeführt oder mit einem anderen kombiniert werden. Sie werden bestimmt herausfinden, was bei Ihnen am besten funktioniert.

Abgrenzung

Das Element Wasser herrscht über die astralen und emotionalen Körper. Wenn wir mit der Kraft des Wassers arbeiten, lernen wir Grenzen zu ziehen und den Sinn für eine Intimsphäre zu entwickeln. Die Arbeit mit unseren Energiekörpern, mit unserer Aura, lehrt uns, einen heiligen persönlichen Bereich und unsere eigene Wirklichkeit zu erschaffen. Menschen, die ein starkes, gesundes Selbst- und Raumbewusstsein aufweisen, treten ungehemmt auf, wenn sie in ein Zimmer voller Leute kommen. Derjenige, bei dem Selbst- und Raumbewusstsein zusammengebrochen sind, wird sich von Menschenmengen eher bedrängt fühlen. Das trifft genauso auf emotionale, mentale und geistige Situationen zu. Wer keinen ausgeprägten Sinn für seine persönliche Sphäre und die eigene Abgrenzung hat, lässt sich leicht von anderen unterkriegen. Manchmal ist das deren volle Absicht, manchmal ist es ungewollt, doch am Ende kommt dasselbe dabei heraus. Wenn Sie ein ausgeprägtes Gefühl für Abgrenzungen haben, werden Sie durch Worte,

Körpersprache und persönliche Energie verdeutlichen, dass man Sie nicht bedrängen kann.

Sind Ihr Gefühl für das eigene Ich und Ihre Abgrenzungen nicht genügend ausgebildet, können Sie leicht durch Gedanken, Gefühle und Ziele anderer überwältigt werden, gewissermaßen von den projizierten Wellen der emotionalen Energie anderer überspült werden. Das ist das Wesen des Wassers. Die Fluten anderer Menschen werden Ihren eigenen friedlichen Teich in Aufruhr bringen, wenn Sie ihn nicht vor deren Eindringen schützen. Viele, die sich mit Magie beschäftigen, sind extrem sensitiv und nehmen mühelos Gefühle anderer in sich auf, wissen aber oft nicht, wie sie diesem Vorgang Einhalt gebieten können. Fehlende Abgrenzung und die Fähigkeit, sich exzessiv mit den Sorgen anderer anstatt mit der eigenen heiligen Sphäre zu identifizieren, sind daran schuld, dass sich sowohl im Alltagsleben als auch bei der psychischen Arbeit sehr viele Menschen von anderen überfordert fühlen.

Grenzen lassen sich auf vielfältige Weise ziehen. Man kann dies mit Worten tun, beispielsweise kein Blatt vor den Mund nehmen und anderen gegenüber auf dem persönlichen Freiraum oder der eigenen Lebensweise bestehen. Manchmal kann es außerordentlich wirkungsvoll sein, dem anderen einfach mitzuteilen, dass Sie sein Verhalten Ihnen gegenüber nicht gutheißen und er damit aufhören solle. Durch Abgrenzungen kann man sich von bestimmten Menschen lösen, sich aus einer Umklammerung befreien oder unerwünschtes Verhalten unterbinden. Derartige Trennungen entziehen Sie einem ungesunden Einfluss. »Nein« kann im Bereich der Schutzmagie überhaupt das bedeutendste Machtwort sein. Das erinnert mich an Selbstverteidigungskurse, wo Schülern beigebracht wird, sich gegen einen Überfall zu wehren. Als eine der ersten wirkungsvollen Techniken lernen sie »nein« zu brüllen. Einem Freund oder Mitarbeiter würden Sie natürlich nicht das gleiche Nein wie einem Straßenräuber entgegenschleudern, doch Sie sollten gegenüber den Menschen, mit denen Sie zu tun haben, mit Bestimmtheit auftreten und deutliche Grenzen ziehen.

Andere Abgrenzungen sind viel subtiler definiert. Auch wenn man nicht über sie spricht, sind sie doch unverrückbar und repräsentieren den Gesundheitszustand unserer psychischen Abgrenzungen. Sobald wir nämlich energetische Grenzen ziehen, stecken wir einen persönlichen Freiraum ab, der unsere geheiligte individuelle Sphäre verkörpert. Unsere energetische Abgrenzung spiegelt meistens unsere Gefühle, unsere Selbstachtung und unser persönliches Bewusstsein wider. Die Menschen dieser Welt reagieren dauernd auf unsere psychischen Abgrenzungen, auch wenn sie sich dessen nicht bewusst sind.

Wir interagieren mit der Aura unseres Gegenübers. Ein solcher energetischer Austausch verschafft uns subtile Hintergrundinformationen über den anderen, über seine persönliche Macht, seine Stimmung und seine Gesundheit. Illustrieren lässt sich diese Wechselwirkung durch die Geschichte der beiden japanischen Samurai, die sich auf einer schmalen Brücke begegnen. Die Ehre verlangt, dass der schlechtere Krieger zur Seite tritt, um dem größeren Meister den Vorrang zu geben. Treffen zwei talentierte Krieger mit ausgeprägtem energetischen Wahrnehmungsvermögen aufeinander, nehmen sie durch ihre Energiefelder miteinander Kontakt auf und bewerten dabei die Stärken und Schwächen des anderen. Daraus ergibt sich, welcher der beiden zur Seite treten muss, oder ob ein Kampf entscheiden soll, wer der Stärkere ist. Meistens erübrigt sich ein Kampf, da die von den Kriegern ausgehende Energie bereits die erforderlichen Informationen vermittelt hat.

Die spirituellen Krieger Perus, die Schamanen und Geistergeher, beschreiben ihre energetische Kommunikation auf ähnliche Weise wie die japanischen Samurai. Doch diese Schamanen gehen noch einen Schritt weiter: Der »Sieger«, also derjenige, der dem anderen überlegen ist, verpflichtet sich, dem Kontrahenten beizubringen, wie er das gleiche Fertigkeitsniveau erreichen kann. Da diese Befähigung auch spirituelle Wahrnehmung erfordert, geht es nicht nur darum, einen physischen oder psychischen Kampfstil zu lehren, sondern den Weg zur Erleuchtung aufzuzeigen.

Aus dieser anfänglichen Konfrontation und dem Verschmelzen der Energiefelder entsteht eine Verbindung, durch die später Informationen vermittelt werden. Wir stehen ständig in Kontakt mit anderen und unterhalten derartige Verbindungen zu Freunden, Familienmitgliedern, Mitarbeitern und Geliebten. Beim Sex verschmelzen unsere Energiefelder kurzzeitig miteinander, wobei auch von einem zum anderen Informationen übermittelt werden. Nachdem sich die Energiefelder wieder voneinander gelöst haben, haben sie sich verändert, was der Evolution und dem Wachstumsvorgang zugute kommt.

Jedes Mal wenn wir jemandem auf emotionaler Ebene begegnen, besteht die Möglichkeit, dass eine Verbindung entsteht, wodurch unsere Grenzen verletzt werden. Wenn wir wütend werden oder ein anderer auf uns böse ist, wird eine solche Verbindung hergestellt. Früher machte ich mir ständig Gedanken darüber, ob mich die Leute mögen würden. Wenn mir in einem Raum zwanzig Leute gewogen waren, stürzte ich mich auf den einzigen Menschen, der mich nicht ausstehen konnte. Ich wollte unbedingt dahinterkommen, woran das lag. Aber es »klickt« eben nicht immer zwischen allen Leuten; das ist überhaupt nicht persönlich gemeint. Ich hingegen wurde persönlich und emotional, um ein Band herzustellen. Ich bedrängte die Grenzen anderer Menschen, übertrat sie und schuf somit eine ungesunde Verbindung. Inzwischen bin ich gelassener geworden und erzwinge nichts mehr. Von Natur aus verfügen wir übrigens über keinerlei Abgrenzungen, da wir allesamt miteinander verbunden sind. Doch aus praktischen

Gründen müssen wir Grenzen ziehen, um gesund und unversehrt zu bleiben.

Den Schwarzen Gürtel richtig nutzen

Nur wenige Menschen sind in der Lage, ihre Aura so zu manipulieren, dass sie ihre persönlichen energetischen Grenzen nach Bedarf verlegen und anpassen und somit ihren Schutz erhöhen können. Psychischer Schutz gründet sich nämlich darauf, bewusst mit der Energie der Aura in Verbindung zu treten und sie gezielt mit Schutz- und Stabilitätsabsichten zu laden. Die Aura richtet sich nach Ihren Gedanken und Gefühlen. Wenn Sie Ihre Sicherheitssphäre bestimmen und sie auch spüren, haben Sie diese wirklich erschaffen. Es geht nicht so sehr darum, einen Schild um sich aufzubauen, der Energie reflektiert, sondern vielmehr darum, deutliche Grenzen zu ziehen und kräftige Wurzeln zu entwickeln, damit Sie in Ihrer authentischen Macht und dem wahren Selbst zentriert sind.

Vor allem Menschen, die in der Öffentlichkeit stehen, sollten sich ihrer Schutzschilde bewusst sein. Sobald Sie Ihre Energie in die Öffentlichkeit projizieren, ziehen Sie mehr Aufmerksamkeit auf sich und sind somit ein größeres Ziel für unerwünschte Kräfte, ganz gleich ob diese bewusst oder unbewusst ausgesendet werden. Achten Sie darauf, dass Ihr Schild intakt ist, wenn Sie in der Öffentlichkeit arbeiten, sei es in einem großen Unternehmen, in Sozialeinrichtungen, als Heiler oder als Künstler.

Hexen, die öffentlich auftreten und Führer heidnischer Kulte sind Verurteilungen, Missverständnissen und unerwünschten Energien in besonders hohem Maße ausgesetzt. Da sie mit Menschen umgehen, die sich gleichfalls in der Magie auskennen, ist es sehr viel wahrscheinlicher, dass sie jemandem begegnen, der in der Lage ist, sie magisch anzugreifen oder mit einem Fluch zu belegen. Das sollte Sie aber nicht davon abhalten, die Öffentlichkeit aufzusuchen, sondern Sie vielmehr ermutigen, sich in Ihrer eigenen geheiligten Sphäre und in Ihrer persönlichen Macht zu erden und zu zentrieren.

Auralöcher versiegeln

Wenn Sie die Arbeit mit Abgrenzungen aufnehmen, müssen Sie als Erstes auf energetische Weise die noch vorhandenen Löcher stopfen. Verbale und emotionale Kontakte, die ein Trauma hervorrufen, verwunden im wahren Sinn des Wortes unsere Energiekörper. Sie hinterlassen Löcher, Risse und Kratzer in der Aura. Wenn Sie die Aura als Ball oder Ballon visualisieren, können Sie sich vorstellen, wie Ihre Vitalkraft durch kleine Löcher entweicht und verpufft. Dies trägt zu größerer Erschöpfung, zu mehr Stress und zu fehlender Abgrenzung bei. Doch Sie können diese Löcher gezielt versiegeln.

Während der Meditation konzentrieren Sie sich auf die Sphäre rund um Ihren Körper, bis zu den Grenzen der Aura, die sich gerade mal jenseits Ihrer ausgestreckten Arme befinden. Fahnden Sie jetzt intuitiv nach Löchern. Diese fühlen sich oftmals wie kalte Schwaden an oder wie Luftströmungen, die sich vom Körper weg bewegen anstatt um ihn herum. Stellen Sie sich einen Klumpen aus weißem Licht vor, mit dem Sie wie mit Lehm das Loch stopfen. Das Licht wird sich in jene Farbe verändern, die erforderlich ist, um Ihre Aura zu heilen. Wiederholen Sie den Vorgang so lange, bis alle Löcher versiegelt sind.

Der Kristallhohlraum als Schutzschild

Sie befinden sich in einem leicht meditativen Stadium und haben die Löcher in Ihrer Aura bereits versiegelt. Stellen Sie sich jetzt vor, dass sich der äußere Rand Ihrer Aura, jedenfalls der Rand, den Sie wahrnehmen, kristallisiert. Sie stecken sozusagen in einem riesigen Ei oder einem kugelförmigen Hohlkörper aus Kristall (Abbildung 15). Mancher stellt sich dabei eine polierte Kristallkugel vor, ein anderer einen riesigen facettenreichen Diamanten. Dieser Körper ist lichtdurchlässig und gestattet Kräften, die Sie brauchen, hineinzugelangen, aber er reflektiert und neutralisiert unerwünschte schädliche Energien. Ich vermeide es, mir diesen Hohlkörper als klares weißes Licht vorzustellen, da weißes Licht so schützend wirkt, dass es allen Kräften den Zugang versperren kann, also auch jener Energie, die Sie unbedingt anziehen möchten. Während ich über diesem Schutzschild meditiere, sage ich Folgendes:

»Ich lade diesen Schutzschild, damit er mich vor allen schädlichen Kräften schützt, sowohl vor den positiven als auch vor den negativen.

Ich lade diesen Schutzschild, damit er mich vor allen schädlichen Kräften schützt, vor positiven, vor negativen und sonstigen.

Ich lade diesen Schutzschild, damit er mich vor jeglicher Gefahr schützt und der Quelle der Gefahr mit Liebe antwortet.

Ich lade diesen Schild, damit er mich vor jeglichem körperlichen Schaden, vor jeglicher psychischer und energetischer Verunreinigung schützt, vor Angriffen und bösen Absichten, sowohl meinen eigenen als auch denen anderer. So soll es sein.«

Als Bestandteil Ihrer meditativen Übungen sollten Sie diesen Schutzschild regelmäßig aktivieren.

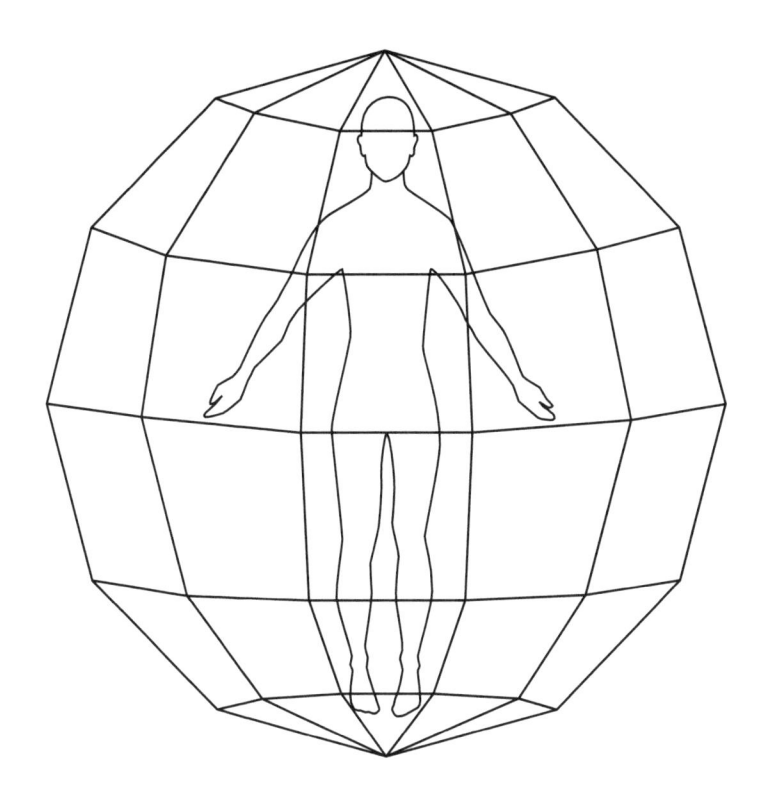

Abbildung 15: Der Schutzschild als kristallener Hohlkörper

Einen Schutzschild aufbauen

Sie können nicht nur die Kraftfelder um sich selbst »kristallisieren«, sondern auch die um Haus, Auto, Kinder, Haustiere oder irgendetwas anderes. Solche Schutzschilder sollten Sie zwar nicht ohne Erlaubnis über andere Menschen werfen, aber wenn ich als Beifahrer zu jemandem ins Auto steige, werde ich um den ganzen Wagen einen Schutzschild legen. Diesen lade ich mit der Bestimmung, dass er nach der gemeinsamen Reise verblassen soll, wenn er nicht dem höchsten Wohl dient. Schilde verlieren mit der Zeit ihre Wirkung. Wenn Sie also einen dauerhaften Schild wünschen, müssen Sie ihn in regelmäßigen Abständen aufs Neue stärken.

Kreise ziehen

Eine Schutzsphäre kann man auch herstellen, wenn man einen Kreis um den eigenen Körper, das Haus oder irgendetwas anderes zieht. Visualisieren Sie einen Ring aus vielfarbigem prismatischen Licht, der aus Ihrer Fingerspitze, Ihrem Stab oder Athamen kommt, und ziehen Sie damit den Kreis. Normalerweise wird dies mit der Zughand getan, bei den meisten Menschen also mit der rechten Hand, aber im Ausnahmefall tut es die andere auch. Traditionellerweise wiederholt man diesen Vorgang dreimal. Dabei ziehen Sie keinen geschlossenen Kreis, sondern schaffen einen Raum, der sich mit Ihnen mit bewegt. Viele Menschen beobachten, dass sich die drei Kreise unabhängig voneinander bewegen und in unterschiedliche Richtungen rotieren, wobei das Bild einer Kugel entstehen kann.

Sakrale Geometrie

Da unzähligen Symbolen und Formen schützende Kräfte zugeschrieben werden, kommt die Power der sakralen Geometrie in vielerlei Gestalt daher. Sie können beispielsweise die Schutzsymbole aus dem 4. Kapitel visualisieren (s. S. 96 ff.). Bewahren Sie das Bild in Ihrem Kopf und projizieren Sie es nach außen, vor und hinter sich oder in jene Richtung, aus der Sie Gefahr wittern. Ich visualisiere oder schlage am liebsten ein Pentagramm. Das Bannende Pentagramm, das in vielen Traditionen genutzt wird, um Gefahr abzuwehren, wird von unten nach oben gezogen. Sie beginnen mit der unteren linken Spitze und ziehen dann nach oben, bis Sie die fünf Zacken des Sterns vervollständigt haben. Um einen Schutzschild zu schaffen, schlage ich das Pentagramm nahezu täglich in alle Richtungen, nach oben und nach unten, und ziehe dazu auch noch die Schutzkreise.

Die sakrale Geometrie bietet noch eine weitere Möglichkeit des Schutzes: Man visualisiert um sich herum die Formen der sakralen Geometrie, vor allem die platonischen Körper, ähnlich wie den kristallenen Hohlkörper des Schutzschilds. Ich stelle mir oft ein pyramidenähnliches Gebilde um mein Haus vor, wie die obere Hälfte eines Oktaeders. Oder ich visualisiere das ganze Oktaeder, dessen eine Hälfte sich oberhalb des Bodens befindet, während die andere darinsteckt (Abbildung 16).

Spiegel

Über diese Methode habe ich zwar eine Menge gelesen, aber dennoch halte ich sie nicht für empfehlenswert. Man stellt sich dabei vor, von Spiegeln oder spiegelnden Flächen umgeben zu sein, die jeglichen Schaden auf den Verursacher zurückwerfen. Viele Hexen setzen diese Methode recht erfolgreich ein, aber ich mache mir über den moralischen Aspekt der Sache Gedanken. Ich halte es nämlich nicht für opportun, dem Absender die schlechte Energie zurückzuschicken. Vielleicht halten Sie das in bestimmten Fällen für gerechtfertigt, doch die Wicca-Regel lautet: »Tue, was du willst, wenn es niemandem schadet.« Niemandem zu schaden steht dabei obenan. Schließlich heißt es nicht: »Auge um Auge«. Viele Hexen setzen dies mit dem Gesetz der dreifachen Erwiderung gleich, das im modernen Hexenkult so beliebt ist und wonach alles, was sie aussenden, dreifach zu ihnen zurückzukehren hat. Dieser Rückkehr-Effekt ist die Grundlage jeder Magie.

Erwünschtes oder Unerwünschtes – alles kehrt irgendwann zu seiner Quelle zurück. Das Universum vergrößert die Energie, damit sie sich als physische Realität manifestieren kann. Aber

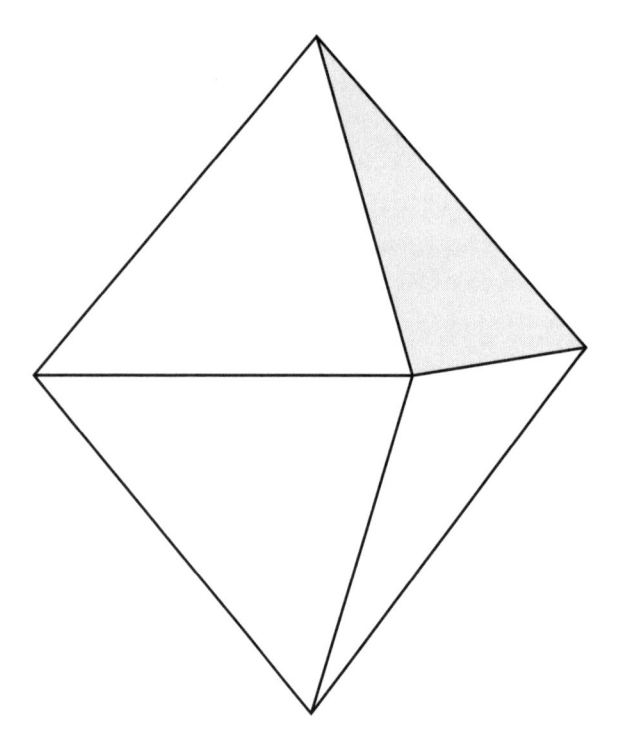

Abbildung 16: Oktaeder

es ist nicht Ihre Aufgabe herauszufinden, wann, wo und wie etwas zurückkehren wird. Das kommt mir so vor, als wenn jemand auf einen Menschen schießt, der in der Lage wäre, die Kugel auf den Schützen zurückzulenken. Ja sicher, er verteidigt sich damit, aber wie kann er denn verhindern, dass jemand anderes im Kreuzfeuer getroffen wird? Wer die Fähigkeit hat, die Kugel zurückzusenden, kann sie ebenso gut in die Erde hineinlenken, um sicherzugehen, dass niemand getroffen wird. Natürlich sollten Sie Maßnahmen ergreifen, um Ihren Schutz zu gewährleisten, aber es ist nicht Ihre Aufgabe, den Schuldigen zu bestrafen. Die »Karma-Polizei« nimmt schließlich keine Gesuche an. Also rate ich Ihnen, ein moralisch vertretbares Leben zu führen und niemandem zu schaden. Sie können davon ausgehen, dass Ihnen das gelohnt wird.

Mentale Flexibilität

Mentale Flexibilität ist ein guter Schlüssel zum Schutz und zur Lösung von Problemen. Eine Angelegenheit schadet uns nur dann in hohem Maße, wenn wir sie zu einem Problem aufwerten. Wie wir auf schwierige Menschen und Situationen reagieren, bringt schon die halbe Miete. In manchen Streit stecken wir so viel Energie, dass wir geradezu automatisch in seine Dynamik hineingezogen werden. Je mehr Kraft und Aufmerksamkeit wir darauf verwenden, desto größer kann das Problem werden, bis es uns schließlich unlösbar erscheint.

Wenn wir uns dazu entschließen, die Situation umzudeuten, können wir die Energie umwandeln, was zu einem gänzlich anderen Ergebnis führt. Verleihen wir der Situation ein neues Etikett, können wir ein Problem oder einen Fluch zu einer großartigen Lektion umgestalten. Rückblickend kann ich heute sagen, dass sich viele meiner schlimmsten Erlebnisse als meine besten Lehrer herausgestellt haben. Auch viele der übelsten Widersacher in meinem Leben waren meine weisesten Lehrer – auf privatem wie beruflichem Gebiet, innerhalb und außerhalb des Hexenkults. Möglicherweise haben sie nicht einmal begriffen, dass sie mir etwas Wichtiges beigebracht haben. Beispielsweise führten sie mir vor, wie ich nicht werden wollte oder wo ich meine Grenzen wirklich zu ziehen hatte. Es waren fantastische Lehrer, die mein Leben von Grund auf verändert haben.

Wenn wir ein Trauma, einen Streit, Krankheiten, Verletzungen und sogar psychische Angriffe zu potenziellen Lehrmeistern umdeuten, verlagert sich der Brennpunkt in unserem

Kopf. Wir vergeuden unsere Energie dann nicht mehr im Kampf gegen ein Übel, sondern nehmen seine Lehren an. Wenn das erledigt ist, brauchen wir keinen Gedanken mehr an die Angelegenheit zu verschwenden. Sie hat uns stärker gemacht, damit ihrem Zweck gedient und kann fallen gelassen werden.

Hexen und Magier müssen sorgfältig auf ihre Gedankengänge achten. Wir erschaffen unsere eigene Wirklichkeit und unsere Gedanken, Worte und Taten ziehen bestimmte Erfahrungen in unserem Leben an. Oft sind wir nachlässig in unserer Ausdrucksweise und sagen Dinge, die wir nicht wirklich meinen. Doch je mehr unsere magische Kraft wächst, desto deutlicher wird uns bewusst, dass allen unseren Worten und Gedanken Macht innewohnt. Manches, was wir im Scherz oder in einem Moment der Verwirrung von uns geben, kann dazu beitragen, unsere Wirklichkeit zu gestalten. Und unsere Gedanken können zu unbeabsichtigten psychischen Angriffen auf andere führen.

Wenn wir uns selbst oder andere klein machen, ungerechte Urteile fällen, über andere tratschen oder voller Wut unserem Ärger Luft machen, erschaffen wir Energie und projizieren sie. Wir haben bereits im ersten Kapitel gesehen, wie unsere schädlichen Beurteilungen, Projektionen und Beleidigungen den Empfänger schwächen können. Dadurch wird physische und psychische Power vermindert, die Kraft des Immun-, Nerven- und Drüsensystems herabgesetzt. Doch irgendwann kehren unsere Beleidigungen und ungesunden Gedanken zu uns zurück. Wenn es um psychischen Schutz geht, erweisen wir uns sehr oft als unser eigener schlimmster Feind.

Neutralisation

Laurie Cabot, eine meiner ersten Lehrerinnen, brachte mir das Verfahren der Neutralisation bei. Später erfuhr ich, dass diese

Methode in vielen mystischen Traditionen gang und gäbe ist. Unser gesamtes Gedankengut besteht aus Energie. Sobald etwas gedacht wird, senden wir es ins Universum hinaus. Es kann nicht zurückgerufen werden. Energie kann weder erschaffen noch vernichtet werden, doch man kann sie umwandeln. Bei der Neutralisation übernimmt man zwar die Verantwortung für einen bestimmten Gedanken, aber man ruft einen neuen Gedanken hervor, der den ursprünglichen, unerwünschten Gedanken binden und umwandeln soll. Sobald ich etwas sage, das sich nicht manifestieren soll, füge ich augenblicklich hinzu: »Das neutralisiere ich.« Wenn ich etwas Unerwünschtes visualisiere, oftmals durch meine eigenen Ängste hervorgerufen, stelle ich mir ein weißes X auf einem Bild vor. Indem ich es durchstreiche, neutralisiere ich es. Als ich mich mit Magie zu beschäftigen begann, war ich mir meiner Gedanken nicht so bewusst und ließ jede Menge von Beleidigungen und üblen Kommentaren vom Stapel. Als Folge davon musste ich monatelang immer wieder diesen Spruch aufsagen: »Das neutralisiere ich.«

Sofortiges Handeln

Bei der sofortigen Handlung suche ich als Letztes Zuflucht, wenn es um psychischen Selbstschutz geht. Die meisten anderen Verfahren sind ihrem Wesen nach eher auf Verteidigung ausgerichtet. Bei der sofortigen Handlung reagiert man aktiv auf eine Bedrohung, beispielsweise durch Fluchbannung. Das ist die Haltung des geistigen Kriegers, der die Wahrheit verteidigt und durch vorausschauende Handlung Gefahr abwehrt. Er leitet bestimmte Schritte ein und gewährleistet durch Bindungszauber seinen Schutz. Meistens gerät man in eine derartige Lage, weil jemand darauf aus ist, einem Schaden zuzufügen. Es kann sich dabei um einen Magier handeln, aber das muss nicht unbedingt sein. Um direkt zu reagieren, brauchen Sie einen starken feurigen Willen und die Kraft, ihn auch durchzusetzen.

Solche kämpferischen Verfahren helfen Ihnen, die Lage zu bewerten und Vorkehrungen zu treffen, um weiteren Schaden abzuwenden. Diese mächtigsten schutzmagischen Mittel werden allerdings nur selten benötigt, wenn man sich an die oben vorgestellten Arten magischen Schutzes hält.

Das Dreieck der Verteidigung

Das Dreieck der Verteidigung entstammt der Kunst der Hohen Magie und ist eine sehr wirkungsvolle Methode, um schädliche Angriffe aus jedweder Quelle rechtzeitig zu erkennen und zu neutralisieren. Begeisterte Fans des Buchs *Modern Magick* von Donald Michael Kraig machten mich zum ersten Mal darauf aufmerksam, aber man findet dieses Vorgehen auch in Denning und Philipps' *Practical Guide to Psychic Self-Defense and Well-Being*.

Sie schließen die Augen und drehen sich im Uhrzeigersinn langsam um die eigene Achse, um zu spüren, aus welcher Richtung der psychische Angriff kommt. Bei mir fühlt sich das meistens wie ein Brummen im dritten Auge an. Andere spüren es in ihren Händen, im Herzen oder im Solarplexus. Sobald Sie die Richtung geortet haben, bleiben Sie stehen und konfrontieren den Angriff wie ein Krieger. Visualisieren Sie an Ihrem dritten Auge ein Pentagramm in kobaltblauem oder violettem Licht. Führen Sie die Hände so ans dritte Auge, dass sich Daumen und Fingerspitzen berühren und an der Stirn ein Dreieck bilden. Diese Geste nennt man normalerweise das Dreieck der Manifestation, das bei der Ritualarbeit zum Weihen von Geräten und Amuletten zum Einsatz kommt. In unserem Fall manifestiert es Ihren Willen zum Schutz.

Machen Sie einen Schritt nach vorn (traditionellerweise mit dem linken Fuß, ich nehme dafür jedoch den rechten) und strecken Sie die Arme aus, um das Dreieck zur Quelle des Schadens zu senden. Damit schneiden Sie die Verbindung ab und sind vor künftiger Gefahr gefeit. Zeremonialmagier besiegeln diesen Vorgang mit dem Kleinen Bannenden Pentagrammritual, das in Kapitel 7 beschrieben wird, und das künftige Angriffe verhindert. Sie können zunächst einmal ein Reinigungsritual durchführen, indem Sie Bannende Pentagramme in alle Richtungen schlagen, einen Räucherungsakt durchführen oder ein anderes Verfahren Ihrer Wahl einsetzen.

Weiterführende psychische Verteidigung

Einige Traditionen folgen bei ihren Verteidigungsverfahren strengen Regeln, die Bewegungsabläufen in der Kampfkunst ähneln. Ich hingegen habe mir gewissermaßen einen Werkzeugkasten mit ausgesuchten Methoden zusammengestellt. Alle verlangen große Aufmerksamkeit sowie den Willen und die Fähigkeit, die eigene Fantasie einzusetzen. Zu ihnen gehören gelegentlich auch komplexe Visualisationen und wie beim Dreieck der Manifestation auch Bewegungen und Zielvorgaben der Ritualarbeit.

Wenn Sie spüren, dass Sie irgendeinem energetischen Angriff ausgesetzt sind, sollten Sie in jener Richtung, aus der Sie diesen vermuten, im Geiste einen energetischen Schild aufstellen, um ihn abzuwehren. Stellen Sie sich ein Viereck, ein Rechteck oder einen Kraftkreis vor, der Sie schützt wie der Schild den Ritter.

Stellen Sie sich vor, dass Sie Macht über die auf Sie gerichtete schädliche Energie haben, die in Wellen oder Lichtbändern auf sie zukommt. Ergreifen Sie diese Bänder, verweben Sie alle miteinander; stellen Sie sich vor, dass diese Bänder so verkno-

Abbildung 17: Die Krummsäbel

tet sind wie ein verhedderter keltischer Knoten, und legen Sie diesen dann auf den Boden. Dieses Vorgehen ist besonders wirkungsvoll, wenn der psychische Angriff von nicht körperlichen Wesen ausgeht.

Einmal befand ich mich in der Lage, dass ein sehr empathischer Bekannter absichtlich in meine geistige Sphäre eindrang und versuchte, meine Stimmung und meine Gedanken zu lesen. Mir kam es so vor, als ob sich ein Haken tief in meine Stirn eingrub. Intuitiv stellte ich mir über meinem Kopf zwei arabische Krummsäbel (Abbildung 17) vor, die sich an meiner Stirn kreuzten, den Kontakt abschnitten und sich dann meine Chakra-Säule hinunterbewegten und alle schädlichen Verbindungen zu meinem Energiesystem durchtrennten.

Wenn man Teile der Ritualmagie mit psychischem Selbstschutz verbindet, kann man beispielsweise Angreifern eine falsche Zielscheibe bieten. Dafür visualisieren Sie ein Bild von sich selbst, das sich von Ihnen loslöst. Sie können sich dabei vorstellen, aus dem eigenen Körper herauszutreten und in Ihrem Sog gewissermaßen ein Nachbild von sich zu hinterlassen, das dann zur Zielscheibe des Angriffs wird. Stellen Sie sich ein Schwert zwischen sich und jenem Bild vor oder benutzen Sie Ihren Athamen, Ihren Ritualdolch, um die Verbindung zu diesem Nachbild zu kappen. Verlagern Sie das Bild dann in eine magische Puppe, ein Plüschtier, eine Schachtel, ein Kissen oder einen anderen Behälter. Ich würde ihn mit Schutzkräutern füllen; andere nehmen dafür Meersalz. Kräuter und Salz neutralisieren jegliche Gefahr. Auf jeden Fall ist es außerordentlich wichtig, den Gegenstand aus dem eigenen Haus zu entfernen und an einem geheimen Ort ein paar Kilometer entfernt zu vergraben. Dieses Objekt wird dann zur Zielscheibe jeglicher auf Sie gerichteter Gefahr und wird diese wie ein Opferlamm an die Erde binden und neutralisieren.

Werden Sie erfinderisch, wenn es um Verteidigungstechniken geht, und denken Sie dabei immer an die Wicca-Regel und an das Gesetz der dreifachen Erwiderung.

Zauberei

Der Wille ist das Werkzeug des feurigen Kriegers und der wesentliche Bestandteil wahrer Zauberei. Diese erfordert sehr viel kompliziertere Vorbeugungsmaßnahmen, beispielsweise das Aufstellen von Wachen, das Herstellen von Zaubertränken und Amuletten sowie die komplexe Kunst des Fluchbannens, bei der spezifische schädliche Kräfte identifiziert und entfernt werden. Die archaischen Magiebücher empfehlen der Hexe, ihrerseits mit einem Fluch gegen den Verursacher dessen Fluch zu bannen, aber ich kann das überhaupt nicht gutheißen. Um sich zu schützen oder um Rache auszuüben, sollten Sie niemals einen Fluch aussprechen. Letztendlich wird er mit noch stärkerer Wirkung auf Sie zurückfallen. Wenn es tatsächlich jemanden gibt, der Sie mit Flüchen belegt, wird dieser Mensch die Folgen seiner Handlung schon sehr bald selbst zu spüren bekommen. Konzentrieren Sie sich lieber darauf herauszufinden, welche Lektion Sie aus der Situation erlernen sollen, damit Sie die gefährliche Verbindung abschneiden können.

Wenn Sie die Lektion begriffen haben, können Sie die Botschaft verarbeiten und viele weitere gefährliche Situationen in Zukunft vermeiden. Auf Schutzzauber wird in Kapitel 7 noch ausführlich eingegangen.

Die Macht des Geistes

Zu den Verteidigungstechniken des Geistes wird am seltensten gegriffen. Dabei sind diese Verfahren am wichtigsten und sollten Ihnen im Verteidigungsfall als Erstes in den Sinn kommen.

Alle Elemente entspringen dem Element des Geistes und alle Elemente kehren auch dorthin wieder zurück. Durch die Macht des Geistes erkennt die Hexe, dass alles miteinander verbunden ist. Jeder von uns ist ein Teil des Großen Geistes, des göttlichen Gehirns. Wir Menschen ähneln Zellen im Körper der Göttin.

Wenn wir einen Streit vom Zaum brechen, sind wir ein Körper, der sich im Inneren geteilt hat. Das erinnert an eine Redewendung der Indianer: »Der Baum, dessen Zweige einander bekämpfen, ist dumm.« Welcher Baum könnte so etwas Törichtes auch überleben? Da fragt man sich doch, wie der Familienbaum der Menschheit oder gar der Erdenbaum mit allen Tieren und Pflanzen in ständigem Kriegszustand überleben kann?

Angst ist die Quelle dieses Streits. Hass ist keineswegs das Gegenteil von Liebe, denn Hass und Liebe sind sich vom Wesen her sehr ähnlich. Die Angst ist die Antithese der Liebe, denn sie sorgt dafür, dass wir andere Menschen ganz anders wahrnehmen als uns selbst und daher eine richtige Teilung vornehmen können. Aber wer etwas von Magie versteht, kennt die Wahrheit: Es gibt keine Teilung; alles ist miteinander verwoben.

Einer der Gründe, weshalb Hexen auf ihrem spirituellen Weg auch Magie einsetzen, hat damit zu tun, dass sie herausfinden wollen, ob tatsächlich alles miteinander verbunden ist. Wenn Sie einen Zauber bemühen, um einen Arbeitsplatz zu erhalten und dann zufällig jemandem begegnen, der Ihnen dazu Informationen gibt, begreifen Sie, dass der Geist von Göttin und Gott Sie mit diesem Menschen zusammengeführt hat. Sie waren zwar schon immer verbunden und werden es auch bleiben, doch in jenem Moment, da Sie Ihre Absicht aussandten und das Universum sie annahm, macht es Sie darauf aufmerksam, dass eine solche Verbindung besteht. Meine Freundin Alixaendreia ermahnt sich bei jedem Streit, dass ihr »Gegner schlichtweg ein anderer Teil des Selbst« ist. Durch jeden Körper zieht der gleiche Geist, nur der Blickwinkel ist anders. Die hinduistischen Traditionen behaupten, dass wir in Maya leben, der Illusion der Welt, die Trennung schafft, obwohl wir doch alle eins sind. Dies zu erkennen, ist schwierig, wenn man in der Illusion gefangen bleibt.

Der wahre Weg des geistigen Kriegers ist der Weg des Mitgefühls, der allen spirituellen Wegen zugrunde liegt. Im Wicca nennen wir das vollkommene Liebe und vollkommenes Vertrauen. Das Mitgefühl beginnt bei einem selbst und geht dann auf die Menschen über, die man kennt. Wenn Sie mit sich selbst Erbarmen haben, dann können Sie es auch auf einen Fremden übertragen und letztendlich auch auf jene, die darauf aus sind, Ihnen zu schaden.

Mitfühlende Verteidigung

Wie kann Verteidigung überhaupt mitfühlend sein? Indem man erkennt, dass es keinen »anderen« gibt. Wenn Sie schädliche Energie wegschicken, seien Sie sich dessen bewusst, dass es kein »weg« gibt. Auch wenn Sie eine ungesunde Verbindung kappen, sind Sie immer noch verbunden. Wir sind in unserer Einzigartigkeit und Vielschichtigkeit allesamt eins. Sie sollten also schlimme Vorkommnisse nicht abschneiden, isolieren oder ablehnen, sondern darauf aus sein, sie zu heilen. Wenn wir die Zellen im Körper des Universums sind, entspricht ein Kampf einem Krebsgeschwür in diesem Körper: Zellen, die gegen Zellen kämpfen. Unser Ego sagt uns, dass wir das tapfere Immunsystem sind, das sich gegen die bösen »Krebszellen« unserer Feinde wehrt. Am häufigsten geschieht das in Kriegszeiten. Es ist keine Kunst, den Feind als das Böse schlechthin abzustempeln, doch wenn wir über den Tellerrand unseres Egos hinausblicken, erkennen wir oft, dass sich nicht alles so einfach in böse und gut unterteilen lässt. Wenn beide Beteiligten nur vom Blickpunkt des Egos aus handeln und nicht die höhere Wirklichkeit miteinbeziehen, fällt es schwer, die Vielschichtigkeit einer Lage richtig einzuschätzen.

Der Körper wird krank, wenn er Unbehagen, Stress, Spannung oder blockierter Energie ausgesetzt ist, wenn also eines seiner Teile mit dem großen Ganzen aus der Balance gerät. Von echter holistischer Heilung kann man nur dann reden, wenn die gestörten Teile nicht entfernt, sondern wieder richtig eingegliedert sind. Wir entstammen einer Gesellschaft, in der Krankes schnell weggeschnitten wird, anstatt es zu heilen, zu beruhigen und gesund zu pflegen. Genauso gehen wir mit unseren Feinden um. Es wäre sinnvoller, erst herauszufinden, weshalb wir aus der Balance geraten sind, und dann konstruktiv zu handeln, um beide Teile wieder in Harmonie miteinander zu bringen.

Ich habe zwar in den vorigen Kapiteln Mitgefühl mit Wasser in Bezug gebracht, aber da es sich um ein Gefühl handelt, stellt es dennoch auf höchster Ebene die spirituellste Reaktion dar, zu der wir in der Lage sind. Das reicht weit über die Gefühlssphäre hinaus zur höchsten Sphäre des Geistes.

Reflexion

Bevor Sie irgendetwas unternehmen, denken Sie erst einmal über Ihre Lage nach. Meditieren Sie und bitten Sie darum, den höheren Sinn dieses Konflikts in Ihrem Leben erkennen zu können, ganz gleich ob Sie nun mit einem Menschen, einem körperlosen Wesen oder einer Gemeinschaft im Streit liegen. Bei wahrlich geistiger Betrachtung führt die Innenschau zur nächsten Ebene. Lernen Sie etwas aus diesen Problemen? Sind Sie an Ihren Schwachstellen angegriffen worden? Bringen Sie anderen etwas bei? Wenn es ums Lehren und Lernen geht, findet das normalerweise auf beiden Seiten gleichzeitig statt. Haben Sie den Eindruck, dass Ihre Integrität, Ihre Spiritualität, einer Prüfung unterzogen wird? Wenn dies der Fall ist: Wie gehen Sie damit um? Reagieren Sie nur? Oder halten Sie sich tatkräftig auf jenem Kurs, den Sie selbst für den höchsten und besten erachten? Wenn nicht, warum nicht? Bevor Sie sich von einer Lage gänzlich verabschieden, bitten Sie erst darum, sie zu verstehen. Wenn das Ganze einen Sinn gehabt haben soll, Sie es aber unreflektiert zu den Akten legen, werden neue Situationen mit ähnlichen Themen immer wieder auftauchen, bis Sie sie akzeptieren und von ihnen lernen. Erst dann können Sie Ihr Leben wieder normal weiterführen.

Segnung

»Segnen Sie Ihre Feinde fort«, rät Luisa Teisch in ihrer Videoserie *Jumbalaya*, die sich auf das gleichnamige Buch gründet. Wer Sie absichtlich oder ungewollt angreift oder Ihr Leben zur Hölle macht, fühlt sich normalerweise selbst nicht wohl in seiner Haut und benutzt Sie als Ablenkung oder als Sündenbock für das eigene Missgeschick. Wenn Sie so jemandem anstelle von Flüchen Ihren Segen schicken, wird dieser Mensch vollauf mit seinem eigenen Glück beschäftigt sein und damit Aufmerksamkeit von Ihnen abziehen. Wünschen Sie ihm Gesundheit, Wohlstand und gutes Gedeihen. Wünschen Sie ihm, dass sein Verlangen im Sinne des höchsten Wohls gestillt wird, und erbitten Sie für ihn nur das Beste, wenn Sie ihn aus Ihrem Leben wegwünschen. Sie senden damit einen Segen aus und werden ihrerseits ebenfalls gesegnet sein, da Sie niemandem schaden.

Das ist die magische Entsprechung zur Redewendung »jemanden mit Freundlichkeit umbringen«, obwohl ich diesen Spruch nicht sonderlich schätze. Sie sind damit keineswegs verlogen oder manipulativ, sondern werden zu einem authentischen Gefäß der Göttlichkeit. Einer meiner Lehrer schlug vor, dass man sich einfach seinem Gegner öffnen sollte, wenn alles andere fehlgeschlagen ist, man nicht mehr weiß, was man tun soll oder was man von ihm oder aus einer Lage lernen kann. Man sollte sich seinem Gegner zwar öffnen, ihm gegenüber so liebevoll wie möglich sein, dabei aber dennoch einen gewissen Abstand wahren. Beim Meditieren sollte man sich vorstellen, dass dieser Mensch von liebendem Licht umgeben ist. Sie visualisieren also weder ein bestimmtes Verhalten noch kontrollieren Sie den Willen des anderen. Mein Lehrer hielt goldfarbenes Licht für das beste, für die höchste göttliche Liebe. Persönlich brauchen Sie diesen Menschen nicht zu lieben oder zu segnen, aber versuchen Sie, sich der Lage von einem göttlichen Standpunkt aus zu nähern. Wenn Sie sich dieser Person öffnen, könnte sie das auch Ihnen gegenüber tun oder sich wenigstens aus der verfahrenen Lage lösen und Sie in Ruhe lassen.

Lachen

Lachen ist die beste Verteidigung. Schon allein dadurch, dass Sie etwas nicht ernst nehmen, bannen Sie es. Humor funktioniert bei magischen Angriffen, gegen psychische Wesenheiten und bei altmodischem Zank. Mein Freund, der Tarot-Berater Christopher Giroux, wurde mal gefragt, wie man sich der schwarzen Magie böser Hexen erwehren könne. Mit Gelächter, antwortete er. Es funktioniert und ist sogar ganz einfach zu bewerkstelligen. Diese Lösung scheint zu bescheiden zu sein. Manche Menschen, die sich als seriöse Magier betrachten, ignorieren daher diese Empfehlung. Sie gehen davon aus, dass man in der Magie immer irgendwelche komplizierten Verfahren einsetzen muss, doch hinter dem Gelächter stecken ganz vernünftige magische Prinzipien.

Wenn Sie einer Situation mit großer Ernsthaftigkeit begegnen, verringern Sie die eigene Energie, weil diese in der Verteidigung steckt. Das ist zwar eine vorübergehende Hilfe, doch Ihre Angst lässt die Energie oftmals in einem verkleinerten energetischen Raum verharren. Von hier aus können Sie nicht Ihre volle Kraft einsetzen oder sich Ihrer Intuition öffnen. Angst verengt und kann sogar zu energetischen Blockaden und zu Erkrankungen führen. Wenn Sie Angst haben und einer ungesunden Beziehung dennoch viele Gedanken und viel Kraft widmen, erschaffen Sie einen Energiekreislauf zwischen sich und dem anderen. Sie stellen ein ungesundes Band her und sind somit in der Lage, auf energetische Weise an den »Strippen« des anderen zu ziehen und diese zu bewegen. Dadurch reagieren Sie immer heftiger. Ihre Intensität kann dem Zauber oder dem Wesen, das Sie plagt, mehr Energie verleihen. Je stärker Sie dagegen ankämpfen und sich in die Auseinandersetzung, den Streit oder in die Polarisierung des »Ich gegen die anderen« verstricken, desto mehr Öl schütten Sie ins Feuer.

Den Herd dieser Flammen können Sie nur löschen, wenn Sie sich energetisch lösen und sich emotional aus der Lage befreien. Die meisten Furcht erregenden Wesen ernähren sich von Ihrer Angst, da sie selbst nur über eine geringe Energie verfügen. Also spielen sie sich auf, stellen sich als große Monster dar, um psychisch sensitive Menschen zu erschrecken. Je mehr Sie diese Ungeheuer mit Ihrer Angst füttern, desto deutlicher wird deren Manifestation. Aber wenn Sie sie auslachen, schneiden Sie ihnen die Nahrungszufuhr ab und nehmen ihnen die Kraft. So sehen Sie diese Wesen als das, was sie wirklich sind und betrachten es als unter Ihrer Würde, sich mit ihnen abzugeben. Ohne Ihre Aufmerksamkeit erhalten sie nicht mehr das Erwünschte, verschwinden also oder lassen sich mühelos bannen, da ihnen die Energie zum Widerstand fehlt.

Wenn Sie magischen oder anderen Angriffen mit Gelächter begegnen, entschärfen Sie die Lage durch Humor. Ein Familienstreit kann durch gemeinsames Lachen beigelegt werden, »böse« Hexen oder Zauberer jedoch frustriert nichts mehr, als nicht ernst genommen zu werden. Schließlich gehen sie zum Angriff über, um auf sich aufmerksam zu machen, weil sie sich so mächtig vorkommen. Wenn Sie jetzt über diese Zurschaustellung ihrer Macht lachen, diese lächerlich machen, unterbrechen Sie den Kreislauf. Die Angreifer werden sich abwenden und sich lieber mit solchen Menschen auf neue Powertrips begeben, die ihr Spiel mitmachen wollen.

Lachen, das von Herzen kommt, ist letztendlich das Lachen der Liebe und der Freude. Wenn Sie aus ganzem Herzen lachen, neutralisieren Sie jegliche schädliche Energie mit Liebe. Das ist die mächtigste Magie überhaupt. Gleichzeitig senden Sie auch Liebe aus. Wenn diese dreifach zu Ihnen zurückkehrt, sind Sie dreifach gesegnet.

KAPITEL 6

Jemand schaut auf mich

Engel, verstorbene Verwandte und Totemtiere sind allesamt Geister, denen von diversen spirituellen Traditionen Schutzkräfte zugeschrieben werden. Die Vorstellung von Schutzgeistern reicht bis in die Frühzeit der Zivilisation zurück und spielt auch heute noch, sowohl bei Naturvölkern als auch in Industrienationen, eine wichtige Rolle. Nicht nur, weil wir des Schutzes und der Führung bedürfen, sondern auch, weil wir uns in gewissem Sinn durch diejenigen, die nicht in der materiellen Welt leben, geleitet fühlen. Bei meiner Arbeit bin ich vielen Menschen begegnet, die überhaupt keine Beziehung zum Okkultismus haben und doch der Meinung sind, dass über sie ein Schutzengel wacht, oder – was häufiger vorkommt – ein nahe stehender Verstorbener, der Gefahren von ihnen fern hält.

Evokation

Bei vielen Urformen der Magie geht es darum, Schutzgeister zu beschwören, die einen Menschen, ein Haus, ein Grab oder das Land der Vorfahren beschirmen sollen. Rituale, Visionen und Gebete stellen allesamt eine Form der Magie dar, um mit

Schutzgeistern in Berührung zu kommen. Ist einmal die Verbindung hergestellt, kann man zu diesen Geistern eine Beziehung aufbauen. Manche Geister übernehmen mehrere Aufgaben gleichzeitig; sie treten als Führer, Heiler und Beschützer auf. Andere werden ausschließlich zum Schutz angerufen. Diese Geister sind als Torhüter bekannt, die auf psychische Weise die Tore der Welt und die Tore zum Bewusstsein, zu Ihrer Seele, bewachen.

Alle mystischen Traditionen kennen das Prinzip der Evokation. Um wirklich von den Wohltaten dieser Schutzgeister profitieren zu können, muss man sie aktiv ins Leben einladen. Obwohl viele Geister instinktiv und intuitiv zu Ihrem Besten über Sie wachen, werden die meisten nicht direkt mit Ihnen Kontakt aufnehmen oder sich einmischen, da sie Ihren freien Willen nicht beeinträchtigen wollen. Deshalb sollte man sie einladen. Evokation heißt die magische Handlung, mit der ein Geist zitiert wird.

Die Evokationsrituale der traditionellen Magie sind oft sehr kompliziert. Beispielsweise können sie daraus bestehen, dass man bestimmte Worte der Macht ausspricht, zu denen normalerweise der Name des Geistes gehört. Man kann auch das Symbol des Geistes zeichnen oder einen Talisman festhalten, dessen Material mit diesem speziellen Geist assoziiert wird.

Ich ziehe es vor, Geister über die Meditation anzurufen. Sobald ich den Kontakt zu einem Geist hergestellt habe, spüre ich, dass ich auch außerhalb des Meditierens mit ihm zurate gehen kann. Ich fühle seine Gegenwart in meinem Alltag. Wann immer ich ihn um Führung oder Schutz bitte, spüre ich, dass ich durch meine vorherige Verbindung zu ihm gewissermaßen seine spirituelle »Telefonnummer« oder »Hotline« kenne. Ich kann ihn also jederzeit um sofortige Hilfe anrufen.

Nachstehend eine einfache Evokation, die ich Schüler auf der Suche nach Schutzgeistern lehre:

»Ich (nennen Sie Ihren Namen) rufe hiermit meine höchsten Schutzgeister an, um mich vor jeglicher Gefahr zu schützen. Ich grüße euch, ihr seid mir willkommen.«

Der Vorgang ist so einfach und gleichzeitig so wirksam. Normalerweise werden Sie die Anwesenheit Ihrer Schutzgeister tatsächlich spüren. Sollte dies nicht der Fall sein und Sie sich in einer stressigen Lage befinden, seien Sie sich gewiss, dass diese Schutzgeister für Sie da sind.

Wenn Sie mit einem bestimmten Geist meditiert haben und dieser seinen Namen genannt oder Ihnen ein Symbol gegeben hat, können Sie ihn bei seinem Namen anrufen oder sein Symbol visualisieren. Lassen Sie sich von Ihrer Intuition leiten. Das einfache Evokationspentagramm dient als Symbol zum Zitieren eines jeglichen Geistes oder Öffnen eines Durchgangs (Abbildung 18).

Wie ein Schlüssel öffnet diese Geste einen Durchgang oder ruft einen Geist herbei, wenn Sie das wünschen. Um die Verbindung wieder abzubrechen, schlagen Sie mit dem entsprechenden Wunsch das Bannende Pentagramm.

Nachdem Sie den Geist angerufen haben, ganz gleich ob mit lauter Stimme oder in Gedanken, teilen Sie ihm Ihre Ängste mit. Bitten Sie um besonderen Schutz vor diesen Bedrohungen. Wenn ich mich auf dem Heimweg unsicher fühle, einen unberechenbaren Autofahrer in meiner Nähe auf der Autobahn sehe oder die starken psychischen Emanationen von sehr unglücklichen Menschen spüre, zitiere ich meinen Schutzgeist. Zusätzlich sichere ich mich mit anderen Sicherheitsverfahren ab wie beispielsweise mit dem psychischen Schutzschild.

Wenn Sie zweifeln, welchen Geist Sie denn nun anrufen sollen, können Sie mit diesem Schutzgebet die Göttin, den Gott und den Großen Geist zitieren:

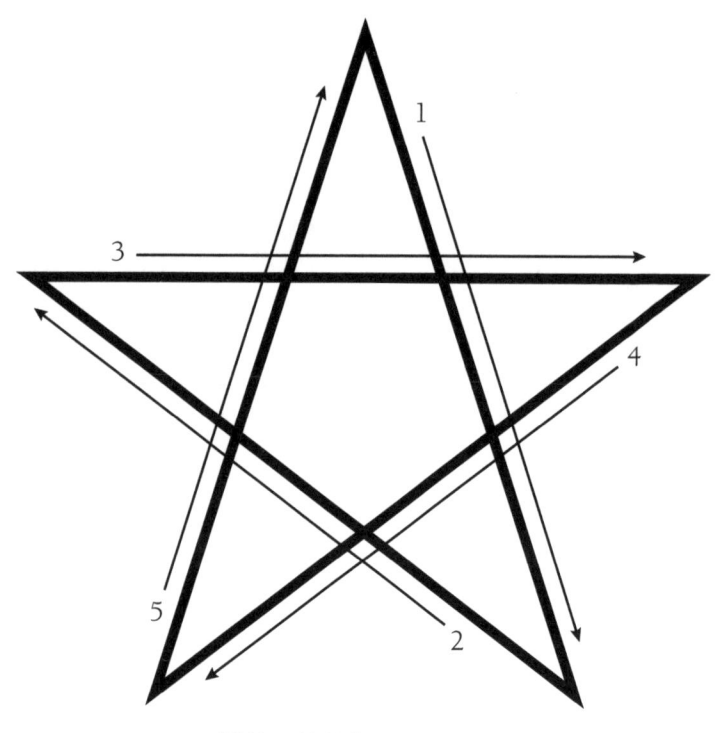

Abbildung 18: Evokationspentagramm

»*Ich (nennen Sie Ihren Namen) rufe die Göttin, den Gott und den Großen Geist an, um mich vor jeglichem Schaden zu behüten.*«

Sie können jeden Tag mit der Evokation eines Schutzgeistes beginnen und beenden. Bevor ich zu Bett gehe, bitte ich meine Hüter, meinen Körper zu schützen, während ich schlafe, und meine Seele, wenn ich in meinen Träumen reise.

Diese einfache Form der Evokation kann in jeder Lage eingesetzt werden, obwohl bestimmte Gruppen von Schutzgeistern durch spezifische Techniken und Opfer angerufen werden. Der Rest dieses Kapitels handelt von unterschiedlichen

Geistern, Engeln, Krafttieren und heidnischen Gottheiten, die zum Schutz zitiert werden können.

Engel

Engel gehören zu den beliebtesten spirituellen Hütern. Da sie in den monotheistischen Hauptreligionen vorkommen, haben die meisten Menschen keine Angst vor Engeln und betrachten sie nicht einmal als Geister. Wegen ihrer Verbindung zur Bibel passt es vielen Heiden nicht, mit ihnen zu arbeiten, da sie diese Wesen für allzu christlich halten. So ging es mir anfangs auch. Doch die Geschichte der Engel reicht weit zurück, denn solche Wesen finden sich in vielen magischen Kulturen. In deren Mythologien ähneln sie allerdings nicht den pausbäckigen geflügelten Kinderwesen auf Weihnachtskarten, sondern sind mächtige Geschöpfe, die in vielerlei Gestalt daherkommen. Segnungen aus der Engelsphäre gehören zu jeder Kultur.

Die Engelkunde ist sehr kompliziert und speist sich aus einer Vielzahl widersprüchlicher Quellen. Meiner Meinung nach sollte jeder seine individuelle Erfahrung mit ihnen machen und sich an die Botschaften und Methoden halten, die er von seinen Engeln erhält. Engel werden oft in Hierarchien eingeordnet, die »Kategorien« genannt werden. Einige Engel beschäftigen sich unmittelbar mit der Menschheit, während andere mit Aufgaben im Universum betraut sind, was sie der Menschheit fern und fremd erscheinen lässt.

Obwohl wir alle diese Wesen unter dem Obergriff »Engel« kennen, passt dieses Wort eigentlich nur zu jener Kategorie, die üblicherweise mit der Menschheit assoziiert wird. Diese Engel treten als Begleitgeister, als Führer und Beschützer auf und erscheinen in der unmittelbaren Begegnung noch am menschlichsten zu sein. Dazu gehört auch die beliebte Vorstellung vom Schutzengel. Jeder Mensch soll einen Schutzengel haben. Dieser beschirmt sowohl den physischen Körper als auch das geistige Selbst. Um Ihren Schutzengel zu zitieren, können Sie die im letzten Abschnitt beschriebene Evokation durchführen.

In bestimmten Bereichen der Zeremonialmagie gilt der »Heilige Schutzengel« als das höhere Selbst des Magiers. Alle Werke der Hohen Magie bringen einem »dem Wissen um und dem Gespräch mit dem Heiligen Schutzengel« näher. Damit ist schlichtweg gemeint, dass Magie zur spirituellen Evolution eingesetzt wird, man dem eigenen höheren, göttlichen Selbst begegnet, es erfährt, und letztendlich immer besser begreifen lernt, wie man das im Alltag verkörpern kann.

Von den vielen Engelkategorien sind der Allgemeinheit die Erzengel wohl am besten vertraut. Ihre Namen finden sich in den Mythen der drei monotheistischen Hauptreligionen, also im Judentum, Christentum und Islam. Die Erzengel treten als Boten Gottes mit der Menschheit in Verbindung. Mir ist es allerdings lieber, sie nicht nur als Botschafter des Gottes der Bibel, sondern als Boten und Verkörperungen des Großen Kreativen Geistes zu sehen. Obwohl es zahlreiche Erzengel gibt, sind die Hüter der vier Himmelsrichtungen in der westlichen Magie am bekanntesten.

Raphael: Raphael ist der Hüter des Ostens und des Elements Luft. Als Arzt der Engelsphäre bekannt kann Raphael zu Heilungszwecken angerufen werden. Auf Kunstwerken wird er mit einem Stab, einem Caduceus (der geflügelte Hermesstab) oder manchmal auch mit einem Schwert abgebildet. Ihm werden die Farben Gelb und Violett zugeschrieben.

Michael: Michael ist der Hüter des Südens und des Elements Feuer. Als Halter des Flammenschwerts gilt Michael als der wichtigste Erzengel des geistigen Kriegers. Ihm werden die

Farben Rot und Grün zugeschrieben. Zu meinem Schutz rufe ich Michael unablässig an, beispielsweise, um bei Heilungen nicht von ungebetenen Geistern gestört zu werden und vor rücksichtslosen Fahrern auf der Autobahn geschützt zu sein.

Gabriel: Gabriel ist der Hüter des Westens und des Elements Wasser. Dieser Erzengel wird mit einer magischen Trompete abgebildet und mit dem Heiligen Gral in Verbindung gebracht. Gabriels Farben sind Blau und Orange.

Uriel: Uriel ist der Hüter des Nordens und des Elements Erde und erfreut sich bei Heiden und Hexen besonderer Beliebtheit. Er wird mit der Mutter Erde assoziiert und mit dem Tod – in jenem Sinn, dass der Körper der Erde zurückgegeben wird. Seine Werkzeuge sind der Stein und das Pentakel, und seine Farben werden normalerweise mit Erdfarben in Verbindung gebracht wie Grün, Braun und Schwarz. Allerdings gibt es auch Magier, die Uriel Schwarz und Silber zuschreiben.

Die Säule des Lichts

Von John Artimage, dem Begründer des Shamballa-Reiki, erlernte ich eines meiner ersten Engelrituale. Bei seiner Arbeit mit der Engelsphäre wurde ihm nämlich Material übermittelt, das ihn zu einer Übung zur Anrufung des Erzengels Michael anregte. Diese Übung war so einfach, dass ich mir überhaupt nicht vorstellen konnte, mit solcher Leichtigkeit den Beistand aus der Engelsphäre anrufen zu können. Doch als ich sie ausführte, spürte ich tatsächlich die Gegenwart eines Engels.

Für diese Übung visualisiert man eine Lichtsäule, die, ähnlich wie die Mittlere Säule bei der kabbalistischen Zeremonialmagie, um und durch den Körper des Praktizierenden geht. Die Säule nimmt ihren Ausgang an der Quelle der Schöpfung, die als ein kosmisches Zentrum visualisiert wird, steigt dann zu Ihnen hinab, geht durch den Boden und verankert sich im Herzen der Erde. Sie blockiert alle unerwünschten Mächte, von denen Sie mit Vorsatz oder unbeabsichtigt angegriffen werden. In der Säule bleibt nur das erhalten, was zu Ihnen gehört. Wenn Sie sich also durch andere Menschen, deren Gefühle und psychische Projektionen überfordert fühlen, erschaffen Sie diese Säule. Sollte es Ihnen danach nicht besser gehen, dann ist Ihre Störung nicht durch andere Menschen, sondern durch Ihre eigenen Gefühle hervorgerufen worden. Mit denen müssen Sie dann lernen, besser umzugehen.

Anders als bei der kabbalistischen Mittleren Säule kann dieser Lichtstrahl eine unbegrenzte Zeit lang anhalten und sich mit Ihnen bewegen. Dafür müssen Sie keine komplizierten Visualisationen vornehmen oder Mantras sprechen. Sie können in Ihrem Auto, im Büro oder zu Hause üben, ohne dass dies sonderlich auffällt. Sagen Sie einfach laut oder in Gedanken: »Erzengel Michael, verleih mir eine Säule des Lichts, um mich vor jeglicher Gefahr zu schützen.« Sie werden spüren, wie die Säule auf Sie hinabsteigt. Es kann ein sehr deutliches oder ein sehr subtiles Gefühl sein, aber es ist da. Nach meiner Erfahrung bleibt die Säule eine Stunde bis einen Tag bestehen, aber sie sollte regelmäßig erneuert werden. Ich wende dieses Verfahren an, wenn ich auf der Stelle Schutz benötige, während ich mit meinen anderen Methoden zum psychischen Schutz für anhaltende Sicherheit sorge.

Mit Erzengel Michael psychische Bande kappen

Shamballa-Reiki hat mich auch noch ein weiteres mächtiges Verfahren gelehrt: Man evoziert den Erzengel Michael und bittet ihn, alle unangemessenen psychischen Bande und Verbindungen zu anderen zu kappen. Wenn wir mit einem anderen

Menschen eine ungesunde psychische Beziehung eingehen, besteht die Gefahr, zu ihm ein psychisches Band zu knüpfen, das so lange erhalten bleibt, bis diese Gefühle verschwunden sind. Manche halten einen derartigen Austausch für Bausteine des Karmas. Durch eine bestimmte Meditation kann man diese lange andauernden Verbindungen freigeben und heilen und durch regelmäßige Meditation die Schaffung neuer, ungesunder Bande verhindern.

Und das geht so: Während der Meditation rufen Sie einfach den Erzengel Michael an und bitten ihn, mit seinem Flammenschwert alle ungesunden Bande, die nicht dem höchsten Wohl dienen, zu durchtrennen. Wandern Sie durch Ihren ganzen Körper und durch Ihre ganze Aura. Bitten Sie Michael, die Bande vor und hinter Ihnen, jene zu Ihrer Linken und zu Ihrer Rechten sowie diejenigen oberhalb und unterhalb Ihres Körpers zu kappen. Bitten Sie Michael, alle ungeeigneten Bande von allen sieben Chakras abzuschneiden, von der Wurzel angefangen bis nach oben. Wenn dies erledigt ist, danken Sie dem Erzengel Michael. Jetzt können Sie auf das im nächsten Abschnitt behandelte Heilungsverfahren übergehen.

Eine alternative Art des energetischen Kappens von Banden und der Auraheilung finden Sie im 11. Kapitel meines Buchs *The Inner Temple of Witchcraft: Magick, Meditation and Psychic Development*.

Heilen mit Engeln

Sie können die Engelsphäre in vielerlei Hinsicht bitten, Ihnen zu helfen: wenn sich eine psychische Kommunikation wie ein Angriff anfühlt, wenn Sie sich nicht wohl fühlen oder wenn Sie down sind und einfach nur eine geistige Aufmunterung benötigen. Manchmal sind Vorsorge und Pflege die angemessensten Verteidigungsmittel.

Versetzen Sie sich in einen meditativen Zustand und zitieren Sie den Heiler Erzengel Raphael, um Ihnen beizustehen. Spüren Sie, wie Sie seine Kraft in eine Lichtkugel hüllt. Das Licht zeigt sich in irgendeiner Farbe, die zu Ihnen passt. Nachdem es Sie umgeben hat, kann alles Mögliche geschehen; das ist bei jedem Heilungsvorgang unterschiedlich. Jeder wird etwas anderes fühlen, sehen und hören. Die Engel unter Raphaels Führung werden Sie in eine andere Lage versetzen oder Ihnen Botschaften übermitteln. Es könnte sein, dass Sie in einen Tiefschlaf fallen, bis die Heilung abgeschlossen ist. Es könnte auch sein, dass Sie gar nichts verspüren, aber es trotzdem funktioniert.

Halten Sie sich in der heilenden Sphäre so lange auf, wie es Ihnen erforderlich erscheint. Zehn Minuten dauerte die kürzeste Zeit, die ich dort verbracht habe, und zwei Stunden die längste. Wenn es erledigt ist, danken Sie Raphael und kehren Sie aus Ihrem meditativen Stadium zurück, indem Sie sich wieder in der materiellen Welt erden.

Das Kleine Bannende Pentagrammritual

Eine andere kabbalistische Methode, die in vielen magischen Disziplinen, also auch im Hexenkult, sehr beliebt ist, wird das Kleine Bannende Pentagrammritual genannt. Hierbei handelt es sich um ein reinigendes Ritual, das bestimmte Magier täglich praktizieren, um für sich selbst Schutz und Vitalität zu gewährleisten und die vier Erzengel der vier Himmelsrichtungen für kontinuierliche Unterstützung im Laufe des Tages anzurufen. Das Ritual »erdet« das Gefüge des kabbalistischen Lebensbaums in Ihrem Energiekörper.

Zum Kleinen Bannenden Pentagrammritual gehören rituelle Gesten und hebräische Worte der Macht, die übrigens zur Grundlage des Vaterunsers geworden sind. Obwohl dieses vielen Hexen nicht behagen könnte, rate ich Ihnen sehr, es auszuprobieren und herauszufinden, wie sich die Energie anfühlt. Ich halte diese Zeremonie für sehr wirksam und Hebräisch ist eine außerordentlich magische Sprache. Hexen, die das Ritual mögen, aber die Verbindung zum Hebräischen ablehnen, verwenden eine andere Sprache oder ändern das Ritual etwas ab. Ich habe ähnliche Rituale vorgenommen, dabei aber bei den Himmelsrichtungen anstelle der Engel keltische Göttinnen und Götter angerufen, weil sie mir näher stehen. Dennoch ist das Ritual mit den Engeln auch sehr wirkungsvoll.

Das Kleine Bannende Pentagrammritual besteht aus vier Teilen. Es beginnt mit dem Kabbalistischen Kreuz, dann kommt das eigentliche Bannende Ritual; als Drittes werden die vier Erzengel angerufen und zum Schluss wiederholt man das Kabbalistische Kreuz.

DAS KABBALISTISCHE KREUZ

Blicken Sie nach Osten und holen Sie ein paarmal tief Luft. Stellen Sie sich gerade hin. Deuten Sie mit der rechten Hand oder mit Ihrem Dolch auf Ihre Stirn. Stellen Sie sich jetzt einen weißen Lichtstrahl vor, der in Ihr Scheitel-Chakra eindringt. Stellen Sie sich Ihren Scheitel als die Spitze des Lebensbaums vor (Abbildung 19).

Sprechen Sie: **Ateh** (= Dein ist)

Deuten Sie mit der rechten Hand auf Ihr Wurzel-Chakra oder auf den Boden. Visualisieren Sie das Herabgleiten des Lichtstrahls zur Wurzel und dann zwischen Ihren Füßen in die Erde hinein.

Stellen Sie sich die untere Sphäre des Lebensbaums zwischen Ihren Füßen vor.

Spüren Sie den Kontakt zwischen Ihrem Scheitel und der Erde.

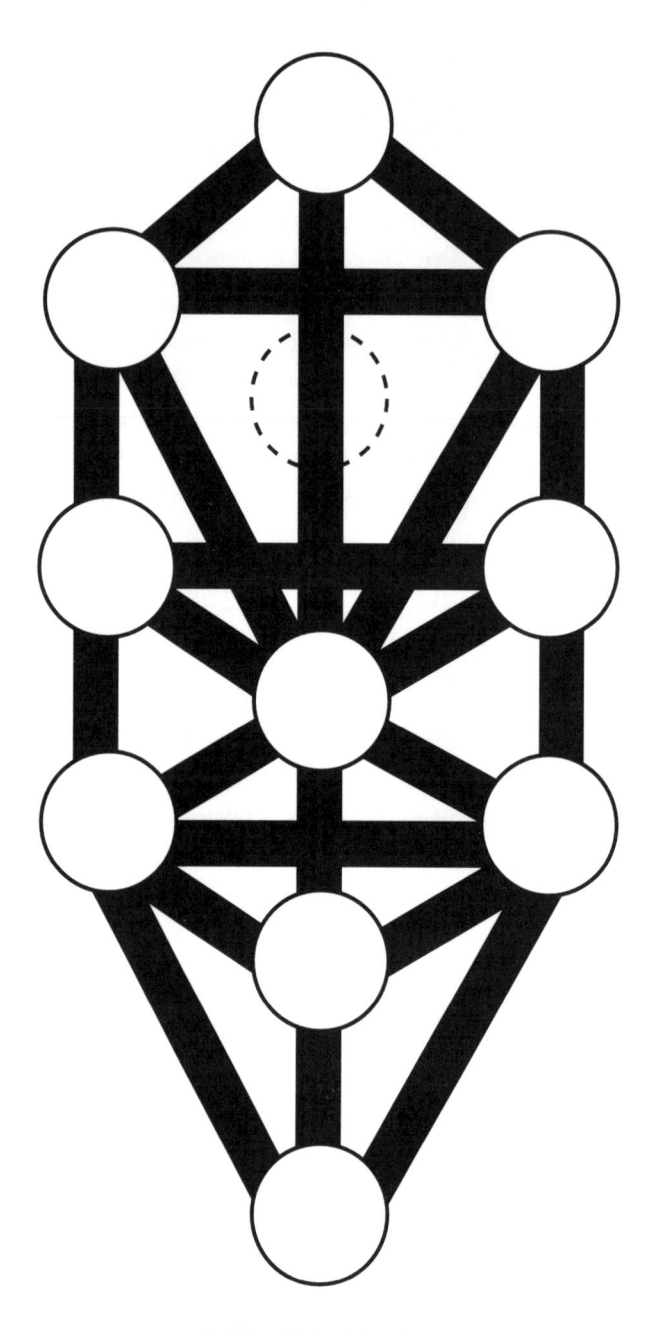

Abbildung 19: Der Lebensbaum

Sprechen Sie: **Malkuth** (= das Reich)

Weisen Sie mit der rechten Hand auf die rechte Schulter. Visualisieren Sie einen Lichtstrahl, der von rechts kommt und in Ihre rechte Schulter zieht.

Sprechen Sie: **Veh Geburah** (= und die Kraft)

Deuten Sie mit der linken Hand auf die linke Schulter. Visualisieren Sie den Lichtstrahl, der sich von der rechten zur linken Schulter bewegt und dabei den ersten senkrechten Strahl in der Herz-Kehle-Gegend kreuzt. Spüren Sie, wie der Strahl aus der linken Schulter heraustritt.

Sprechen Sie: **Veh Gedulah** (= und die Herrlichkeit)

Bringen Sie die Hände mit den zusammengelegten Handflächen in Gebetshaltung zum Herzzentrum.

Sprechen Sie: **Le Olam** (= in Ewigkeit)

Konzentrieren Sie sich auf das Kreuz in der Mitte Ihres Körpers. Spüren Sie, dass Sie geerdet und zentriert sind.

Sprechen Sie: **Amen** (= so ist es)

Konzentrieren Sie sich auf Ihre Verbindung zu allem.

Das Bannende Ritual

Blicken Sie gen Osten.
Schlagen Sie ein Bannendes Pentagramm aus blauem Licht.

Sprechen Sie: **Jod-He-Vau-He**

Drehen Sie sich ein Stück im Uhrzeigersinn und ziehen Sie dabei das erste Viertel eines Lichtkreises.
Blicken Sie gen Süden.
Schlagen Sie ein Bannendes Pentagramm aus blauem Licht.

Sprechen Sie: **Adonai**

Drehen Sie sich im Uhrzeigersinn und ziehen Sie dabei das zweite Viertel des Lichtkreises.
Blicken Sie gen Westen.
Schlagen Sie ein Bannendes Pentagramm aus blauem Licht.

Sprechen Sie: **Eh-Hi-Eh**

Drehen Sie sich im Uhrzeigersinn und ziehen Sie dabei das dritte Viertel des Lichtkreises.
Blicken Sie gen Norden.
Schlagen Sie ein Bannendes Pentagramm aus blauem Licht.

Sprechen Sie: **Agla**

Drehen Sie sich im Uhrzeigersinn und vervollständigen Sie dabei den Lichtkreis.
Blicken Sie erneut gen Osten.
Schlagen Sie ein Bannendes Pentagramm aus blauem Licht.

Anrufung der Erzengel

Sprechen Sie:
»Vor mir Raphael
Hinter mir Gabriel

Zu meiner Rechten Michael
Zu meiner Linken Uriel
Vor mir leuchtet das Pentagramm«

Spreizen Sie Arme und Beine und visualisieren Sie sich selbst als Pentagramm.

Sprechen Sie: **In mir erstrahlt der sechszackige Stern.**

Visualisieren Sie ein Hexagramm, den sechszackigen Stern in Ihrem Herz-Chakra.
Wiederholen Sie das Kabbalistische Kreuz.

In den Traditionen der Zeremonialmagie gibt es noch weitaus komplizierte Varianten des Kleinen Bannenden Pentagrammrituals. Dazu gehören bestimmte rituelle Bewegungen und Gesten, mit denen jedem Pentagramm gesondert Macht verliehen wird. Die oben aufgeführte Variante, die erste und die einfachste, die ich erlernt habe, wird auf ähnliche Weise auch von Hexen praktiziert. Es ist eine wunderbare Methode, um die Zeremonialmagie in Ihre Praktiken einzuführen.

Diverse Autoren versuchen die Kraft im Klang der magischen Worte zu vermitteln und gehen vor allem beim Kleinen Bannenden Pentagrammritual in allen Einzelheiten auf richtige Betonung und Lautstärke der Worte ein. Damit verschreckt man Anfänger, die furchtbare Angst davor haben, etwas falsch zu machen und sich dann lieber dafür entscheiden, dieses Ritual ausfallen zu lassen. Doch die Anweisungen unterscheiden sich von Tradition zu Tradition. Einige behaupten, die Worte sollten in einem höheren Ton als der normalen Sprechstimme gesprochen werden, andere verlangen einen tieferen. In vielen Traditionen werden bestimmte Silben eine Zeit lang vibriert. Mir sind zahlreiche Versionen des Kleinen Bannenden

Pentagrammrituals bekannt, doch alle scheinen für den jeweiligen Praktizierenden ihren Zweck zu erfüllen. Ich bitte Sie dringend, es einfach auszuprobieren und herauszufinden, was bei Ihnen am besten funktioniert.

In Gesprächen und beim Meditieren spreche ich die Namen der Erzengel zwar zwanglos aus und folge dabei unserer zeitgenössischen Aussprache, doch beim Kleinen Bannenden Pentagrammritual gebe ich den Namen eine formellere Betonung, beispielsweise »Mi-cha-el«. Sie können sich bei Ihrer Ausübung des Kleinen Bannenden Pentagrammrituals an das halten, was Ihnen am angenehmsten ist und was bei Ihnen am besten wirkt.

Dies waren nur ein paar der mächtigsten Techniken aus der Engelmagie. Man kann zusätzlich noch einen magischen Kreis schlagen (siehe Kapitel 7, S. 184) und die Erzengel um Schutz anrufen. Bauen Sie Ihre Beziehung zu den Engeln weiter aus, und warten Sie ab, was für Gaben sie Ihnen bringen werden.

Krafttiere

Tierische Schutzgeister sind mächtige Bundesgenossen. In den südamerikanischen Traditionen wie auch in den meisten anderen schamanischen Kulturen hält man das Clantier für einen großen Beschützer, der vor bösen Geistern, Erkrankungen und Unfällen behütet. Wer jung stirbt, so glaubt man dort, ist von seinem Totemtier im Stich gelassen worden, weil er es beleidigt hat. Wer aber sein Schutztier ehrt und eine Beziehung zu ihm aufbaut, gewinnt einen mächtigen Begleiter. Die schamanische Heilkunst bezieht sich zum großen Teil darauf, frühere Beziehungen mit beleidigten Tiergeistern wiederherzustellen oder ein neues Tier zu finden, das Schutz und Beistand gewähren will.

Schützen liegt im Wesen aller Clantiere, ganz gleich, wie sich ein solches Tier im realen Leben verhalten würde. Man könnte glauben, ein Bär biete wirkungsvolleren Schutz als beispielsweise ein Schmetterling, doch sollte Ihr Clantier tatsächlich ein Falter sein, wird er Sie genauso gut behüten können. In der Welt der Geister gewähren alle Tiere Schutz und Ihr Clantier wird auf Sie aufpassen. Am Ende dieses Abschnitts werde ich Ihnen erklären, wie Sie Ihr persönliches Krafttier auf einer schamanischen Reise aufspüren können.

Im Folgenden führe ich einige beschützende Krafttiere auf, die Sie anrufen können, falls Sie sich über ihr eigenes Clantier nicht im Klaren sind oder Sie zusätzlichen Schutz wünschen. Jedes Krafttier verfügt über seine eigene Medizin oder Weisheit, um Ihnen dabei behilflich zu sein, ein ausgeglichenes Leben zu führen.

Der Bär

Der Bär ist ein feuriger Kriegergeist, doch ihm ist auch die Kraft der Innenschau eigen. Regelmäßig fordert er uns auf, in uns zu gehen – vergleichbar mit dem jährlichen Winterschlaf des Bären. Größe und Kraft des Bären sollten geachtet werden, doch er weist außerdem jene Güte und Weisheit auf, die jedem Krieger gut anstehen.

Die Eule

Die Eule ist ein weiterer Schutzgeist und gleichzeitig das Symbol der Göttin Athene (siehe auch den Abschnitt über Schutzgottheiten S. 160 ff.). Die Eule hilft uns durch ihre Weisheit und fordert uns gelegentlich auf, die Macht, über die wir verfügen, nicht zu offen zur Schau zu stellen. Sie rät uns, nur in der Nacht hervorzutreten und unsichtbar zu bleiben.

Das Stinktier

Das Stinktier bietet Schutz, weil es seine Feinde abschreckt. Außerdem fordert es Respekt ein. Jeder kennt das Stinktier und achtet seine Macht. Obwohl die Ausscheidungen, die es versprüht, nicht tödlich sind, demonstriert es damit eine starke Macht. Das Stinktier lehrt Selbstvertrauen und Selbstachtung.

Die Spinne

Über die Angst bringt uns die Spinne bei, wie wir uns schützen können. Wir lernen durch die Spinne, Urängste zu überwinden und selbst Furcht zu verbreiten, wenn wir andere abschrecken müssen. Spinnen verfügen über ein besonders ausgeprägtes Wahrnehmungsvermögen und sind sehr sensitiv, denn sie spüren ja die Schwingungen aller Fäden, wenn sie in der Mitte ihres Netzes geduldig warten. Spinnweben auf geistigen Ebenen sind große Schutzschilde, die schädliche Kräfte einfangen, bevor sie uns erreichen.

Der Hirsch

Der Hirsch verschafft uns durch sein mächtiges Geweih ein gesteigertes Bewusstsein. Hirschgötter gelten als Väter und Herren des Waldes, wie beispielsweise Cernunnos. Hexen rufen Cernunnos gern als beschützenden Gottvater an. Die Medizin des Rotwilds kann bei aller Kraft zu Verspieltheit und Sanftheit führen.

Die Schildkröte

Der harte Panzer und das weiche Innere der Schildkröte gewähren Schutz und sorgen dafür, dass man sich Nahestehenden gegenüber nicht verhärtet. Bei dem Bemühen, psychisch gerüstet zu sein, kann es nämlich geschehen, dass wir in allen unseren Beziehungen Härte zeigen und damit die Verbindung zum Herzen verlieren. Die Schildkröte liefert die Medizin der Mutter Erde. Man spürt ihren Herzschlag, während man in der Welt geschützt ist.

Der Wolf

Als Erstes habe ich gelernt, den Wolf anzurufen. Hexen reichern ihre Schutzzaubertränke oft mit Wolfshaaren oder Hundehaaren, die denen der Wölfe ähneln, an. Wölfe sind klassische Clantiere und flößen ein Gefühl für enge, schützende Familienbande ein. Gehören Sie zum Wolfsclan, werden Sie auch dann geschützt sein, wenn der Geist Sie nur vorübergehend adoptiert hat. Der Wolf liefert auch die Medizin des Lehrers. Wenn Sie Ihr Totemtier nicht kennen, können Sie die Kraft des Wolfes zu sich rufen.

Es gibt noch unzählige weitere Schutztiere. Jeder von uns schätzt eines ganz besonders. Fangen Sie mit dieser Liste an, um Ihre eigenen Tiergeheimnisse zu entdecken.

Die Reise zu Ihrem eigenen Krafttier

Um herauszufinden, welches Krafttier Sie schützt, können Sie auf eine schamanische Reise gehen. Während Sie sich von Trommelschlägen in einen Trancezustand versetzen lassen, stellen Sie sich einen großen Baum vor, den schamanischen Weltenbaum, der Sie mit den Geistern der Ober- und der Unterwelt verbindet. Achten Sie auf einen Tunnel oder auf eine Öffnung im Baum und treten Sie dort ein, begleitet von den Trommelschlägen. Stellen Sie sich vor, wie Sie durch Ober-

oder Unterwelt auf der Suche nach Ihrem Krafttier reisen. In dieser Trance wird Ihnen der Geist Ihres Totemtiers begegnen. Möglicherweise wird sich Ihnen das Tier sofort vorstellen, oder Sie werden mehrere Tiergeister erkennen. Jedes Tier, das Sie dreimal oder häufiger sehen und das Ihnen freundlich erscheint, ist wahrscheinlich Ihr tierischer Wegbegleiter. Kehren Sie dann auf dem gleichen Weg zurück, durch den Tunnel des Baumes, und treten Sie zu den Trommelschlägen wieder in Ihren Körper ein.

Sobald Sie Ihr Schutztier kennen, sollten Sie es öfter aufsuchen. Besorgen Sie sich ein Symbol oder einen Fetisch, damit Sie daran denken, und tragen Sie diesen Gegenstand immer bei sich. Rufen Sie Ihr Krafttier in unsicheren Zeiten an und danken Sie ihm anschließend. Diese Handlungen helfen Ihnen, eine Beziehung zu Ihrem Krafttier aufzubauen.

Schutzgottheiten

Viele Götter der heidnischen Welt dienen ihren Anhängern als Schutzpatrone. Wenn Sie zu irgendeiner Gottheit eine besondere Beziehung haben, ganz gleich, in welcher Sphäre sie ansonsten ihre Macht ausübt, können Sie diesen Gott oder diese Göttin um Beistand bitten. Schon wegen Ihrer persönlichen Verbindung wird sich diese Gottheit um Ihr Wohlergehen kümmern. Im Idealfall existiert bereits eine Beziehung zu jener Gottheit, die Sie um Schutz anrufen. Es gibt auch einige Götter, deren vorrangigste Aufgabe darin besteht, Schutz zu gewähren. Wenn Sie aus Sicherheitsgründen das Bedürfnis haben, gerade zu diesen eine nähere Verbindung aufzubauen, werden Sie mit ihnen meditieren und Rituale ausführen wollen. Der Kontakt zu diesen Göttern kann zum Bestandteil Ihrer tiefer gehenden spirituellen Arbeit werden. Am Ende dieses

Abbildung 20: Anubis

Abschnitts werde ich Ihnen erläutern, wie Sie durch Meditation eine Schutzgottheit finden können.

Die nachstehenden Gottheiten sind im modernen Heidentum als mächtige Schutzpatrone bekannt. Die meisten gelten als archetypische Elternfiguren, als Vater oder Mutter, andere als Gottheiten der Magie, des Reisens oder des Krieges.

Ares/Mars

Ares, der in neuzeitlichen Romanen oft als Bösewicht dargestellt wird, ist der Gott des Krieges und der Krieger. In der Mythologie der Griechen und der Römer gilt er zwar gelegentlich als Störenfried, doch ich selbst empfinde ihn als hervorragenden Schirmherrn, der Kraft und Mut verleiht.

Artemis/Diana

Diese mächtige Göttin des Mondes und der Jagd ist vor allem als Beschützerin von Frauen und Kindern bekannt.

Athene/Minerva

Athene ist die Göttin des Krieges und der Weisheit. Sie müht sich, ihre Gegner zu überlisten, ist aber auch eine beachtliche Kriegerin.

Anubis

Der schakalköpfige Gott des Nils diente der Göttin Isis und ihrem Sohn Horus als Beschützer. Er ist der Hüter des Totenreichs und führt Seelen von einem Reich zum nächsten.

Bast

Diese katzenköpfige ägyptische Göttin ist sehr verspielt, doch sie gewährt in schwierigen Zeiten auch Stärke und seelische Kraft.

Brid

Brid ist die keltische Göttin des Feuers, des Heilens und der Dichtkunst. Auch unter dem Namen Bridget gilt sie als Schutzherrin der Kinder. Ihr Zauber beschirmt Häuser, Kinder und Familien.

Dagda

Dagda ist der Gottvater der Kelten und der Erzdruide der göttlichen Weisheit und Kunstfertigkeit. Seine Macht erstreckt sich über alle Welten. Es ist sehr angenehm, sein Wohlwollen zu besitzen.

Danu

Danu, die Urmutter der keltischen Götter, ist die Göttin des Landes, des Meeres und der Sterne. Ihre Urkraft kann jederzeit angerufen werden, wenn Schutz und Führung nötig sind.

Demeter/Ceres

Als die große Erdgöttin ist Demeter denjenigen, die sie verehren, eine mächtige Schutzherrin. Ihr besonderes Interesse gilt den Kindern.

Frey

Frey, der Gott des Vanir-Stamms aus der nordischen Mythologie, ist vor allem als Schutzherr von Reisenden, Schiffen und Seeleuten bekannt.

Hathor

Hathor ist eine weitere Patronin der Frauen. Ihr Symbol, das Sistrum, eine altägyptische Rassel, vertreibt böse Geister.

Hekate/Trivia

In der griechischen Tradition gilt Hekate als die Mutter der Hexen. Sie ist eine dreigesichtige Göttin der Unterwelt und wacht über die Kreuzwege. Alle Hexen rufen Hekates Hilfe an, vor allem wenn sie Neuland oder neue Welten betreten.

Heimdal

Heimdal ist der Hüter der Regenbogenbrücke, die zum Heim der nordischen Götter führt. Er ist ein sehr aufmerksamer Wachmann mit magischem Wahrnehmungsvermögen.

Hera/Juno

Hera, die Gemahlin des Zeus, beschützt Haus, Ehe und Familie.

Hermes/Merkur

Hermes ist der Gott der Reisenden, der Magie und der Medizin. Er kann angerufen werden, um Sie auf allen Reisen, bei allen magischen Handlungen und bei der Heilung zu unterstützen.

Horus

Der Rachegott Horus ist der Sohn der Isis und des Osiris. Er ist ein bedeutender Krieger und steht Ägypten und seinen Bewohnern bei. Das Horusauge gilt als mächtiger Talisman, der jene schützt, die ihn bei sich tragen.

Inanna/Astarte/Ishtar

Inanna ist eine mächtige Göttin der Erde und des Himmels. Sie stieg einst in die Unterwelt hinab, um dort gleichfalls nach der Macht zu greifen. Allerdings geriet sie in der Unterwelt mit ihrer Schwester Ereskigal aneinander. Deshalb hat Inanna vor allem für jene Menschen eine besondere Schwäche, die in Schwierigkeiten geraten sind.

Isis

Isis ist die Muttergöttin Ägyptens, die Gemahlin des Osiris und die Mutter des Horus. Sie ist eine mächtige Zauberin und Schutzherrin für Familien und für Magier.

Kali

Normalerweise wird Kali nicht als Schutzgöttin angesehen, sondern als Göttin der Zerstörung, des Todes oder einfach der Naturzyklen. Doch einige meiner Freunde haben die Große Mutter Kali erfolgreich um ihren grimmigen und feurigen Schutz angerufen. Sie erscheint als besonders mächtig und stattlich, wenn Sie sich körperlich in Gefahr befinden oder in der Gegenwart von Geistern, die Ihnen Furcht einflößen. Kein Geist kann diese Hindu-Göttin an Grimmigkeit übertreffen.

Macha

Macha ist eine irische Kriegsgöttin. Als Aspekt der dreigestaltigen Göttin, die als Morrighan bekannt ist, beschützt sie Krieger und Hexen. Krieger zeichnen auf ihren Schild oftmals das Pentakel oder das Pentagramm, ein Schutzsymbol der Morrighan. Macha ist meine persönliche Patronin und erscheint immer dann zu meinem Schutz, wenn ich sie benötige.

Odin

Odin ist das Oberhaupt der nordischen Götter und der Schutzherr der Magier, der Edlen und der Wüteriche.

Abbildung 21: Kuan Yin

Kuan Yin

Kuan Yin ist eine fernöstliche Muttergöttin des Mitgefühls, der Liebe und des Heilens. Sie richtet ihre besondere Aufmerksamkeit auf die Gebete von Müttern und Kindern und kann zu deren Schutz angerufen werden. Obwohl ich weder Mutter noch Kind bin, habe ich sie angerufen und ihre Anwesenheit mit ziemlicher Deutlichkeit verspürt.

Thor

Thor ist der nordische Gott des Volkes, also der einfachen Männer und Frauen. Als Gott des Blitzes und des Donners kann man ihn anrufen, damit er jene beschützt, deren Ziele redlich sind.

Zeus/Jupiter

Vom Vater der griechisch-römischen Götter kann man Weisheit und Schutz erflehen.

Durch Meditation zur Schutzgottheit finden

Holen Sie einige Male tief Luft und versetzen Sie sich in ein meditatives Stadium. Visualisieren Sie einen antiken Tempel, einen Tempel des heiligen Bereichs und Schutzes. Nutzen Sie die Magie Ihres Geistes und betreten Sie den heiligen Tempel. Sie gehen einen Korridor entlang, an dessen Ende sich die Kammer der Schutzgötter befindet. Vielleicht ist nur ein Wesen da, aber es könnten auch bereits mehrere Gottheiten oder andere Schutzgeister wie Engel oder Totemtiere auf Sie warten. Es ist möglich, dass Sie einander kennen oder dass dies Ihre erste Begegnung ist.

Stellen Sie sich dieser Göttin oder diesem Gott vor und leiten Sie ein Gespräch ein. Entwickeln Sie eine Beziehung zu den Schutzmächten. Seien Sie offen für die Lehren des Kriegers, des Reisenden, des Magiers, des Vaters oder der Mutter.

Danach danken Sie der Gottheit und kehren den gleichen Weg zurück, den Sie gekommen sind. Jetzt wissen Sie, dass Sie einen mächtigen Verbündeten haben, der Ihnen bei Ihren Abenteuern in der materiellen und in der mystischen Welt beistehen wird.

Der Umhang der Göttin

Bitten Sie in problematischen Zeiten um den Beistand einer Schutzgöttin. Ich spüre dann die Anwesenheit der Göttin hinter mir; es ist, als ob sie mich mit ihrer Energie wie mit einem Umhang bedeckt. Dieser Umhang hüllt mich in ein Schutzfeld ein. Manchmal kommt es mir so vor, als verschwände ich völlig darin, als würde ich für die Kräfte, die mir schaden wollen, unsichtbar gemacht. Zu anderen Zeiten neutralisiert der Umhang dank der Kraft der Göttin Gefahren. Bitten Sie einfach darum, den Umhang der Göttin erleben zu dürfen.

Der Mantel des Gottes

Wie um den Umhang der Göttin können Sie auch darum bitten, den Mantel des Gottes zu spüren. Die Auswirkungen sind sehr ähnlich und nicht unbedingt vom jeweiligen Geschlecht der Gottheit abhängig. Die Götter, mit denen ich arbeite, haben mir dies folgendermaßen erklärt: Der Mantel stärkt das Gefühl der persönlichen Macht. Dabei handelt es sich allerdings nicht um eine klassische Invokation des Göttlichen in Ihr Bewusstsein, sondern das Bild der Gottesform wird beim Tragen des Mantels auf den äußeren Rand der Aura projiziert. Das kräftigt Ihre Persönlichkeit und verleiht ein Gefühl von Autorität. Dies ist zwar außerordentlich wirksam, dennoch sollten Sie sichergehen, dass Sie nicht ein trügerisches Gefühl völliger Unbesiegbarkeit überkommt.

Beschützende Naturgeister

Diverse Orte wie bestimmte Haine, Wiesen, Berge und andere heilige Stätten werden von Schutzgeistern bewohnt. Wer einen solchen heiligen Bereich aufsuchen und erleben will, sollte die Schutzgeister um Erlaubnis bitten und darauf warten, dass er diese auch erhält. Mit einer solchen Genehmigung gestaltet sich der Weg nämlich erheblich angenehmer. Ihre Arbeit lässt sich dann mit Leichtigkeit und in Würde verrichten. Dringen Sie ohne Erlaubnis ein, wird es Ihnen jedoch so vorkommen, als ob sich die ganze ungezähmte Natur gegen Sie verschworen hat.

Viele Menschen berichten, dass sie sich beim Eintreten in einen magischen Wald beobachtet oder von unwirschen Wesen umgeben fühlen. Dafür sollte man Verständnis aufbringen: Schließlich begrüßt man Sie auch nicht gerade überschwänglich, wenn Sie in ein Haus hereinplatzen, wo Sie nicht gern gesehen sind.

Stätten der Macht ziehen oftmals auch Geister der Macht an. Einige kommen von sich aus dorthin, andere werden von den bereits dort Versammelten gerufen, um den Ort zu bewachen. Es gehört zur Routine von Hexen, Schamanen und anderen Ausübenden der Magie, Geister dazu aufzufordern, Stätten der Macht zu beschützen. Solche Geister können aus komplexen Gedankenformen bestehen, also energetische Gebilde sein, die auf bestimmte Weise programmiert sind. Oder es versammeln sich Geister, die in der Natur vorkommen, darunter ehemals menschliche wie auch nichtmenschliche Wesen. Wiederum andere werden Naturgeister, Elementale und Devas genannt. Sie alle schützen die Stätte der Macht und versuchen diejenigen am Eintreten zu hindern, die sich nicht mit der richtigen Absicht nähern. Wenn Sie ohne Erlaubnis dort hingehen, scheint das Unterholz den Weg zu blockieren. Es könnte sein, dass Sie von Insekten und Tieren belästigt und von Lärm abgelenkt werden.

Mein Freund Chris erzählte mir, dass er in seiner Jugend mit ein paar Freunden in den Bergen nahe seinem Elternhaus die verlassene Höhle eines alten Schamanen aufsuchen wollte. Es ging damals das Gerücht um, der Schamane habe dort eine Kristallkugel hinterlassen. Die jungen Leute ahnten, dass sie eigentlich nicht dorthin gehen sollten. Unterwegs verloren sie einander aus den Augen. Als Chris und sein einzig verbliebener Begleiter eine Spur zur Höhle fanden, trat ein riesiger

Hirsch aus dem Nichts hervor und versperrte ihnen den Weg. Da begriffen sie, dass diese heilige Stätte geschützt war und kehrten wieder um.

Wenn Ihnen Erlaubnis gegeben wird, geht alles glatter. Der Pfad ist leichter zu finden. Insekten sind weniger störend (normalerweise!), und das Unterholz scheint Ihnen sogar den Weg zu weisen. Diejenigen, die verantwortungsbewusst eine solche Stätte aufsuchen, verstehen es, um Genehmigung zu bitten und der Antwort auch richtig zuzuhören. Die Naturgeister möchten gern mit uns zusammenarbeiten, aber sie wollen nicht, dass wir dies für selbstverständlich halten.

Heilige Stätten wie die ägyptischen Pyramiden oder Stonehenge gibt es überall auf der Welt. Jeder Ort ist geheiligt, aber bestimmte Stellen beherbergen eine Zusammenballung mächtiger Kräfte. Ich habe in den Wäldern nahe meinem Wohnort und meinem Büro eine Vielzahl sehr mächtiger Stätten entdeckt. Kraftwirbel und Naturgeister warten nur darauf, gerufen zu werden – wobei sie davon ausgehen, dass man sie höflich um Erlaubnis bittet.

Das Vorgehen dabei ist ziemlich einfach: Bevor ich einen Wald oder ein Feld betrete, um dort irgendetwas zu erledigen, vor allem wenn ich dort magische Handlungen verrichten oder etwas ernten möchte, sage ich: »Geister dieser Stätte, ich ehre euch. Ich frage um eure Erlaubnis, diesen Platz zu betreten. Ich erbitte euren Segen, um ... (dann sage ich, was ich vorhabe, selbst wenn ich einfach nur durch das Gelände gehen möchte). Bitte gewährt mir ein sicheres Durchkommen.« Dann lausche ich. Wenn ich eine Antwort spüre, höre oder erahne, auch wenn ich mir bei einem Nein nicht ganz sicher bin, richte ich mich danach. Bei einem Ja gehe ich weiter, denn es eröffnet mir die heilige Stätte und gewährt mir besseren Zugang zu den Gaben und Kräften, die dort angeboten werden.

Hinterher ist ein Dank angebracht, etwa: »Geister dieser

Stätte, ich danke euch für euren Segen. Ich hoffe, dass wir auch weiterhin friedlich miteinander umgehen können. Seid gesegnet.«

Es ist recht einfach, mit den Hütern der geheiligten Stätten sowie mit allen Schutzgeistern zusammenzuarbeiten. Bewahren Sie auf jeden Fall die Achtung für die anderen, auch wenn Sie diese nicht sehen können.

Unerwünschte Geister bannen

Die Sphären beherbergen schützende und hilfreiche Geister, doch alle Mythologien sprechen auch von unerwünschten und sogar gefährlichen Geistern und Wesen. Normalerweise sorgen unsere Reinigungs- und Bannungstechniken dafür, das Energiefeld unserer Umgebung zu verändern und unerwünschte Geister wie lästige Fliegen zu verscheuchen.

Doch es gibt Zeiten, wo solche Geister hartnäckig anwesend bleiben und eine besonders deutliche Aufforderung benötigen, damit sie endlich verschwinden. Einige Geister, die sich eigentlich nicht in der materiellen Welt manifestieren sollten, bedürfen der Heilung, beispielsweise Gespenster und andere Spukgestalten. Manche geistern nicht an Orten herum, sondern versuchen gar, sich in den Körpern von Menschen selbst breit zu machen. Solche Wesen sollten mit größter Sorgfalt entfernt werden.

Ich habe entdeckt, dass in einer derartigen Lage die enge Verbindung zu höheren geistigen Kräften die beste Verteidigung darstellt. Das beliebte Mittel, Gott um Schutz anzuflehen, ist sehr wirksam, doch jegliche Gottheit, zu der man in Beziehung steht, ist dabei hilfreich. Manchmal reicht es aus, das Göttliche einfach anzurufen und feste Entschlossenheit aufzubringen.

Eine starke Verbindung zu den eigenen Schutzgeistern, zu

Totemtieren, Führern und Engeln wird Ihnen in einer solchen Lage helfen, Sie schützen und Ihnen Anweisungen eingeben, wie das Problem zu lösen ist. Jede Situation stellt sich nämlich anders dar. Im Allgemeinen sollten Sie mit all Ihren Reinigungsverfahren den Anfang machen. Wenn Sie mit dem Kleinen Bannenden Pentagrammritual die Engelsphäre anrufen, haben Sie bereits ein hervorragendes Werkzeug zur Hand, um unerwünschte Geister zu bannen.

Laute sind eine großartige Reinigungsmacht. Den hebräischen Worten und den Engelnamen des Kleinen Bannenden Pentagrammrituals wohnt eine mächtige Kraft inne. Einige magische Traditionen schaffen durch bestimmtes Intonieren und durch Mantras einen heiligen Bereich. Vor allem viele Sanskrit-Mantras gelten als sehr beschirmend. In der westlichen Welt werden zum Schutz und zur Heilung auf ähnliche Weise christliche Gebete aufgesagt. Klangschalen, Glocken und Glockenspiele können auch für einen geheiligten Raum sorgen. In früherer Zeit wurden Kirchenglocken nicht nur eingesetzt, um die Gemeinde zur Andacht zu rufen, sondern auch, um böse Geister zu vertreiben. Leider bedeutete das für viele von uns, dass mit den »bösen Geistern« der christlichen Kirche wahrscheinlich die heidnischen Götter, die Feen und Vorfahren gemeint waren, doch dieses Beispiel zeigt, welche traditionelle Rolle der Klang bei Sicherheit und Heilung spielt.

Einer meiner Freunde vernichtet alte energetische Muster mit lauter Rockmusik in seinem Haus. Es ist sehr wirksam, das »Om« zu intonieren, den Sanskritlaut für die Schöpfung. Drei Oms verwandeln den Raum. Jeder der drei Klänge symbolisiert die erzeugenden, ordnenden und zerstörerischen Schöpfungskräfte. In der Astrologie sind diese als Kardinal-, unveränderliche und veränderliche Kräfte bekannt. Bei IAO, der Magieformel der Hermetik, wird auf ähnliche Weise die gleiche Wirkung erzielt. IAO repräsentiert die drei Hauptkräfte der ägyptischen Mythologie: I steht für Isis (die Natur), A für Apophis (der Zerstörer) und O für Osiris (der Erlöser).

Um einen Raum zu reinigen, ihn mit Harmonie zu füllen und zu schützen, verwende ich am liebsten ein modernes Mantra, das sich auf die fünf Elemente stützt und mir auch zur Steigerung der Energie bei der Zauberei dient: El-Ka-Liem-Om-Ra. El steht für das Element Erde, Ka für das Feuer, Liem für das Wasser, Om für die Luft und Ra für den kreativen Geist. Wenn man dies öfter wiederholt, verändern sich die Schwingungen eines Raums von Grund auf. Versuchen Sie auch, mit eigenen Lauten und Intonationen zu arbeiten.

Ein Spukhaus reinigen

Manchmal haften unerwünschte Geister einem bestimmten Gebiet an. Es können die Seelen Verstorbener sein, die noch nicht in das nächste Leben weitergezogen sind und daher normalerweise recht verwirrt sind. In vielen Fällen handelt es sich nicht einmal um wirkliche Geister, sondern mehr um Echos aus der Vergangenheit. Einige reagieren zornig oder bösartig.

Andere Spukerscheinungen bestehen aus unruhigen Geistern, die nie menschlich waren, etwa spitzbübische Elementale oder Naturgeister, die aus dem Gleichgewicht geraten sind.

Als Hexer, der in der Öffentlichkeit auftritt, werde ich oft gebeten, Häuser und Firmen zu »entspuken«. Meistens stellt sich heraus, dass stagnierende Energie, unglückliche Menschen, vergangene traumatische Ereignisse oder sogar schlechtes Feng-Shui dahinterstecken. Nur in sehr wenigen Fällen erwiesen sich echte Unruhegeister als die Störenfriede.

Um herauszufinden, ob es an einem Ort spukt, sollten Sie zunächst Ihre eigenen Schutzrituale ausführen und Ihre Schutzschilde aktivieren. Versetzen Sie sich in einen leicht meditativen Zustand und bitten Sie um eine Verbindung zu Ihren spirituellen Führern und Beschützern. Im Laufe Ihrer Beziehung zu ihnen werden Sie in der Lage sein zu erfassen, wozu Ihnen geraten wird. Sie können mit ihnen über ein Pendel kommunizieren oder dafür den Tarot, Runen oder das I Ging zu Hilfe nehmen.

Wenn Ihnen übermittelt zu werden scheint, dass es an einem Platz wirklich spukt, bitten Sie Ihre Führer sowie den Hüter des Landes, aber keinesfalls die unruhigen Geister selbst, den Raum reinigen zu dürfen. Wenn Sie spüren, dass Ihnen die Erlaubnis erteilt worden ist, machen Sie mit den Reinigungsverfahren weiter. Dazu gehören der Akt der Räucherung, Versprühen von Essenzen oder das Visualisieren von klarem Licht. Suchen Sie jeden Winkel auf, jedes Zimmer, jeden Schrank, um die unerwünschte Energie zu vertreiben.

Ehe ich anfange, verkünde ich den Geistern, was ich vorhabe, und versuche ihnen zu erklären, weshalb sie nicht länger hier verweilen dürfen. Ich bitte meine Führer, jenen Geistern zu helfen, die gern auf die andere Seite überwechseln möchten, und visualisiere im Mittelpunkt des Zimmers oft einen weißen Lichtstrahl, der Säule des Lichts ähnlich. Normalerweise wird dieses Vorgehen unerwünschte Geister aus dem Gebiet vertreiben und ihnen bei der Weiterreise behilflich sein. Ich segne rituell eine weiße Kerze, die Schutz und Licht spenden soll, und stelle sie mitten auf den Punkt, wo später meine Lichtsäule erscheinen wird. Die Kerze soll den Geistern gewissermaßen als Signalfeuer den Weg zum Weiterziehen weisen. Manchmal stelle ich viele Kerzen an diese Stelle oder versehe jedes Zimmer mit einer Kerze.

Meistens reichen eine Räucherung mit Weihrauch oder Salbei und die Lichtsäule aus, um ein Haus von unerwünschten Kräften zu befreien. Gelegentlich ist ein formelleres Bannungsritual nötig. Mit meinem Räucherstäbchen, dem Athamen oder der Hand ziehe ich Bannende Pentagramme in alle vier Himmelsrichtungen sowie nach oben und unten. Wenn Ihnen das Kleine Bannende Pentagrammritual schon vertraut genug ist, sollten Sie darauf zurückgreifen. Schon die Schwingungen dieses Rituals vertreiben in vielen Fällen diese Geister. Ich spreche dann die folgenden oder ähnliche Worte dreimal aus:

»Im Namen des göttlichen Schöpfers, der Göttin, des Gottes und des Großen Geistes bitte und befehle ich mithilfe meiner spirituellen Führer und Hüter, allen schädlichen und unerwünschten Geistern diesen Ort in Frieden zu verlassen und zu ihrer Quelle zurückzukehren. So soll es sein.«

Danach stampfe ich dreimal auf den Boden. Wiederholen Sie diesen Vorgang in jedem Zimmer. Überzeugen Sie sich davon, dass alle Schranktüren, Schubladen, Truhen und Kästen geöffnet sind, damit die Energie sämtliche Winkel des Zimmers durchdringen kann. Wenn Sie es mit sehr hartnäckigen Geistern zu tun haben, wiederholen Sie dieses Ritual dreimal hintereinander. Normalerweise genügt dieser Vorgang, um eine Stätte von ungewünschten Geistern zu befreien und sie auf eine Seinsebene zu schicken, wo sie keinen Schaden anrichten und ohne Sie zu gefährden ihre Reise fortsetzen können. Es kann allerdings die heikle Situation entstehen, dass Sie einen verlorenen Geist selbst zur nächsten Ebene geleiten müssen. Spezielle Anweisungen dazu gebe ich im nächsten Abschnitt »Loslösung verhafteter Wesenheiten«. Nach der Reinigung versiegele ich den Raum mit einem Zauber, der das Haus schützt (siehe »Wachen« in Kapitel 7, S. 207).

Loslösung verhafteter Wesenheiten

Manchmal haftet eine Wesenheit nicht nur einem Ort, sondern auch einem Menschen an. Das ist noch längst keine Besessenheit, sondern etwas wie eine Art Huckepackgeist. Damit dies geschehen kann, ist das Opfer üblicherweise verwundbar – krank, verletzt oder mit einem schwachen Willen ausgestattet.

Solche Geister können sich auch einen Wirt aussuchen, der eine starke, mächtige Energie ausstrahlt, die ihnen dann als ständige Ernährungs- und Schutzquelle dient. Oder sie erwählen einen Menschen, der einen Gegenstand der Macht oder ein rituelles Werkzeug bei sich trägt. Obendrein müssen sich diese potenziellen Opfer an einem Ort aufhalten, wo ein rastloser Geist oder eine unruhige Wesenheit nach einem »Heim« Ausschau hält. Diese Geister fühlen sich wie Parasiten an und sind normalerweise nicht menschlichen Ursprungs. Wenn doch, hat sich der entsprechende Geist schon ziemlich lange nicht in einem Körper inkarniert.

Solche an Menschen verhaftete Wesenheiten können Krankheiten, Schmerzen, Depressionen oder geistige Erkrankungen verursachen oder verschlimmern. Einige Heiler gehen davon aus, dass sich derartige Wesen fest an geistige Körper klammern und mit der Seele in die nächsten Leben mitgenommen werden. Andere glauben, dass diese anhänglichen Wesenheiten freigesetzt werden, wenn man im Tod den grobstofflichen Körper ablegt, sodass man das neue Leben ohne sie beginnen kann. Als Heiler und als Mensch, der selbst von solcher Wesenheit befreit worden ist, habe ich eigene Erfahrungen gemacht und das Phänomen wie einen schweren innerlichen und äußerlichen Druck erlebt.

Es geschah an einer unbesiedelten heiligen Stätte in New Hampshire, als ich einem Paar bei einem öffentlichen Bindungsritual half. Ich trug damals eine Kette mit Türkisen. Schon den ganzen Tag über hatte ich mich seltsam gefühlt, schrieb das aber meiner Einbildung zu. Dann rutschte ich aus und verstauchte mir das Fußgelenk. Ich kann nicht sagen, ob ich selbst oder der Geist daran schuld war. Jedenfalls hatte ich mich schwerer verletzt, als ich zunächst glaubte. Ein Heilungszauber linderte zwar sofort meine Fußverletzung, doch im nächsten Augenblick erfassten mich rasende Kopfschmerzen, die über meinen ganzen Kopf, meinen Hals und meine Schultern wanderten. Als ich daranging, sie psychisch loszuwerden, bewegte sich der Schmerz zu anderen Stellen meines Körpers. Es war zum Verzweifeln. Also suchte ich eine befreundete Heilerin auf. Obwohl sie nicht wusste, dass ich an einer heiligen Stätte gewesen war, hatte sie eine Vision von mir in einem Wald, bei der sie einen Geist nach meiner türkisenen Kette greifen sah. Da ich bei ihr die Kette als Armband trug, konnte sie nicht wissen, dass ich sie tagsüber um den Hals gehängt hatte. Sie sah, dass sich der Geist von der Kette angezogen fühlte – nicht etwa weil er boshaft war, sondern weil ihn die Energie der Kette lockte. Mithilfe der Heilerin gelang es mir, mich von diesem Geist zu befreien.

Es gehört zu den normalen Heilungspraktiken von Schamanen und New-Age-Praktizierenden, verhaftete Wesenheiten loszuwerden. Eingesetzt wird dabei eine Art der psychischen »Chirurgie«, bei der verhaftete Gedankenformen und Geister, die Krankheiten verursachen, entfernt werden. Man geht dabei so ähnlich vor wie bei der Befreiung eines Hauses von unerwünschten Wesen, nur dass in diesem Fall der Energiekörper eines Menschen das Haus darstellt.

Wer solche Praktiken ausübt, muss allerdings in seiner eigenen Macht und Energie sehr tief verwurzelt sein sowie über einen starken Willen und eine klare Verbindungslinie zu seinen eigenen spirituellen Führern und Verbündeten verfügen. Wenn Sie mit dem Schlagen eines magischen Kreises vertraut sind (siehe Kapitel 7, S. 184) oder andere Verfahren kennen, um einen heiligen Bereich zu erschaffen, können Sie das Ritual darin ausführen. Ich würde auch für eine Reinigung des Raums sorgen und das Kleine Bannende Pentagrammritual anwenden, bevor ich den Betroffenen dazuhole. Er sollte sich dann irgendwo bequem hinlegen. Ich übe mein Heilerwerk an einem Massagetisch aus, aber der Fußboden tut es auch. Er wird von einigen Menschen sogar bevorzugt. Immerhin bestehen die meisten Traditionen der Naturvölker darauf, dass man der Erde so nah wie möglich sein und das Gesicht gen Osten oder Norden wenden sollte. Ich zünde als Erstes eine weiße Kerze an und dann evoziere ich das Göttliche:

»Ich rufe den Göttlichen Schöpfer, die Göttin, den Gott und den Großen Geist um Führung und Schutz bei dieser Heilung an. Ich rufe mein höheres Selbst und meinen höchsten Führer an. Ich rufe das höhere Selbst von (Name des Betroffenen) und seine höchsten heilenden Führer an. Ich bitte, dass dies zum höchsten Wohl geschehe und niemandem geschadet werde.«

Wenn Sie mit bestimmten Gottheiten oder Führern arbeiten, können Sie diese namentlich nennen. Danach folgt ein Reinigungsritual. Ich beginne mit Weihrauch und hebe beim Akt der Räucherung die Energie des Betroffenen auf eine Weise an, die der verhafteten Wesenheit höchst unangenehm ist. Manchmal reibe ich Scheitel, Stirn, Nacken, Handgelenke, Kehle und andere Puls- oder Chakrastellen des Betroffenen, zu denen ich geleitet werde, auch mit Salzwasser, Rosenwasser oder einer Schutztinktur ein (siehe Kapitel 7, S. 190).

Hören Sie auf Ihre Intuition und Ihre Führung, um herauszufinden, wo die Wesenheit festsitzt. Ihre Intuition kann Sie auf einen bestimmten Punkt am oder nahe dem Körper aufmerksam machen. Schenken Sie dieser Stelle Ihre ganze Aufmerksamkeit und stellen Sie sich vor, dass sie mit göttlichem Licht gefüllt wird. Wenn es Ihnen nichts ausmacht, greifen Sie mit den Händen hinein, und stellen Sie sich vor, den Geist richtig zu »packen«. Sonst bitten Sie Ihre spirituellen Begleiter oder Gottheiten, dies für Sie zu tun. Wenn diese zustimmen, visualisieren Sie diese Aktion. Der Erzengel Michael stellt sich normalerweise gern zur Verfügung, bei der Loslösung einer Wesenheit zu helfen.

»Im Namen der Göttin, des Gottes und des Großen Geistes, unterstützt von meinen spirituellen Begleitern und Hütern bitte und befehle ich, dass diese Wesenheit von (Name des Betroffenen) gänzlich und augenblicklich entfernt wird. Ich bitte und befehle, dass alle schädlichen und unerwünschten Geister diesen Ort in Frieden verlassen, im Sinne des höchsten Wohls zu ihrer Quelle zurückkehren und niemandem schaden. So soll es sein.«

Visualisieren Sie, wie sich das Wesen aus der Aura der Person löst. Ich rate dem Betroffenen, tief auszuatmen und die Wesenheit sozusagen auszustoßen. Gleichzeitig imaginieren Sie, wie alle Bänder oder Ranken, also jegliche verbleibende Kraft für das Wesen, zerreißen und sich auflösen.

Intonationen und Klänge sind der zitierten göttlichen Kraft dabei behilflich, unerwünschte Geister zu bannen oder deren Schwingungen in eine harmonischere Energie zu verwandeln. Der im Kleinen Bannenden Pentagrammritual gebrauchte Gottesname Jod-He-Vau-He ist sehr wirksam. Obwohl viele Hexen das Hebräische ablehnen, da sie die Buchstaben JHVH mit »Jahwe« oder »Jehowa« gleichsetzen, verwenden moderne Hexen mit großem Erfolg den Gottesnamen. In Wirklichkeit handelt es sich nämlich gar nicht um den alten Patriarchen Jahwe, denn für den jüdischen Mystiker steht hinter den vier Buchstaben des unaussprechlichen Gottesnamens der Urschöpfer, jenseits jeglicher geschlechtlicher Zuordnung. Zwei Buchstaben sollen männlich und zwei weiblich sein und es gibt je einen Buchstaben für die vier Elemente.

Wenn Assoziationen aus Ihrer Vergangenheit oder der des Betroffenen ein derartiges Mantra ausschließen, können Sie auch auf die beliebte heidnische Variante mit den Namen von Göttinnen übergehen – Isis, Astarte, Diana, Hekate, Demeter, Kali, Inanna –, um die göttliche Kraft des Heilens, Schützens und Bannens zu zitieren. Jeglicher göttliche Name kann in diesem Zusammenhang benutzt werden.

Sobald Sie das Gefühl haben, dass der Geist vertrieben ist, denken Sie sich oberhalb des Körpers des Betroffenen ein weißes Licht, das in einen Durchgang fällt, der zu einer höheren Energieebene führt, zu einem Ort des Heilens und der Ruhe. Spüren Sie, wie der Geist in diesen Durchgang hineinzieht, den Sie dann genauso zielgerichtet schließen, wie Sie ihn geöffnet haben. Imaginieren Sie jetzt, wie sich der gesamte Bereich mit heilendem Licht füllt. Ich stelle mir dabei violettes Licht vor, aber viele andere sehen Blau, Weiß oder Rosa. Nehmen Sie irgendeine Farbe, die Sie für angemessen halten; es gibt keine Regeln, da sich jeder Fall als einmalig darstellt. Führen Sie dann für sich, alle Anwesenden und den Betroffenen einen Räucherungsakt aus und heben Sie den heiligen Bereich auf. Danken Sie Ihren Führern, Verbündeten und dem Göttlichen und raten Sie dem Betroffenen, sich jetzt auszuruhen, zu entspannen und erstmal alles ruhig anzugehen.

Dämonische Besessenheit und Exorzismus

Man spricht von dämonischer Besessenheit, wenn sich ein Geist nicht nur ungefragt an einen Körper hängt, sondern teilweise oder gänzlich die Herrschaft über das Bewusstsein des Wirts übernimmt. Besessenheit kommt erheblich seltener vor als die anderen Formen des psychischen Angriffs, über die wir bisher gesprochen haben. Normalerweise handelt es sich dabei um einen bösartigen Geist, der einstmals menschlich gewesen sein kann. Allerdings sind Menschen, die sich für besessen halten, sehr oft begeisterte Anhänger von Horrorfilmen und verfügen über eine sehr aktive Einbildungskraft. In ganz seltenen Fällen kann tatsächlich von dämonischer Besessenheit gesprochen werden. Dann ist professionelle Hilfe unablässig.

Traditionellerweise wird Besessenheit durch Exorzismus geheilt, wobei der Geist aus seinem Wirt vertrieben wird. Exorzismusrituale ähneln zwar dem Vorgehen, mit dem man – wie im letzten Abschnitt beschrieben – verhaftete Wesenheiten entlässt, doch es würde den Rahmen dieses Buchs sprengen, auf alle Einzelheiten einzugehen. Ein Exorzismus kann nur von einem sehr vertrauensvollen, in sich ruhenden und reifen Praktizierenden ausgeführt werden. Viele Menschen, die befürchten, besessen zu sein, werden in Wirklichkeit nur von einem Huckepackgeist geplagt. Also empfiehlt es sich, zunächst das oben angeführte Loslösungsritual durchzuführen. Wenn dies aber nicht zu Ihrer Zufriedenheit funktioniert und Sie den Eindruck gewinnen, dass hier eine intensivere Bannung des Geistes erforderlich ist, sollten Sie einen Schamanen oder eine Hexe aufsuchen, die für solche Angelegenheiten ausgebildet sind und Erfahrungen darin aufweisen.

Wenn Sie mehr über Schutzgeister, Engel, Totemtiere und Gottheiten sowie über andere spirituelle Begleiter wissen möchten, empfehle ich Ihnen mein Buch *Spirit Allies: Meet Your Team From the Other Side*.

KAPITEL 7

Mit den richtigen Mitteln zaubern

Die Schutzmagie hat viele Gesichter und allerlei Formen. Sie haben sich mit ihr bereits beschäftigt, als Sie Ihre psychischen Schilde erschufen, Geister anriefen und Ihren Bereich reinigten. Als letztes Thema der Schutzmagie behandeln wir in diesem Kapitel die Kunst der Zauberei. Das Zaubern ist eine Spielart der Magie, mit der man entweder eine erwünschte Wirkung hervorruft oder einem Gegenstand, beispielsweise einem Amulett, magische Kräfte verleiht.

Wie auch bei anderen Formen der magischen Schöpfung geht das Zaubern in einem leicht veränderten Bewusstseinszustand vor sich. Aber im Unterschied zu den meisten Formen des Meditierens und der psychischen Arbeit werden bei der Zauberei Ihr Wille und Ihre Zielvorstellung durch ein Ritual in das Universum »hinausgeschossen«. Das Ritual dient dazu, die Energie für Ihre Arbeit zu erhöhen und symbolisch mit dem Universum zu sprechen. Viele Objekte, Werkzeuge und Ingredienzien der Natur, beispielsweise Kräuter und Steine, kommen bei Ritualen zum Einsatz. Jedem Gegenstand wohnen eigene Schwingungen inne, die sich bei einer Eisenklinge natürlich anders auswirken als bei einer Prise Salz. Wenn Sie sich mit diesen natürlichen Kräften zusammentun und den Geist des Werkzeugs aufnehmen, verbünden Sie sich mit dem

Universum, beschwören dadurch die angemessenen magischen Schwingungen und erzielen die gewünschte Wirkung. Das Studium der Magie entspricht nämlich dem Studium des Universums.

Einen magischen Kreis schlagen

Das Ritual des magischen Kreises ist die Grundlage der meisten zeitgenössischen Hexenkulte und Wicca-Traditionen. Die ursprüngliche Bedeutung des Kreises bestand darin, einen heiligen Bereich zu schaffen, in dem die Energie für die Zauberarbeit eingeschlossen wurde, bis man sie wieder in das Universum entließ. Im Mittelalter wurden Kreise in erster Linie zum Schutz geschlagen: Der Magier oder die Hexe wollten sich damit vor allen geistigen Wesenheiten schützen, die sie herbeizitierten.

Der moderne Hexenkreis, der eine starke Anleihe bei der Zeremonialmagie macht, kann sowohl als Behälter wie auch als Schutzschild benutzt werden. Er sorgt für eine kreative Energieblase zwischen den Welten, ist ein Tempel des heiligen Bereichs und sperrt alle unerwünschten Kräfte aus.

Der Kreis ist zwar enorm mächtig, eignet sich aber in der Praxis nicht besonders gut als Schutzschild. Er ist nämlich unbeweglich und dort geerdet, wo Sie ihn schlagen. Sie können nicht unbekümmert hinein- oder hinaustreten. Wenn Sie ihn sorglos durchschreiten, können Sie seine Grenzen verletzen, eine Lücke herstellen oder ihn gänzlich zerstören. Um hinein- und hinauszugelangen, sind besondere Vorgehensweisen erforderlich. Letztendlich ist er ein zeitlich begrenzter Bereich, der für ein Ritual benutzt und dann wieder in das Universum entlassen wird. Ein Kreis, der auf Dauer unterhalten wird, würde demjenigen, der ihn geschlagen hat, viel zu viel mentale Kraft abziehen.

Den magischen Kreis, der ausschließlich dem Schutz dient, schlage ich vor allem während ganznächtlicher Vigilien auf der Suche nach Erkenntnis. Das entspricht der Hexenvariante der indianischen Visionssuche und kann im geschützten Raum oder unter freiem Himmel geschehen. Ich schlage einen Kreis auch an Orten, wo ich mich vor allem durch gefährliche oder feindliche Geister gefährdet fühle, beispielsweise wenn ich Nachforschungen in Häusern anstelle, in denen es Übergriffe gegeben hat oder wo Quälgeister ihr Unwesen treiben. In solchen Situationen ziehe ich auch die Lichtsäule des Erzengels Michael hinzu. Die Grundlagen des Kreisschlagens sind sehr einfach, wenn man die Basiselemente einer bestimmten Tradition übernimmt und als Bausteine betrachtet. Sollten Sie bereits wissen, wie man einen Kreis schlägt, folgen Sie am besten den Verfahren und Traditionen, die Ihnen am besten gefallen. Benötigt man aber auf der Stelle einen Schutzkreis, sollte man mit einer schnellen Version des Schlagens vertraut sein, der nur die notwendigsten Handlungen vorausgehen.

Um den Kreis zu ziehen, können Sie einen Gegenstand, beispielsweise einen Stab oder ein Athamen, benutzen, aber ein Finger tut es auch. Der Gegenstand muss rituell gereinigt und geweiht sein. Beginnen Sie im Norden. Stellen Sie sich vor, dass aus Ihrem Gerät oder Finger ein Lichtstrahl kommt, mit dem Sie einen Leuchtkreis schaffen, während Sie sich im Uhrzeigersinn bewegen. Für dieses Licht gibt es keine festgelegte Farbe, aber ich sehe es meistens als blau, weiß oder violett. Wiederholen Sie diesen Vorgang dreimal und sprechen Sie diese oder ähnliche Worte:

»*Ich schlage diesen Kreis, um vor jeglichem Schaden geschützt zu sein.*

Ich schlage diesen Kreis, um nur die ausgeglichensten Kräfte einzuladen und jegliche Gefahr auszusperren.

Ich schlage diesen Kreis, um einen Tempel zwischen den Welten zu errichten.«

Wenden Sie sich dann nach Norden und laden Sie die Elemente aller Himmelsrichtungen ein, wobei Sie sich im Uhrzeigersinn bewegen:

»Im Norden rufe ich die Hüter des Elements Erde. Schützt und begleitet mich. Ich heiße euch willkommen. Seid gegrüßt.

Im Osten rufe ich die Hüter des Elements Luft. Schützt und begleitet mich. Ich heiße euch willkommen. Seid gegrüßt.

Im Süden rufe ich die Hüter des Elements Feuer. Schützt und begleitet mich. Ich heiße euch willkommen. Seid gegrüßt.

Im Westen rufe ich die Hüter des Elements Wasser. Schützt und begleitet mich. Ich heiße euch willkommen. Seid gegrüßt.«

Als Drittes laden Sie jetzt die Göttin, den Gott und den Großen Geist ein sowie Ihre eigenen spirituellen Begleiter, Schutzgeister, Engel und Totemtiere. Falls Sie weitere Kerzen, Weihrauch oder Gerätschaften anzünden, versprühen oder verstreuen wollen wie beispielsweise Salz, Wasser oder Öl, tun Sie dies jetzt.

Als Viertes salben Sie Ihre Handgelenke und möglichst auch Ihre Chakras mit Schutztinkturen (siehe Rezepte auf S. 190). Haben Sie keine Schutztinktur zur Hand, nehmen Sie dafür eine Mischung aus Meersalz und Wasser. Jetzt können Sie auch eine Handlung aus dem Bannenden Pentagrammritual ausführen. Bei einem traditionellen Wicca-Kreis würden an dieser Stelle weitere religiöse Elemente eingebracht werden, die sich auf die Gottheiten und das Ritual beziehen, aber die oben erwähnte Skizzierung umfasst das Wesentliche des Rituals. Ich lasse dabei Aspekte aus, die diversen Traditionen eigen sind. Sie können mit eigener Erfindungskraft, die Ihrer geistigen Führung und früheren Erfahrungen entstammt, dieses Ritual bereichern und ausweiten.

Der fünfte Schritt zur Vervollkommnung des Kreises wird »der Hauptteil« genannt, weil Sie hier die Arbeit des Zauberns, Meditierens oder der Divination vornehmen. Die vorangegangenen Schritte haben den geeigneten Rahmen für den heiligen Bereich geschaffen. Wenn Sie den Kreis ausschließlich zum Schutz gezogen haben, können Sie jetzt innehalten und Ihre Lage überdenken.

Wenn Sie aber Zauber vollbringen wollen, stellen Sie jetzt als Sechstes den Kraftkegel her, um Ihr Ziel kundzutun. Sollten Sie jedoch nur ein Amulett oder eine Tinktur mit Kraft versehen wollen, ist dieser Schritt nicht unbedingt erforderlich. Es bleibt Ihnen überlassen, ob Sie ihn einbeziehen wollen. Einem Gegenstand Kraft zu verleihen, bedeutet, ihn aufzuladen, zu segnen oder zu weihen. Dafür müssen Sie ihn nur in den Händen halten und über Ihre Augen oder das dritte Auge zielgerichtet Energie hineinleiten. Bei der Schutzmagie konzentrieren Sie sich auf den Sinn des Schutzes, während Sie ein Amulett, eine Tinktur oder ein Gerät laden.

Ich visualisiere dabei oft, dass jene Energie, die in den Kraftkegel geflossen wäre, jetzt in den zu stärkenden Gegenstand eintritt. Wenn Sie den Kraftkegel aufbauen, heben Sie die Arme und fegen in der so genannten Göttinnenstellung die Kraft aus der Spitze des Kreises. Wenn Sie die Arme wieder herunternehmen und in der Gottesstellung über der Brust kreuzen, denken Sie über Ihr Werk nach. Falls erforderlich sollten Sie sich erden.

Als siebten Schritt entlassen Sie die Hüter der Himmelsrichtungen und beginnen dabei mit dem Norden. Diesmal bewegen Sie sich entgegen dem Uhrzeigersinn:

»*Im Norden danke ich den Hütern des Elements Erde. Ich grüße und entlasse euch. Lebt wohl.*

Im Westen danke ich den Hütern des Elements Wasser. Ich grüße und entlasse euch. Lebt wohl.

Im Süden danke ich den Hütern des Elements Feuer. Ich grüße und entlasse euch. Lebt wohl.

Im Osten danke ich den Hütern des Elements Luft. Ich grüße und entlasse euch. Lebt wohl.«

Mit dem achten Schritt danken Sie den Mächten und Geistern, die sich mit Ihnen versammelt haben, der Göttin, dem Gott und dem Großen Geist.

Als Letztes geben Sie den Kreis dem Universum zurück, wobei Sie im Norden beginnen und sich entgegen dem Uhrzeigersinn bewegen:

»*Ich entlasse diesen Kreis als Zeichen meiner Magie ins Universum. Der Kreis ist offen, aber nicht gebrochen.*«

Sie können dieses Grundritual bei allen Zauberarbeiten anwenden, die in diesem Kapitel vorgestellt werden. Für ausführlichere Darlegungen zum Schlagen eines magischen Kreises empfehle ich die Lektionen in meinem Buch *The Outer Temple of Witchcraft: Circles, Spells, and Rituals*.

Der passende Zeitpunkt

In vielen Fällen gehört zur Hexenkunst auch die Koordinierung des Rituals mit den Bewegungen von Mond, Sonne, Planeten und Tierkreiszeichen. Ausführungen über das richtige astrologische Timing würden allerdings den Rahmen dieses Buchs sprengen, da dies eine Wissenschaft für sich ist. Deshalb lautet der einfachste und wirkungsvollste Rat im Bereich der Schutzmagie: Folgen Sie dem Mond. Obwohl Sie diese Zauber zu jedem Zeitpunkt durchführen können, gilt die Zeit des Neumonds als besonders wirkungsvoll. So wie sich für Manifestationen der Vollmond am besten eignet, ist der lichtlose Mond die passende Zeit, um Gefahren zu bannen und unerwünschte Einflüsse zu neutralisieren. Viele Traditionen behaupten zwar, dies sei der Hexen-Feiertag und deshalb dürfe man da keine magischen Arbeiten verrichten. Das liegt daran, dass sich die meisten Hexen mehr auf Manifestationen als auf Schutz konzentrieren.

Schauen Sie auf den astrologischen Kalender und stellen Sie fest, wann der Mond im dritten oder vierten Quartal steht. Das Ende des vierten Quartals, kurz vor Neumond, wenn der Mond wieder in das erste Quartal eintritt, gilt als Spitze des gesamten Zyklus. Das ist die Zeit, in der ich meine Schutz- und Bannungszauber vornehme. Wenn die Not groß ist, können Sie die Schutzmagie natürlich jederzeit einsetzen, aber der Neumond ist die günstigste Zeit, um Gefahren zu bannen.

Vorbeugungsmagie

Die meisten Schutzzauber konzentrieren sich nicht auf bestimmte Situationen, sondern wollen Schutz durch Vorbeugung erzielen. Mit dieser Magie sind Sie immer zur richtigen Zeit am richtigen Ort, um Schaden abzuwenden. Wenn Sie sich in Gefahr befinden, sorgt die Schutzmagie dafür, dass schädliche Kräfte absorbiert, in die Erde gelenkt oder ausgesperrt werden. Ein derartiger Zauber kann sich auf Gegenstände der Macht konzentrieren oder auf einen Ort. Normalerweise wird er zusammen mit psychischen Sicherheitsverfahren wie dem eines Schutzschildes ausgeführt.

Schutz durch Kräuter

In den vorangegangenen Kapiteln haben wir über Schutzkräuter und reinigendes Räucherwerk gesprochen. Jeder dieser Stoffe ist für sich ein wirksames Werkzeug. Wenn man sie miteinander vermischt und im magischen Kreis weiht, kann man sehr mächtige Schutzmittel für sich selbst und für andere herstellen. Sobald Sie die Grundlagen dieser Magie begriffen haben, können Sie die in Kapitel 3 aufgeführte Liste von Schutzkräutern für Ihre eigenen Rezepte nutzen und dabei Ihre Lieblingskräuter einsetzen (s. S. 104).

Ich habe als Erstes erlernt, eine Schutztinktur herzustellen. Diese Tinktur ist nicht dazu gedacht, getrunken zu werden, sondern man salbt sich damit die Handgelenke. In Salzwasser konserviert kann das Mittel, ohne zu verderben, lange aufgehoben werden. Die nachstehende Formel ist eine von vielen Varianten einer Schutztinktur, die ich oft verwendet habe.

Schutztinktur

- 2–4 Tassen Quellwasser
- 2–4 Esslöffel Meersalz
- 1–2 Teelöffel Weihrauch
- 1–2 Teelöffel Myrrhe
- $1/2$–1 Teelöffel Eisenkraut

½–1 Teelöffel Alraunwurzel
½–1 Teelöffel Ebereschenbeeren
1 Stück Onyx (Falls nicht erhältlich, können Sie auch Rauchquarz nehmen)

Halten Sie alle Ingredienzien bereit und schlagen Sie einen magischen Kreis. Das kann zum Beispiel am Küchenherd geschehen. Ansonsten sollten Sie irgendeine Art von erwärmter Rührschüssel auf die Arbeitsfläche eines traditionellen Altars stellen. Ich benutze dafür einen Potpourri-Räuchertopf. Laden Sie jedes Kraut und bitten Sie um seinen Schutz, während Sie es hineinrühren. Ich rühre alles neunmal, da ich die Zahl Neun mit der Endlosigkeit der Magie und mit Schutz assoziiere, doch die Zahlen Vier und Fünf eignen sich ebenfalls gut. Wenn Sie alle Zutaten vermischt haben, halten Sie Ihre Hände über die Flüssigkeit und konzentrieren sich darauf, Ihre Schutzgedanken hineinzugeben:

»*Ich lade diesen Trank, damit er den Benutzer auf jeglicher Ebene vor jeglicher Gefahr schützt und bitte, dass dies richtig und zum höchsten Wohl sei. So soll es sein.*«

Wer sich mit dieser Mischung salbt, wird geschützt sein. Der Zauber dauert drei bis vier Tage an und die Tinktur wirkt folgendermaßen: Der Geist der Pflanze, also die Schwingungen der Kräuter, wird in die Aura des Benutzers eingebracht und überträgt seinen Segen und die Bestimmung, für welche die Tinktur hergestellt wurde, auf den Benutzer. Außerdem reinigt das Mittel auch alle Gegenstände oder Geräte, die mit ihm eingerieben werden. Ich bringe die Tinktur beispielsweise an Autos, Fahrrädern und an meinen Haustüren an.

Wenn Sie einen Schutztrank herstellen wollen, den man auch tatsächlich trinken kann, schlage ich folgenden Tee vor:

Schutztee

1 Teil Schafgarbenblüten
1 Teil Ebereschenbeeren
1 Teil Holunderbeeren
1 Teil Pfefferminze

Bringen Sie die getrockneten Kräuter zu gleichen Teilen im magischen Kreis so zusammen wie im Rezept für die Schutztinktur beschrieben, allerdings ohne Wasser. Lagern Sie die Mischung zum späteren Gebrauch in einem Einmachglas. Wenn Sie den Tee aufbrühen wollen, geben Sie einen Teelöffel der getrockneten Kräuter in ein Tee-Ei oder einen Filter und schütten eine Tasse kochendes Wasser darüber. Lassen Sie den Tee fünf bis fünfzehn Minuten ziehen und trinken Sie ihn dann. Er wird Ihre Aura reinigen, Ihre Schwingungen erhöhen und Ihnen Schutz verleihen. Dieser Tee eignet sich vorzüglich zum psychischen und seelischen Schutz. Wenn Sie ihn über einen längeren Zeitraum hinweg regelmäßig trinken, wird sich seine heilsame Wirkung in besonderem Maße entfalten.

Obwohl Sie in Kapitel 4 bereits gelernt haben, wie Räucherwerk zum Schutz eingesetzt werden kann, können Sie Ihr Wissen vertiefen, wenn Sie Ihre eigene Räuchermischung herstellen. Hausgemachtes Räucherwerk besteht normalerweise aus Harzen, Kräutern und Ölen, die vermengt und anschließend dreißig Tage gelagert werden, damit sich die Düfte vor dem ersten Gebrauch gut vermischen. Während des Rituals wird es auf die Schnellzünder-Holzkohle gelegt. Stellen Sie Ihr Räucherwerk genauso her wie die beiden vorigen Zaubertränke: Sie laden jede Zutat im magischen Kreis und segnen die fertige Mischung.

Schutz-/Bannungsweihrauch

2 Teile Weihrauch
2 Teile Myrrhe
1 Teil Rosmarin
1 Teil Lavendel
1 Teil Rosenblüten
1 Prise Drachenblutharz
Lavendelölessenz (wie viel bleibt Ihrem Geschmack überlassen. Wenn Sie jedes Teil mit einem Teelöffel gleichsetzen, würde ich 1–5 Tropfen Ölessenz hinzufügen.)

Wenn Sie keinen Rauch mögen, können Sie auch ein Schutzöl herstellen, mit dem Sie Menschen und Gegenstände, genau wie mit der Schutztinktur, einreiben. Füllen Sie das Öl in eine Sprayflasche, wobei Sie eine Lösung hinzufügen, die aus 55 ml Wasser und genauso viel Alkohol besteht. 80-prozentiger oder noch stärkerer Alkohol aus der Apotheke ist dafür gut geeignet. Versprühen Sie dieses Mittel, um den Bereich von unerwünschten Schwingungen und Kräften zu befreien.

Spirituelles Spray

55 ml Wasser
55 ml Alkohol
5 Tropfen Weihrauchölessenz
5 Tropfen Myrrheölessenz
2 Tropfen Patchouliölessenz
oder
55 ml Wasser
55 ml Alkohol
8 Tropfen Lavendelölessenz
6 Tropfen Salbeiölessenz

1 Tropfen Rosenöl (Sie können dafür auch Rosengeranienöl nehmen oder die 55 ml Wasser durch Rosenwasser ersetzen)

Wenn Sie einen Mix auf Ölbasis bevorzugen, können Sie anstelle von Wasser und Alkohol eine Vierteltasse Öl nehmen, beispielsweise Jojobaöl, Traubenkernöl, Aprikosenkernöl oder Olivenöl. Fügen Sie die Essenzöle dem anderen Öl hinzu, und verwenden Sie diese Mischung genau wie die vorige: Salben Sie damit sich selbst und andere und reiben Sie rituelle Gerätschaften damit ein.

Beschützende Blütenessenzen

Blütenessenzen sind ein weiteres wirksames Mittel der Schutzmagie, wenn es um Heilung geht. Die holistische Medizin verwendet Blütenessenzen, deren Herstellung der von homöopathischen Mitteln ähnelt: Dazu verdünnt man eine Blütenlösung mit sehr viel Wasser und macht alles mit einer kleinen Menge eines Stabilisators haltbar, beispielsweise mit Weinbrand oder Essig. In den Lösungen steckt die Schwingung oder die Essenz der Pflanze, durch die das mentale, emotionale und geistige Ungleichgewicht im Körper geheilt wird. Man kann damit psychische Erkrankungen behandeln, obwohl sich dieses Mittel in erster Linie auf Gedanken und Gefühle auswirkt, die mit der Erkrankung oder anderen unerwünschten Grundmustern zusammenhängen. Jede Blüte hat gewissermaßen eine eigene Signatur und dient ganz bestimmten Zwecken. Einige eignen sich zur Erdung, andere wirken Schock, Wut und Angst entgegen. Manche tragen sogar dazu bei, dass man mit anderen Menschen besser auskommt. Und eine Vielzahl von Blütenessenzen wird für den Schutz der Seele eingesetzt.

Beschützende Blütenessenzen können Ihnen dabei helfen, die eigenen Schutzkräfte zu stärken. Einige kräftigen Ihren Kriegergeist, andere versiegeln Löcher in Ihrer Aura und sorgen für eine bessere Befestigung Ihrer Grenzen. Jede Blüte verfügt über unterschiedliche Eigenschaften und jedes Kraut, dem magische Kräfte für Sicherheit oder Gegenmagie innewohnen, kann theoretisch als Schutzessenz genutzt werden. In den Essenzen stecken die magischen und heilenden Eigenschaften der jeweiligen Pflanze. Für meinen eigenen Schutz nutze ich die Essenzen der folgenden Pflanzen:

Angelikawurzel

Auch Engelwurz genannt und auf gleicher Wellenlänge mit der Engelsphäre. Die Essenz vermittelt das Gefühl von göttlichem Schutz und schafft Verbindung zu Ihren Schutzengeln. Außerdem ist sie schamanischen Reisen und spiritueller Arbeit förderlich.

Kaktus

Ihrem Wesen nach haben alle Kakteen auf irgendeiner Ebene mit Schutz zu tun. Auch bei anderen Pflanzen sind Stacheln und Dornen Kennzeichen für Schutz und Verteidigung.

Knoblauch

Diese Essenz schützt und reinigt. Ich benutze sie für eine Vielzahl von Zwecken, vom psychischen Schutz angefangen bis zur Abwehr von Parasiten, Bakterien, Zecken und Mücken. Knoblauch verfügt über eine enorme Reinigungskraft.

Wiesenfrauenmantel

Der Blütenessenz dieser Pflanze wohnt die schützende Kraft der Göttin inne. Sie beschirmt unser psychisches, intuitives und emotionales Selbst.

Lavendel

Lavendelessenz eignet sich vorzüglich zur Stimmungsaufhellung. Sie beruhigt außerdem das Nervensystem, bietet psychischen Schutz und gilt als reinigend.

Eisenhut

Die Pflanze selbst enthält ein tödliches Gift, aber ihre Essenz vermittelt Sicherheit, wenn man dem eigenen Machtgefühl gegenübersteht oder mit seinem eigenen Schatten arbeitet.

Rose

Die Rose öffnet und behütet das Herz. Ihre Essenz ist sehr heilsam, spirituell und beschützend.

Gartenraute

Die Essenz der Gartenraute gewährt geistigen und psychischen Schutz und hilft denjenigen, die beim Meditieren oder bei der Ritualarbeit das Auftauchen unerwünschter Geister fürchten.

Johanniskraut

Diese Pflanze spendet das Licht des spirituellen Beistands, um Ihnen in dunklen Zeiten Auftrieb zu verleihen. Sie gewährt vor allem bei der Traummagie Schutz.

Immergrün

Auch Vinca minor genannt. Die fünfblättrige Bodendeckerpflanze sorgt für ein Gefühl der Erdung und lässt die psychischen Sinne hellwach sein. Das Immergrün bietet Schutz bei jeglicher magischer Forschungsarbeit.

Schafgarbe

Die Essenz der Schafgarbenblüte ist bei weitem mein Lieblingsschutzmittel. Sie stopft Löcher in den Rändern der Aura und verstärkt Ihren Schutzschild. Die Schafgarbe ist auch dafür bekannt, dass sie einen vorzüglichen Ausgleich zwischen der weiblichen Venuskraft und der kriegerischen Marskraft schafft.

Man sollte einen bis fünf Tropfen der Blütenessenz einnehmen. Wenn man allerdings an einem längerfristigen Projekt arbeitet wie beispielsweise an der Grenzziehung, kann man mehrmals täglich einen bis fünf Tropfen zu sich nehmen. Die gebräuchlichste Dosis besteht aus drei Tropfen dreimal täglich. Man kann sie unter die Zunge träufeln oder mit einem Glas Wasser trinken. Da sehr wenig Pflanzenmaterial in der Essenz steckt, werden Sie nichts anderes schmecken oder riechen als das Konservierungsmittel, nämlich Alkohol oder Essig.

Die meisten Menschen kaufen Blütenessenzen in Bioläden oder Esoterikgeschäften. Am besten sind die Bach-Blütenprodukte bekannt, die sich auf die Arbeit von Dr. Bach gründen, dem modernen Pionier der Heilung durch Blütenessenzen. Obwohl ich viele hervorragende fertige Markenprodukte gekauft habe, ziehe ich es doch vor, meine Blütenessenzen selbst zusammenzustellen. Das ist überhaupt nicht kompliziert und der Herstellungsvorgang verleiht Ihnen eine besondere Beziehung zum Geist der Pflanze. Es kommt sogar vor, dass ich die Erzeugung einer Essenz heilsamer finde als die Essenz selbst.

Um Ihre eigene Essenz zu erschaffen, pflücken Sie als Erstes die Blume, die Sie benutzen wollen. Setzen Sie sich hin und meditieren Sie mit der Pflanze. Spüren Sie ihre Energie und bitten Sie darum, mit ihrem Geist verbunden zu werden. Während dieser Meditation könnte Ihnen die Pflanze selbst Hinweise geben, wie sie zu nutzen ist. Manche Anhaltspunkte finden sich in der Zeichnung der Pflanze, ihrer Form oder an der Stelle, wo sie am liebsten wächst. Beispielsweise findet man Kräuter, die sich zum Schutz eignen, oft an Weg-, Wald- oder Gartenrändern, wo sie für eine Begrenzung sorgen. Sie verfügen meistens über einen herben Geschmack, sind gelegentlich giftig oder haben fünfblättrige Blüten, die dem Pentagramm ähneln. Möglicherweise hören Sie in Ihrem Geist sogar die Pflanze »sprechen«, wobei sie Ihnen alle Informationen übermittelt, die Sie benötigen.

Wenn Sie den Eindruck haben, dass Ihnen der Geist der Pflanze die Genehmigung erteilt hat, die Essenz herauszuziehen, sollten Sie an einem sonnigen Tag damit beginnen. Besorgen Sie sich eine klare Glasschüssel. Einige Praktikanten bestehen darauf, dass es eine Quarzkristallschüssel sein sollte, aber ich benutze eine ganz schlichte Schüssel. Sie sollte aus durchsichtigem bleifreien Glas bestehen. Füllen Sie die Schüssel mit klarem Wasser und stellen Sie sie neben die Pflanze. Pflücken Sie ein paar Blüten, die Sie auf dem Wasser treiben lassen. Da dieser Vorgang mehr energetischer als chemischer Natur ist, spielt es keine Rolle, wie viele Blüten Sie in das Wasser geben. Manchmal begnüge ich mich mit einer einzigen. Im Prinzip müssen Sie überhaupt keine Blüten abpflücken, solange sich das Wasser nahe genug an der Pflanze befindet, damit sich die Kräfte vermischen können.

Sprechen Sie ein Gebet/eine Evokation, auf dass die Essenz

heilen und schützen möge. Schlagen Sie alle magischen Symbole, die Ihnen angemessen erscheinen, beispielsweise das Pentagramm, das gleichschenkelige Kreuz oder das Unendlichkeitszeichen. Bitten Sie die Pflanze, ihre Energie an das Wasser abzugeben, und lassen Sie die Essenz mindestens drei Stunden im Licht stehen. Dann seihen Sie die Blüten ab, schütten die Flüssigkeit in eine dunkle Flasche und fügen als Konservierungsmittel ein Viertel Branntwein, Wodka oder organischen Apfelessig hinzu. Das ist jetzt Ihre Mutteressenz. Kleben Sie ein Etikett auf die Flasche und schreiben Sie das Datum darauf. Jetzt brauchen Sie zwei kleinere Tropfflaschen, in denen Sie schwächere Lösungen aufbewahren, die energetisch noch wirksamer sind. Das funktioniert ähnlich wie in der Homöopathie, bei der ja auch die Verdünnung die Wirkung verstärkt. In welchem Verhältnis die Ingredienzien zueinander stehen, ist dem jeweiligen Hersteller überlassen; ich benutze folgende Formeln:

Geben Sie einen bis fünf Tropfen der Mutteressenz in die erste Flasche, die zu 75 Prozent mit reinem Wasser und zu 25 Prozent mit Konservierungsmittel gefüllt ist. Dies entspricht der Lösung, die Sie in einem Geschäft kaufen würden. Das ist jetzt Ihre Vorratsflasche. Aus ihr träufeln Sie nun einen bis fünf Tropfen in die zweite kleine Tropfflasche, die gleichfalls mit der 75/25-Prozent-Lösung gefüllt ist und jetzt zu Ihrer Dosierflasche wird. Die Tropfenzahl ist nur eine ungefähre Angabe. Einige Essenzexperten nehmen mehr Tropfen oder passen deren Zahl einer größeren oder kleineren Flasche an. Da wir mit spirituellen Eigenschaften arbeiten, sollten Sie sich von Ihrer Intuition leiten lassen. Aus dieser zweiten Tropfflasche nehmen Sie, wenn erforderlich, ein paar Tropfen ein.

In der Dosierflasche kann man auch unterschiedliche Essenzen miteinander vermischen, um einen Mix von magischen Kräften zu erhalten. Träufeln Sie dann einfach aus jeder Vorratsflasche ein paar Tropfen in die Dosierflasche. Für eine stark wirksame Schutzformel können Sie folgende Schutzessenzen aus den jeweiligen Vorratsflaschen in eine Tropfflasche geben, die zur Hälfte mit 25 Prozent Konservierungsflüssigkeit und 75 Prozent Wasser gefüllt ist:

Schutzessenzmischung

3 Tropfen Schafgarbenblütenessenz
3 Tropfen Rosenblütenessenz
5 Tropfen Immergrünblütenessenz
4 Tropfen Johanniskrautessenz
2 Tropfen Flussspat-Kristall-Elixier

Das Flussspat-Kristall-Elixier wird ähnlich wie die Blütenessenz zubereitet – nur dass Sie in diesem Fall den Stein ins Wasser geben und im Sonnenlicht stehen lassen. Für das Elixier können Sie eigentlich fast jeden Schutzstein verwenden, aber ich mag die Kombination von Flussspat-Kristall mit Schafgarbe besonders gern. Beide zusammen schaffen einen Schutzschild und können jeglichen Schaden an der Aura reparieren. Achten Sie darauf, dass Ihr Stein nicht wasserlöslich ist wie beispielsweise Selenit und dass er in Wasser getaucht keine Gifte freisetzt wie unpolierter Malachit. Steine aus der Silikon-Dioxyd-Familie sind normalerweise gut geeignet.

Schütteln Sie die Dosierflasche und nehmen Sie einen bis fünf Tropfen ein, um Ihre Aura zu kräftigen, wenn Sie das Bedürfnis nach Schutz verspüren. Wer öfter schwierigen Situationen ausgesetzt ist und einen seelischen und emotionalen Schild braucht, sollte dreimal täglich drei Tropfen dieser Kombination einnehmen. Im Laufe der Zeit werden sich Ihre natürlichen Schilde stärken, sodass eine tägliche Einnahme nicht länger erforderlich sein wird.

Amulette

Wenn Sie Ihre Kenntnisse über Kräuter, Steine, Symbole und Kräfte miteinander vermischen, können Sie noch komplexere Schutzmittel erschaffen. Ein Amulett ist ein Zaubermittel, das Einflüsse wie etwa Gefahren abwehrt und den Träger schützt. Im Gegensatz dazu zieht ein Talisman Kräfte an und kann beispielsweise Liebe heranlocken. Allerdings werden diese beiden Begriffe in den jeweiligen Traditionen unterschiedlich angewandt. Für die Schutzmagie konzentrieren wir uns auf die Kunst der Amulette.

Sie können aus allen möglichen Materialien hergestellt werden. Wenn Sie einen Schutzstein bei sich tragen (siehe Kapitel 4, S. 102) und ihm nach dem Säubern mit einem Schutzzauber im magischen Kreis Kraft verleihen, haben Sie bereits ein einfaches Amulett. Genauso können Sie auch mit einem magischen Schmuckstück umgehen und die gleiche Wirkung kann auch ein Schutzkraut erzielen.

Eine meiner Freundinnen trägt aus Sicherheitsgründen immer ein Stück Alraunenwurzel in ihrem Portemonnaie. Einmal im Jahr tauscht sie das Stück aus, erneuert den Zauber im magischen Kreis und weiht die neue Wurzel. Für den gleichen Zweck habe ich im Handschuhfach meines Autos Eisenkraut verstreut.

Wenn die Amulette aus mehreren Gegenständen bestehen, können Sie alle gemeinsam in einen Behälter stecken. Der Behälter selbst kann schon eine magische Bedeutung haben. Das Spektrum reicht von bunten Beuteln über exquisite Phiolen bis zu Metallkapseln. Auch Farbe, Form und Material können eine magische Bedeutung haben. Ich besitze einen kleinen schwarzen Beutel, in dem ich mehrere Steine und Kräuter bei mir trage, die je nach meinen täglichen Bedürfnissen ausgetauscht werden können.

Wenn ich besonders viel Energie brauche, kombiniere ich Steine mit Kräutern und Symbolen. Die Symbole kann man auf ein Blatt Papier zeichnen und in den Behälter stecken oder sie außen auf den Behälter malen. Man muss sie nicht unbedingt materiell manifestieren, sondern kann sie auch auf energetische Weise in den Amulettbeutel einbringen. Alle diese Verfahren sind wirkungsvoll.

Amulette, in denen man diverse magische Werkzeuge vereinigt – Kräuter, Steine, Farben –, eignen sich auch vorzüglich als Geschenke für Freunde und Familienmitglieder, die so etwas gerne benutzen würden. Ich habe einmal Amulette zum Schutz von Fahrzeugen für alle mir Nahestehenden hergestellt. Sie hängen immer noch an sämtlichen Rückspiegeln.

Auch die Volksmagie liefert Vorschläge zur Gestaltung von Amuletten. Ebereschenbeeren gewähren großen Schutz. Mit Nadel und Faden kann man trockene Beeren an einer Kette aufreihen. Ein ähnliches Halsband lässt sich auch aus Harztropfen von Weihrauch und Myrrhe machen, wobei man mit einer heißen Nadel das Harz durchsticht. Allerdings können diese Ketten sehr zerbrechlich sein, weshalb große Vorsicht geboten ist.

Bei Schmuckbändern setze ich gern Knotenzauber ein. Nehmen Sie drei Schnüre in Farben, die zu Ihrem Schutzbedürfnis passen. Ich ziehe Weiß, Rot und Schwarz vor, die Farben der dreigestaltigen Göttin. Flechten Sie im magischen Kreis die Schnüre mit der Bestimmung, die Göttin um ihren Schutz zu bitten. Verknoten Sie das Ergebnis dann dreimal, für die Jungfer, die Mutter und die Vettel. Binden Sie es anschließend zusammen, sodass es als Armband, Kette oder Fesselkettchen dienen kann. Wenn der Stoff nach einiger Zeit des Tragens abgenutzt ist und von selbst abfällt, benötigen Sie diesen Schutz nicht mehr. Vergraben oder verbrennen Sie die verbliebenen Schnüre.

Vergessen Sie nicht, dass Hexerei eine Kunst ist und Sie Ihren eigenen Erfindungsreichtum und Ihr eigenes persönliches Flair in die Magie einbringen können. Gerade beim Herstellen von Amuletten bietet sich die Gelegenheit, nicht nur etwas für die persönliche Sicherheit zu tun, sondern sich damit auch gleichzeitig kreativ auszudrücken. Als Inspiration für Ihren eigenen Schutzzauber kann dieses Beispiel aus meinem Buch der Schatten dienen:

Schutzamulett

1 Teil Salomonssiegelwurzel
1 Teil Kiefernadeln
1 Teil Holunderblüten oder -beeren
1 Teil Nesseln
1 Teil Johanniskraut
1 kleines Stück schwarzer Turmalin

Vermischen Sie die Bestandteile und verleihen Sie dem Amulett in einem magischen Kreis Kraft. Stecken Sie alles in einen schwarzen Beutel und tragen Sie diesen zu Ihrem Schutz bei sich.

Reiseschutz

Stellen Sie dieses Amulett zusammen, wenn Sie selbst oder ein Ihnen Nahestehender auf Reisen geht. Sie brauchen:

1 weiße Kerze
1 rauchigen Quarzkristall
1 Nadel
Schutztinktur oder Öl

Reinigen Sie Ihre Kerze, den Kristall sowie die Nadel und schlagen Sie einen magischen Kreis. Darin schnitzen Sie in die weiße Kerze ein gleichschenkliges Kreuz. Um sich die Arbeit zu erleichtern, können Sie die Nadelspitze an einer normalen Altarkerze leicht erhitzen. Achten Sie aber darauf, nicht die ganze Nadel zu erhitzen, weil Sie sich nämlich sonst die Finger verbrennen würden. Reiben Sie die Kerze mit der Schutztinktur ein. Nehmen Sie die Kerze dann in die rechte und den Kristall in die linke Hand. Konzentrieren Sie sich auf die Bestimmung des Amuletts, und stellen Sie sich vor, dass die Reise gut und glatt verläuft. Zünden Sie dann die Kerze an und lassen Sie sie brennen. Legen Sie den Kristall daneben. Wenn Sie diesen Zauber nicht für sich, sondern für einen anderen Menschen ausführen, können Sie ein Foto des Empfängers oder der Empfängerin unter die Kerze und den Kristall legen, um die Verbindung zu stärken.

Wenn Sie selbst auf Reisen gehen, lassen Sie die Kerze vollständig ausbrennen und tragen Sie den Kristall bei sich. Wenn jemand anderes unterwegs ist, lassen Sie die Kerze jeden Tag ein wenig herunterbrennen, bis nichts mehr übrig ist. Löschen Sie die Kerze zwischendurch, aber blasen Sie sie nicht aus. Zusätzliche Luftzufuhr würde nämlich das Gleichgewicht der Elemente in diesem Zauber durcheinander bringen. Wenn Sie die Flamme einfach ausdrücken, bleibt bis zum nächsten Neuanzünden die Kräftebalance erhalten.

Sie können diesen Zauber auch für ganz allgemeinen Schutz anwenden; er beschränkt sich nicht nur auf das Reisen.

Das Hexenauge

2 Ebereschen- oder Eichenzweige
Rotes Garn

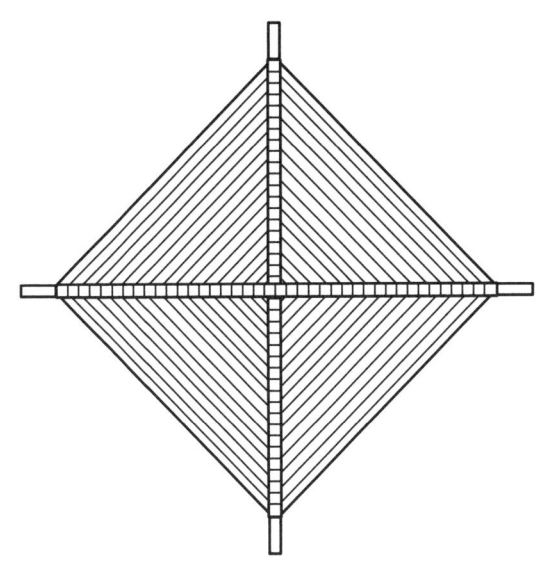

Abbildung 22: Das Hexenauge

Es gibt einen sehr mächtigen Schutzzauber, der Hexenauge oder Gottesauge (Abbildung 22) genannt wird. Wie bei einem einfachen Volksamulett werden zunächst zwei Ebereschenzweige mit rotem Garn zusammengebunden. Wenn keine Eberesche zur Verfügung steht, tun es auch Eichenzweige. Das Hexenauge unterscheidet sich vom einfachen Kreuz durch das Garn, das so lange um die vier Balken gewunden wird, bis eine drachenähnliche Figur entsteht. Da sie auch als Sonnenamulett bezeichnet wird, geht man im Uhrzeigersinn vor, fängt in der Mitte an, wickelt das Garn um einen Balken und geht dann auf den nächsten über. So machen Sie im Uhrzeigersinn immer weiter, bis die Rhombusform entstanden ist. Das letzte Stück Garn wird festgebunden. Bringen Sie das Gebilde an einem sicheren Ort an, da, wo Sie geschützt sein wollen. Meines hängt über der Tür und ich stelle jedes Jahr zur Zeit der Sommersonnenwende ein neues her.

Schutz für Haustiere, Kinder und Nahestehende

Eine unserer größten Sorgen betrifft die Sicherheit derjenigen, die uns nahe stehen und die möglicherweise nicht achtsam genug sind, um auf sich selbst aufzupassen. Es wäre schön, wenn man sich darauf verlassen könnte, dass die Unschuld unserer Kinder oder der natürliche Instinkt unserer Haustiere ausreichen würde, um sie vor Gefahren zu schützen, doch die Welt ist sowohl für den Leib als auch für die Seele ein gefährlicher Ort. Viele Hexen führen allgemeine magische Handlungen aus, um ihre Lieben zu schützen.

Artemis, den Römern als Diana bekannt, ist die Göttin der Jagd und des Mondes. Man sagt, das Licht des Mondes bestehe aus ihren silbernen Pfeilschäften. Traditionellerweise ist Artemis, die Göttin der Ungezähmten, auch als Schutzherrin von Frauen und Kindern bekannt. Aber sogar für mich als Mann ist ihre Fähigkeit, meinen Lieben beizustehen und sie zu schützen, von unschätzbarem Wert.

Obwohl Schutzmagie meistens kurz vor Neumond ausgeübt werden sollte, verlangt dieser Zauber den zunehmenden Mond, da dessen Sichel mit der Göttin Artemis assoziiert wird. Besonders günstig ist der Zeitpunkt, wenn der Mond in den Tierkreiszeichen Krebs oder Schütze steht. Stellen Sie ein einfaches Amulett mit einer Mondsichel her. Das Symbol können Sie auf Papier, Holz oder auf einen Stein malen. Für diesen Zauber eignet sich jedes Medium. Rufen Sie dann Artemis an, damit sie Ihnen beisteht:

»*Artemis, Mondgöttin, Göttin der Jagd, bitte wache über (Name des Nahestehenden). Schütze diesen Menschen vor jeglicher Gefahr. Ich bitte darum in vollkommener Liebe und vollkommenem Vertrauen. So soll es sein!*«

Bringen Sie das Mondamulett an einer Stelle an, wo es Ihnen dienlich ist, beispielsweise in der Jackentasche eines Kindes. Ich kenne eine Hexe, die ein Papieramulett in das Jackenfutter ihres Kindes einnähte, damit es nicht verloren ging. Das Amulett kann beispielsweise auch im Schlafzimmer untergebracht werden. Geht es um den Schutz eines Haustiers, kann man das Amulett in der Nähe des Futternapfs platzieren, vor der Haustür vergraben oder, wenn möglich, am Halsband befestigen. Solch ein Amulett sollte jedes Jahr aufs Neue angefertigt werden.

Wachen

Eine Wache nennt man einen besonderen Schutzzauber, der mehr für einen bestimmten Ort als für einen Menschen oder einen Gegenstand gedacht ist. Mit solchen Wachen umgibt man ein Haus, ein Unternehmen oder einen Tempel, um alle Bewohner vor Gefahren, vor Eindringlingen und unerwünschten Geistern zu schützen. Wachen können sogar so präzise funktionieren, dass sie Astralreisenden und weit entfernten Beobachtern den Zugang verwehren. Eine Wache ist so etwas wie ein magisches Sicherheitssystem fürs Haus. Freundliche Kräfte und alle, die Sie persönlich einladen, können eintreten, aber alle anderen müssen draußen bleiben. Obwohl ich an die Macht der Wachen glaube, sollte man in der materiellen Welt dem Zauber Taten folgen lassen: Schließen Sie also die Haustür ab und bauen Sie nicht nur auf die Zuverlässigkeit der Wachen.

Wachen für das Haus

Wie Amulette entstammen auch einige Wachen volksmagischen Handlungen, die scheinbar sehr leicht auszuführen und doch außerordentlich mächtig sind. Bei zwei sehr beliebten Sicherheitszaubern für das Haus wird mit Baummagie gearbeitet. Im ersten Fall werden zwei Ebereschenzweige mit rotem Faden zu einem Kreuz zusammengebunden und über die Haustür gehängt – normalerweise an der Innenseite. Bei dem anderen Zauber werden viele Eicheln gesegnet. Traditionellerweise nimmt man weiße Eicheln, aber ich verwende rote, weil es in meiner Gegend mehr rote Eichen gibt. Im Herbst, am besten um den keltischen Festtag Samhain (1. November), segnet man im magischen Kreis die Eicheln und legt dann jeweils eine zum Schutz auf alle Fenster- und Türrahmen. Eine Freundin von mir reibt zuvor im Uhrzeigersinn alle Fenster- und Türrahmen vollständig mit Rosenwasser ein.

Guten Schutz bietet auch ein Hufeisen über der Tür, da Eisen schädliche Kräfte erdet. Hängen Sie das Hufeisen mit der Öffnung nach unten auf; so wird die unerwünschte Kraft aus dem Haus fern gehalten und in den Boden geleitet. Nicht nur Hufeisen, sondern auch andere Gegenstände aus Eisen im oder rund ums Haus lassen sich dafür nutzen. Sie können beispielsweise auch eiserne Geländer, Nägel und Laternenpfähle magisch segnen.

Ein origineller Vorschlag zur Schutzmagie stammt von meinem Freund Ardane: Wer sein Haus renoviert, sollte vor dem Streichen Schutzsymbole in der gewünschten Wandfarbe an die Wände malen. Diese werden zwar später durch das Überstreichen unsichtbar gemacht, doch da sie mit magischer Bestimmung gemalt wurden, bleibt ihre Wirksamkeit erhalten.

Kräuterwache

Meine Form der persönlichen Wachen besteht aus einer Mischung von Ritual- und Volksmagie sowie psychischer Schilde. Dafür sollte zunächst der gesamte Bereich gereinigt werden sowie jene Stelle, wo die Wache gewünscht wird. Nehmen Sie eine große Schüssel mit Meersalz und fügen Sie im magischen Kreis folgende Zutaten hinzu:

1 Esslöffel Weihrauch
1 Esslöffel Myrrhe
1 Esslöffel Eisenkraut
1 Esslöffel Schafgarbe

Laden Sie jetzt diese Mischung mit dem Schutzgedanken auf. Während Sie sich im Kreis befinden, visualisieren Sie einen kugelförmigen Körper aus kristallweißem Licht wie einen facettenreichen Diamanten, der Ihr Heim oder das »Ziel« Ihrer Wache schützt. Sie stellen diese Kugel genau so her wie Ihren Schutzschild in Kapitel 5 (s. S. 123). Es muss nicht unbedingt eine Kugel sein, aber ich ziehe dieses Bild vor, weil es zu den mächtigsten Formen gehört. Der Hexenkreis wird ja normalerweise auch als eine Kugel aus beschützender Kraft visualisiert.

Sobald Sie den Kreis auf traditionelle Weise aufgehoben haben, verstreuen Sie den Inhalt der Schüssel im Uhrzeigersinn über Ihre Grundstücksgrenzen oder rund um Ihr Haus. Wenn Sie in einem Mietshaus mit mehreren Parteien wohnen und sich bei diesem Gedanken unbehaglich fühlen, können Sie kleine Mengen der Mischung in allen Zimmern verteilen. Wenn noch etwas übrig bleibt, stellen Sie die Schüssel an einen Ort, wo sie ungestört bleibt. Meine steht beispielsweise im Keller. Man kann den Inhalt auch auf vier kleine Schüsseln verteilen und je eine in eine Kellerecke stellen. Dadurch werden unerwünschte Kräfte angezogen, geerdet und in der Mischung neutralisiert. Die Salzschüsseln müssen regelmäßig geleert werden. Danach wiederholt man das Ritual mit frischem Salz. Ich werfe das alte Salz mit der Mischung ins Meer oder vergrabe es in der Natur, nachdem ich einen Segen gesprochen habe.

Kerzenwache

Die Kerzenwache kann man für sich allein, aber auch in Verbindung mit der vorigen Wache ausführen. Ersteres empfiehlt sich für Menschen, die in einem Apartmenthaus wohnen, da sie dann keine staubigen Pulver in den Zimmern verstreuen müssen und hierfür keinen Garten brauchen. Folgende Gegenstände sind erforderlich:

5 schwarze Kerzen
5 weiße Kerzen
1 grüne Kerze für das Element Erde
1 gelbe Kerze für das Element Luft
1 rote Kerze für das Element Feuer
1 blaue Kerze für das Element Wasser
1 Kerze in Ihrer eigenen Kraftfarbe – also Ihre Lieblingsfarbe oder eine sehr magische Farbe – für das Element Geist (persönlich ziehe ich Violett, Lila oder Rosa vor)
Schutztinktur

Im magischen Kreis reiben Sie die Kerzen mit der Schutztinktur ein. Sie können in jede Kerze Schutzsymbole Ihrer Wahl und Zeichen für die Elemente einritzen.

Laden Sie alle schwarzen Kerzen mit der Bestimmung, jegliche gefährliche Energie zu absorbieren und zu neutralisieren. Laden Sie die weißen Kerzen mit der Bestimmung, das Licht des Schutzes auszustrahlen. Laden Sie jede der bunten Kerzen mit der Bestimmung, das jeweils eigene Element zu verkörpern. Zünden Sie dann alle Kerzen an und geben Sie den Kreis auf traditionelle Weise dem Universum zurück.

Gehen Sie mit den brennenden Kerzen vorsichtig zu allen vier »Himmelsrichtungen« des Hauses, so gut es eben gelingt. Wenn möglich, sollten alle Kerzen auf dem gleichen Stockwerk bleiben. Sie schützen von da aus ein Haus mit vielen Etagen. Ich stelle sie am liebsten im Erdgeschoss auf, um bei diesem Zauber von unten nach oben Schutz zu verleihen.

Stellen Sie eine schwarze, eine weiße und die grüne Kerze in ein Nordzimmer Ihres Hauses. Stellen Sie eine schwarze, eine weiße und die gelbe Kerze in das östliche, eine schwarze, eine weiße und die rote Kerze in das südliche und eine schwarze, eine weiße und die blaue Kerze in das westliche Zimmer. Die letzte schwarze, weiße und die dem Geist geweihte Kerze bringen Sie in Ihrem persönlichen Altarbereich unter.

Lassen Sie die Kerzen so lange wie möglich brennen. Visualisieren Sie, wie ihr Licht ein Schutzfeld um Ihr Haus legt. Wenn es schon spät nachts ist und Sie die Kerzen ausmachen müssen, ersticken Sie die Flammen und zünden Sie sie am nächsten Tag wieder an. Lassen Sie alle Kerzen ganz herunterbrennen.

Schutzlichtzauber

Dieser Zauber ist dazu bestimmt, Ihren Schutzgeist in Ihr Leben zu rufen. Es empfiehlt sich, dieses Ritual vorzunehmen, bevor Sie sich an eine der Meditationsübungen aus Kapitel 6 setzen, vor allem wenn Sie diese Meditationen bisher ohne großen Erfolg durchgeführt haben und jetzt fürchten, mit Ihren spirituellen Hütern nicht richtig verbunden zu sein. Selbst wenn Sie keine deutliche Vision oder Botschaft erhalten, hilft Ihnen dieser Zauber bei der Stärkung der Verbindung. So wissen Sie jedenfalls, dass Ihre Bundesgenossen aus der Geisterwelt auf allen Ebenen an Ihrem Schutz arbeiten. Sie können diesen Zauber auch vornehmen, um sich rückzuversichern, wenn Sie sich in einer stressigen Lage befinden und das Bedürfnis nach Sicherheit verspüren.

1 Kerze in einer Farbe Ihrer Wahl
Lavendel-Räucherwerk

Die Farbe der Kerze ist Ihrer Intuition überlassen. Wenn Sie sich einer bestimmten Gottheit oder einem Engel verbunden fühlen, wählen Sie am besten die Farbe dieser Wesenheit, falls ihr eine zugeordnet ist. Wenn Sie unsicher sind, nehmen Sie eine schwarze Kerze, da hierdurch Energie herbeigerufen wird. Entzünden Sie als Erstes das Räuchermittel. Sie können Lavendel-Räucherwerk kaufen oder die trockenen Blüten und Blätter auf Selbstzünder-Holzkohle legen. Lavendel liefert nicht nur Schutz, sondern regt zu Entspannung und Meditation an und verbessert die Kommunikation. Zünden Sie die Kerze an und sprechen Sie die folgenden Worte oder etwas Ähnliches:

> *»Im Namen der Göttin, des Gottes und des Großen Geistes lade ich meine geistigen Hüter in mein Leben ein. Schützt mich vor jeglicher Gefahr auf jeglicher Ebene. Gebt mir eure Anwesenheit in meinem Leben bekannt. Ich bitte um dies zum höchsten Wohl, ohne jemandem zu schaden. So soll es sein.«*

Lassen Sie die Kerze brennen. Sie können danach meditieren oder einfach das beruhigende Gefühl genießen, dass Ihre geistigen Hüter Sie beschützen und begleiten.

Erste-Hilfe-Magie

Mit Schutzzauber sollte man nicht leichtfertig umgehen. Die meisten Übungen, die in diesem Buch vorgestellt werden, dienen der täglichen Stärkung und Pflege, doch man sollte gründlich darüber nachdenken, ehe man sich an Zauber heranwagt, die ganz unmittelbar andere Situationen und Menschen beeinflussen. Wenn es unerlässlich ist, sollte man sie ausüben, doch zu allererst sollte man das Problem auf der irdischen Ebene angehen und nach einer vernünftigen Lösung suchen. Vielleicht kann ein Gespräch mit dem Kontrahenten die Situation bereinigen. Lassen Sie sich also erst darauf ein, bevor Sie zu spezieller Zauberei greifen. Sicher, manchmal ist es beängstigend, einem feindlichen Gegenüber als Gesprächspartner zu begegnen, aber Sie können ja zuvor das Feuer des spirituellen friedlichen Kriegers anrufen. Magie hat viele Gesichter und kommt nicht nur als Bannungs- und Beschwörungszauber daher. Manchmal kann sie schlichtweg dazu dienen, eine verfahrene Situation friedlich beizulegen. Einem magischen Akt mit solcher Bestimmung sollte danach eine Handlung in der materiellen Welt folgen: Man lässt dem Gegner ein Friedenszeichen zukommen. Doch aufgepasst: Auch wenn wir in bester Absicht eine Angelegenheit bannen, kann sich dies gelegentlich als problematisch erweisen. Wenn ihr nämlich keine Chance gegeben wird, ihren höheren Sinn zu erfüllen, verfrachten wir sie damit nur in eine Warteschleife und müssen uns mit diesen Erfahrungen dann in diesem oder einem nächsten Leben doch noch herumplagen.

Bei den nachstehenden Zaubern handelt es sich um ganz direkte Handlungen, die in bestimmten problematischen Situationen angewendet werden können. Die drei Grundtypen magischer Sofort-Akte nennt man Bannungs-, Bindungs- und Gegenzauber.

Bannungszauber

Mit Bannungszauber vertreibt man sowohl unerwünschte Kräfte als auch Personen, die einem nicht gut tun. Ein solcher Zauber sollte mit größter Umsicht vorgenommen werden. Wenn jemand in unser Leben kommt, um uns etwas zu lehren, und wir diesen Menschen bannen, ohne den Grund für seine Anwesenheit in unserem Leben zu verstehen, werden wir unweigerlich eine andere Person anziehen, die genau den gleichen Zweck erfüllen soll.

Ich empfehle, dass man vor Bannungsritualen intensiv meditiert und die Situation überdenkt. Ich für meinen Teil praktiziere solche Rituale nur dann, wenn bestimmte Menschen absichtlich oder unabsichtlich Probleme schaffen oder eine Gefahr darstellen. Sobald Sie spüren, dass eine derartige Handlung in Ihrem besten Interesse ist, vor allem, wenn Sie eine Beziehung zu jemandem beenden und eine Trennung anstreben wollen, können Sie dieses Ritual ausüben. Obwohl eine Bannung etwas sehr Ernstes ist, sollten Sie keine Angst davor haben, jemanden aus Ihrem Leben zu vertreiben, wenn Sie fühlen, dass dies richtig ist. Manchmal müssen wir aktiv werden, um gefährliche Kräfte zu entfernen. Jemanden zu bannen, der unser Leben völlig durcheinander bringt, kann ein äußerst gesunder Vorgang sein.

Das Ritual der Entlassung

Zur Vorbereitung brauchen Sie etwas Garn, einen rituellen Dolch sowie einen Gegenstand, der Sie selbst symbolisiert und einen, der denjenigen versinnbildlicht, von dem Sie sich zu trennen wünschen. Das kann ein Schmuckstück sein, das diese Person berührt hat, ein Foto oder irgendetwas anderes. Um sich von jemandem zu befreien, zu dem Sie keine persönliche

Beziehung und deswegen auch kein passendes Objekt von ihm haben, können Sie auch ein Stück Papier mit dem entsprechenden Namen darauf benutzen.

Schlagen Sie einen magischen Kreis und binden Sie darin die Gegenstände zusammen, die Sie und die andere Person symbolisieren. Rufen Sie die Göttin, den Gott und den Großen Geist um Beistand an. Beschwören Sie auch Ihre Schutzgeister. Bitten Sie darum, zum höchsten Wohl, ohne jemandem zu schaden, mit Leichtigkeit, Würde und Sanftheit sofort und gänzlich aus dieser Verbindung entlassen zu werden. Zerschneiden Sie dann das Garn mit dem Dolch. Einige Traditionen lehnen es ab, mit dem Athamen irgendetwas tatsächlich durchzuschneiden. Wenn Ihnen das auch nicht behagt, können Sie eine andere Klinge oder sogar eine magische Schere benutzen. Ich besitze eine geweihte magische Schere, mit der ich Kräuter schneide. Sie können auch einen Bolline benutzen, einen Hexendolch mit gebogener Klinge und weißem Griff.

Nachdem Sie das Band zerschnitten haben, trennen Sie die Gegenstände voneinander. Geben Sie den magischen Kreis wie gewohnt dem Universum zurück. Danach ergreifen Sie das Objekt der Person, von der Sie sich trennen wollen, und verbrennen oder vergraben Sie es oder werfen Sie es in ein fließendes Gewässer. Energetisch sind Sie jetzt befreit. Sie werden nur dann wieder eine Verbindung zu dieser Person aufnehmen, wenn Sie sich auf sie konzentrieren oder aus irgendeinem Grund, bewusst oder unbewusst, nicht von ihr gelöst werden wollen.

Als Teil dieses Rituals oder als davon getrennte Handlung können Sie auch mit dem Erzengel Michael die psychischen Bande kappen wie in Kapitel 6 (s. S. 148) beschrieben. Das Entlassungsritual und das Durchschneiden psychischer Bande kann man auch dazu nutzen, um sich von Energien zu befreien, die von den Ahnen oder aus früheren Leben stammen und an die man heute noch gebunden ist.

Exkommunikation

Dieser Zauber ist eine Variante der katholischen Magie und wird, wie ich gehört habe, von vielen Volkshexen eingesetzt. Er zielt darauf ab, jemanden gänzlich aus Ihrem Leben verschwinden zu lassen. Aber seien Sie vorsichtig: Wenn dieser Mensch einem höheren Sinn in Ihrem Leben dient, werden Sie daraufhin nur eine andere Person mit ähnlichen Einstellungen und Handlungen an sich ziehen, die diese Lücke füllt.

Es gibt mehrere Spielarten des »Exkommunikationszaubers«. Ich empfehle, ihn in einem magischen Kreis vorzunehmen. Sie brauchen eine dünne weiße Kerze, die Sie in Ihrem heiligen Bereich nach jenem Menschen benennen, den Sie zu bannen wünschen. Schnitzen Sie seinen Namen in die Kerze oder visualisieren Sie sein Bild um sie herum oder in ihr. Sprechen Sie das Folgende:

> »*Ich exkommuniziere (nennen Sie den Namen der Person) aus meinem Leben. Das geschieht zum höchsten Wohl und schadet niemandem. So soll es sein.*«

Drehen Sie die Kerze um und löschen Sie sie mit der Zielvorgabe, diesen Menschen zu bannen. Geben Sie Ihren heiligen Bereich auf. Jetzt müssen Sie die Kerze loswerden, was üblicherweise durch Vergraben geschieht. Auf keinen Fall darf sie noch einmal angezündet werden.

Bindungszauber

Bindungszauber werden genutzt, um die Kräfte einer Person zu binden, die darauf aus ist, Ihnen zu schaden. Ihr werden damit gewissermaßen die Hände gebunden. Allerdings nicht ständig und auf Dauer, sondern nur dann, wenn sie Ihnen oder demjenigen, den Ihr Zauber schützen soll, schaden will. Der Bindungszauber wird ausschließlich dann angewandt, wenn Ihnen von einem Menschen Gefahr droht. Sie unterbinden dann den Einfluss dieses Menschen auf Ihr Leben. Das bedeutet keinesfalls, dass Sie jetzt sein Leben kontrollieren, ihn etwa heilen, manipulieren, gar seinen Willen beherrschen oder ihn zum Freund machen. Sie schützen sich nur selbst. Das ist alles.

Zu einigen Bindungszaubern gehört auch die Heilung, aber das ist eher eine Nebenwirkung. Viele Schutzkräuter verfügen über eine hohe spirituelle Schwingung. Wenn sie bei einem Bindungszauber einbezogen werden, können sie die ganze Lage auf ein spirituelles Niveau bringen. Normalerweise verwendet man diese Kräuter, um göttlichen Schutz anzurufen, aber sie können auch dazu dienen, dass der Übeltäter das große Ganze erkennt oder sich dem Mitgefühl und der Liebe öffnet. Es ist zwar wunderbar, wenn dies geschieht, aber Sie sollten nicht absichtlich darauf aus sein, jemanden zu »heilen«, der nicht darum gebeten hat, oder ihm zu einer Meinungsänderung zu verhelfen, die er nicht wünscht.

Ich kannte eine Hexe, die mit voller Absicht Kräuter mit den niedrigsten spirituellen Schwingungen verwendete und andere wie beispielsweise Weihrauch und Myrrhe mied. Nicht etwa, weil sie die höheren Kosten scheute, oh nein. Ihr ging es darum, die Person, die sie band, keinesfalls zu heilen oder dem Mitgefühl zu öffnen. Was für eine verwerfliche Handlungsweise! Es war zwar ihre Wahl und ihre Vorstellung von Magie, doch ich wünsche mir, dass sich niemand mit einer solchen Einstellung ans Zaubern macht. Mir wäre es am liebsten, wenn sich alle Hexen bei der Zauberei mühten, einen Gewinn für jeden Betroffenen herauszuholen.

Nicht jeder Bindungszauber ist absolut zuverlässig. Sie müssen nicht nur zaubern, sondern für sich selbst und Ihre Lage auch Verantwortung übernehmen. Ein guter Freund von mir litt unter körperlichen Schmerzen und Blutungen, die wir auf die vergiftete Situation an seinem Arbeitsplatz zurückführten. Seine beiden Arbeitgeber fügten ihm zwar nicht absichtlich Schaden zu, waren aber stark empathische Stressprojektoren und selbst auch nicht sonderlich gesund. Nachdem wir den Flaschenzauber, der im Folgenden beschrieben wird, durchgeführt hatten, beruhigte sich die Lage. Einer der Arbeitgeber, der in bestimmten Situationen durchzudrehen und herumzubrüllen pflegte, tat dies später in einer vergleichbaren Lage nicht.

Schmerzen und Blutungen verschwanden. Eigentlich hätte mein Freund diesen Arbeitsplatz längst verlassen und eine Stelle suchen sollen, die ihm auf allen Ebenen mehr Erfüllung und weniger Stress brachte. Sein Job war nicht mehr gut für ihn. Doch da die Symptome verschwunden waren, wurde er selbstzufrieden und gab die Suche nach einem neuen Arbeitsplatz auf. Schließlich kehrten die Symptome zurück. Er hatte das Übel eben nicht an der Wurzel gepackt – das hätte bedeutet zu kündigen. Der Bindungszauber hatte ihm zwar eine Atempause verschafft, aber die einzig richtige Lösung bestand darin, die vergiftete Atmosphäre zu verlassen, weil sich die anderen Beteiligten nicht bessern wollten. Der Bindungszauber konnte (und sollte auch) nicht den Willen seiner Arbeitgeber beherrschen. Er hatte nur kurzfristig die schädliche Energie blockiert.

Die Frau meines Freundes versuchte sich an dem gleichen Zauber, um sich gegen die Ausfälle ihres Vaters zu wehren. Der Mann hatte gedroht, ihre Hochzeitsfeier zu verderben. Nachdem sie den Zauber erfolgreich durchgeführt hatte, störte ihr Vater sie nicht mehr und die Lage war entschärft. Sie überlegte, ob sie mit einem weiteren Bindungszauber die Beziehung zu ihrem Vater klären, heilen und die ganze Sache rückgängig machen könnte, doch sie begriff, dass der erste Zauber ihn ja nicht daran gehindert hatte, mit ihr Kontakt aufzunehmen. Er rief gelegentlich an und war freundlich, allerdings brachten die Telefonate nicht viel. Es war ihm selbst überlassen, ob er eine gesunde Beziehung zu ihr unterhalten wollte – die diesbezügliche Energie war schließlich nicht gebunden, nur die schädliche. Doch wenn sie die Flasche öffnete und den Bindungszauber rückgängig machte, würde sie ihrem Vater die Freiheit verleihen, abermals Chaos in ihrem Leben anzurichten.

Flaschenzauber

Die erste Form des Bindungszaubers, die ich selbst erlernte, stammt aus der Calbot-Tradition des Hexenkults. Zu diesem Thema gibt es unzählige Variationen. Beim Flaschenzauber füllen Sie eine Flasche mit schützenden Substanzen, versiegeln die auf Sie gerichtete schädliche Energie und stellen die Flasche zum »Abkühlen« oder »Einfrieren« in den Kühlschrank. Ich habe diesen Zauber zwar nur selten ausgeübt, aber er funktioniert immer, wenn es um eine gerechte Sache geht. Für die Variante, die ich bevorzuge, brauchen Sie Folgendes:

1 verschließbare Flasche oder ein Einmachglas
Meersalz oder koscheres Salz
schwarzen Faden
1 weiße Kerze
Papier
1 Stift mit schwarzer Tinte
9 Eisennägel (ersatzweise ganze Gewürznelken, Hagedorn-Dornen oder Kaktusstacheln)
1 Esslöffel Weihrauch
1 Esslöffel Myrrhe

1 Esslöffel Eisenkraut
1 Prise Drachenblutharz oder Alraunenwurzel

Dieser Zauber sollte so nahe dem vierten Mondquartal wie möglich begangen werden. Halten Sie alle Zutaten an Ihrem Altar bereit. Schreiben Sie mit schwarzer Tinte auf das Papier:

> *»Im Namen der Göttin, des Gottes und des Großen Geists sowie aller meiner Führer und Begleiter, bitte ich (nennen Sie Ihren Namen) darum, jeglichen Schaden, den (nennen Sie den Namen der Person, die Sie binden wollen) mir, meinen Freunden oder meiner Familie zufügen kann, gänzlich und augenblicklich zu neutralisieren und zu binden. Dies geschehe zum höchsten Wohl und schade niemandem. So soll es sein.«*

Schlagen Sie den magischen Kreis und laden Sie die weiße Kerze zum Schutz auf. Füllen Sie die Flasche zu drei Vierteln mit Meersalz. Segnen Sie das Salz und laden Sie es mit der Bestimmung, zu schützen und zu neutralisieren. Lesen Sie den Zauberspruch dreimal und visualisieren Sie den betreffenden Menschen in einer Lichtkugel, die ihn daran hindert, schädliche Energie zu Ihnen zu senden. Rollen Sie das Zauberpapier zusammen, umwickeln Sie es mit schwarzem Faden und umkreisen Sie es mindestens dreimal. Stecken Sie dann das Papier in die Flasche. Laden Sie die Nägel und geben Sie sie ebenfalls in die Flasche. Sie können auch Stahlnägel benutzen, wenn Sie keine eisernen haben. Ersatzweise können Sie auch Folgendes nehmen: einen Teelöffel voll Eisenpulver, neun Hagedorn-Dornen, neun ganze Gewürznelken oder neun Kaktusstacheln – allesamt Kräutervarianten des Schutznagels.

Laden Sie den Weihrauch, die Myrrhe, das Eisenkraut und den Kraftverstärker, also entweder das Drachenblutharz oder die Alraune, mit Ihren Schutzgedanken. Bitten Sie den Geist einer jeden Pflanze, Sie zu schützen, und spüren Sie, wie die Kraft der Flasche wächst. Wenn noch Platz darin ist, füllen Sie sie mit Salz auf. Falls Sie nicht an all diese esoterischen Ingredienzien herankommen können, dürfen Sie sie durch andere Schutzkräuter ersetzen: Salomonssiegel, Johanniskraut, Schafgarbe, Schwarzer Pfeffer und Cayennepfeffer sind gute Stellvertreter oder Ergänzungsmittel. Wenn alles schief geht, können Sie auch ein paar Esslöffel der Schutztinktur gebrauchen.

Nachdem Sie die Flasche verkorkt oder ihren Deckel zugemacht haben, versiegeln Sie sie mit dem Wachs der weißen Kerze. Träufeln Sie das Wachs entgegen dem Uhrzeigersinn auf die verschlossene Öffnung, um die unerwünschte Energie auszusperren. Um gegen uns gerichtete Energie zu binden oder zu entfernen, gehen wir immer entgegen dem Uhrzeigersinn vor. Heben Sie dann den Kreis wie gewohnt auf und stellen Sie die Flasche an einen Ort, wo sie nicht geöffnet wird. Moderne Hexen nehmen dafür gern den hinteren Teil des Gefrierschranks. Sie können die Flasche auch vergraben. Auf jeden Fall sollte sie weggeschafft werden, denn wenn sie geöffnet wird, ist der Zauber gebrochen und muss wiederholt werden.

Knotenzauber

Ein weiterer Bindungszauber umfasst die Knotenmagie. Nehmen Sie drei Schnüre in den Farben, denen Sie Schutzeigenschaften zuschreiben. Ich bevorzuge dafür Weiß, Schwarz und Rot. Schlagen Sie einen magischen Kreis. Binden Sie die drei Schnüre oben zusammen und geben Sie ihnen den Namen Ihres Gegners. Jetzt beginnen Sie mit dem Flechten. Nach einem Drittel knüpfen Sie einen Knoten, dem Sie die Bestimmung verleihen, Schaden, der Ihnen gilt, in die Irre zu leiten oder zu blockieren. Nach zwei Dritteln machen Sie den nächsten Knoten. Den letzten Knoten setzen Sie ganz unten hin. Dann binden Sie das Ende mit dem Anfang zusammen und schaffen so eine Schlinge. Sprechen Sie jetzt:

»*Im Namen der Göttin, des Gottes und des Großen Geists sowie aller meiner Führer und Begleiter bitte ich (nennen Sie Ihren Namen) darum, gänzlich und augenblicklich alle Gefahr zu binden, die von (nennen Sie den Namen der Person, die Sie zu binden wünschen) für mich oder meinen Lebenskreis ausgeht. Ich bitte darum für das Wohl aller Betroffenen, ohne dass jemandem geschadet wird. So soll es sein!*«

Geben Sie den Kreis frei und vergraben Sie die Schlinge irgendwo außerhalb Ihres Hauses an einem geheimen Ort.

Für einen ganz allgemeinen Schutzzauber kann man eine Flasche oder eine Glasphiole nehmen. Dieser Zauber dient nicht dazu, jemanden zu binden, sondern überhaupt jeglichen Schaden abzuwehren. Man reinigt dazu dreizehn Nadeln, lädt sie mit dem Schutzgedanken, verbringt sie zusammen mit einem Magneten oder einem Stück Pechkohle und dreizehn Tropfen der Schutztinktur in die Flasche. Der Rest wird mit Salzwasser aufgefüllt und die Flasche dann mit Wachs versiegelt. Es gibt Hexen, die zerbrochenes Glas, Nägel oder roten Chilipfeffer dazugeben. Laden Sie den gesamten Inhalt, damit er sämtliche schädliche Kräfte, böse Absichten und Flüche anzieht und neutralisiert. Anschließend hängen Sie die Flasche ins Hauptfenster Ihrer Wohnung, damit sie den gesamten Haushalt schützt. Falls die Flasche zerbricht, könnte Ihnen dies als Warnung dienen, dass Ihnen jemand Böses will und der Zauber zusammen mit anderen Schutzmaßnahmen wiederholt werden muss.

Als andere Möglichkeit kann man eine Glaskugel, auch als Hexenkugel bekannt, ins Fenster hängen. Sie funktioniert ähnlich wie der oben erwähnte Flaschenzauber, ist aber frei von Ölen, Nadeln und anderen Inhaltsstoffen. Die Glaskugel wird bei einem Ritual im magischen Kreis magisch geladen und kann jetzt die Kraft des Bösen Blicks oder andere schädliche Absichten gegen Sie oder Ihr Zuhause deflektieren und umleiten. Solche Glaskugeln sind in Esoterik- und Antiquitätenläden erhältlich, aber man kann sie auch als Teil von Fischernetzen in Dörfern am Meer finden.

Für weitere Informationen, darunter auch traditionellere, zur Hexenflasche und Hexenkugel sowie zu anderen Methoden der Magie des alten Weges empfehle ich das Buch *The Witch's Craft* von Raven Grimassi.

Puppenzauber

Puppen werden nicht eingesetzt, um anderen zu schaden, sondern um bestimmten magischen Operationen ein »Ziel« zu geben, das vom Heilen übers Segnen bis zur Bindung führen kann. Basteln Sie eine Puppe, die Ihren Gegner darstellen soll. Wenn Sie dafür eines seiner Kleidungsstücke benutzen können, steht Ihnen ein mächtiges Werkzeug zur Verfügung, aber das ist nicht unbedingt die Voraussetzung. Jedenfalls sollten Sie nicht ungefragt Kleiderschränke plündern! In vielen älteren Büchern heißt es, dass die Puppe aus den Kleidungsstücken der Zielperson bestehen und ihre Haare oder Fingernägel enthalten muss. Das intensiviert zwar die Verbindung, ist aber heutzutage weder eine Voraussetzung noch wird es unbedingt gefordert. Stellen Sie einfach, so gut Sie können, eine Puppe her und halten Sie schwarzen Faden und eine Nadel bereit.

Schlagen Sie einen magischen Kreis, in dem Sie dann die Puppe nach der Person benennen, die Sie zu binden wünschen. Fädeln Sie den Faden ein und machen Sie am Ende einen Knoten. Stechen Sie dann die Nadel durch den Solarplexus der Puppe, also dort hindurch, wo sich das Zwerchfell befinden würde. Sie tun dies nicht in der Absicht, dieser Person zu schaden oder ihr Schmerz zu bereiten, sondern Sie möchten nur die weltliche Kraft binden, die dieser Mensch gegen Sie einsetzt. Ziehen Sie die Nadel durch und wickeln Sie den Faden dreimal um die Arme der Puppe. Stechen Sie die Nadel abermals in den Solarplexus, aber diesmal bleibt sie darin stecken. Heben Sie den Kreis wie gewohnt auf.

Normalerweise vergrabe ich die Puppe, aber einige Hexen glauben, dass man sie aufbewahren soll, um den Zauber zu erhalten.

Nach den bisherigen Beispielen könnten Sie glauben, dass Bindungszauber nur gegen körperliche, lebende Gegner wirken. Das trifft nicht zu, da sie auch auf unerwünschte Geister und Wesenheiten angewendet werden können. Davon rate ich aber ab, denn dadurch wird der Geist an den jeweiligen Talisman gebunden, beispielsweise an die Puppe oder die Flasche. Wie beim Mythos um den Dschinn, der an die Lampe gebunden ist, lassen Sie den Geist nicht frei, damit er seinen eigenen Weg weiterverfolgen kann, nachdem er seine Lektion gelernt hat. Gegen unerwünschte Geister ziehe ich die Verfahren zur Geisterbannung in den vorangegangenen Kapiteln vor.

Zauber zum Bannen von Klatsch und Tratsch

Neben Liebeszaubern sowie Geld- und Heilungszaubern werde ich am meisten um Zauber angegangen, mit denen Klatsch und Tratsch Einhalt geboten werden soll. Dafür gibt es eine Reihe traditioneller Zauber. Ich stelle Ihnen jetzt den einfachsten vor, den ich zudem noch am schönsten finde, weil ihn wirklich jeder ausführen kann. Sie brauchen dafür:

☿

Abbildung 23: Das Symbol des Merkur

Papier
1 Stift mit schwarzer Tinte oder Marker
1 weiße Kerze und einen Kerzenhalter

Es ist besonders günstig, diesen Zauber bei abnehmendem Mond durchzuführen. Schnitzen Sie auf Ihre weiße Kerze mit einer Nadel oder einer Messerspitze das Symbol des Merkur (Abbildung 23). Merkur ist der Planet der Kommunikation und hilft auf allen Ebenen bei der Klärung.

Schreiben Sie mit schwarzer Tinte auf das Papier den Namen des Menschen, der schlecht über Sie redet. Wenn Ihnen dazu keine bestimmte Person einfällt, sondern eher eine Situation, über die viel Klatsch verbreitet wird, notieren Sie einen Begriff für die Lage, wie beispielsweise Arbeit, Familie oder Lyrikkreis. Ziehen Sie entgegen dem Uhrzeigersinn einen Kreis um den Namen und füllen Sie den Kreis dann aus. Dafür können Sie einen Stift, einen Marker, Tinte oder sogar einen Pinsel mit schwarzer Farbe verwenden. Stellen Sie sich jetzt vor, dass der Klatsch abebbt. Imaginieren Sie schweigende Münder oder solche, die nur Gutes sagen. Lassen Sie die Farbe trocknen und legen Sie das Papier unter den Kerzenhalter. Entzünden Sie die Kerze. Wenn Sie die Kerze nicht auf einmal ganz herunterbrennen lassen können, sollten Sie die Flamme wie schon bei der früher beschriebenen Kerzenmagie ersticken und später noch einmal anzünden. Sobald die Kerze abgebrannt ist, vergraben Sie das Papier an einem geheimen Ort.

Klatsch und üble Nachrede sind damit aus der Welt geschafft.

Um sicherzugehen, dass dies auch anhält, sollten Sie Ihre eigenen Kommunikationsgewohnheiten untersuchen. Sehr oft neigen gerade die Menschen, die sich um Tratsch sorgen, selbst dazu, eine Menge auszuplaudern, auch wenn ihnen das nicht so bewusst ist. Durch eine veränderte Haltung können diese Situationen auch entschärft werden.

Gegenmagie

Gegenmagie ist die Kunst, bestimmte Flüche und Zauber zu brechen, die von einem anderen vorgenommen wurden. Vielleicht hat jemand mit einem starken Willen böse Wünsche ausgesprochen oder absichtlich eine magische Handlung verrichtet, Sie beispielsweise mit einem Fluch belegt. In vielen magischen Kulten Nordamerikas nennt man das »crossing« (kreuzen). Die Befreiung von einem Fluch wird dementsprechend »uncrossing« (entkreuzen) genannt.

Gegen eine Verfluchung wehrten sich die Hexen des alten Weges durch einen Gegenfluch. Wenn nämlich der Mensch, der Ihnen Übles will, mit seinen eigenen Sorgen vollauf beschäftigt ist, kann er seine Kraft nicht mehr darauf verwenden, Ihr Leben zur Hölle zu machen. Wenn Sie den Fluch selbst nicht aussprechen können, gehen Sie am besten zu einem Fachmann. Obwohl die Meinungen in den unterschiedlichen Traditionen geteilt sind, ist es normalerweise nicht so, dass der Magier, den Sie damit beauftragen, für diese Handlung karmisch zur Verantwortung gezogen wird. Nur derjenige, der den Magier dazu auffordert, hat derartige Folgen zu tragen. Ehrlich gesagt bin ich überhaupt kein Anhänger dieser Magie. Jemanden zu verfluchen, mag zwar kein ganz unvernünftiger magischer Ansatz sein, aber er ist auch nicht sonderlich weiterführend oder hilfreich.

Die Volksmagie bietet bestimmte Methoden an, Flüche abzuwehren, wie beim Malocchio (der Böse Blick) in Kapitel 2 (s. S. 59) beschrieben. Diese Zauber sind eigentlich nicht dazu gedacht, Übles zurückzuschicken, auch wenn man sich bei ihnen in gewisser Hinsicht auf die Tatsache verlässt, dass der Fluchbrecher den stärkeren Willen aufweist – jedenfalls wenn es um eine gerechte Sache geht. Meistens wird ein solches Verfahren mit großen Anstrengungen und konzentrierter Aufmerksamkeit häufig wiederholt. Dadurch können die Symptome zwar durchaus verschwinden, aber das grundlegende Problem bleibt meistens ungelöst.

Hinter dem Fluchbrechen steht der Gedanke, dass der stärkere magische Wille gewinnen wird; man könnte dies als eine Art »magischen Armdrückens« bezeichnen. Obwohl es gelegentlich so aussieht, als ob der Stärkste tatsächlich den Sieg davontragen wird, gibt es bei derart offen ausgetragenen Feindseligkeiten selten Sieger, denn die Hexe oder der Magier, die solche Methoden anwenden, entfernen sich dabei vom wahren Sinn der Magie und der Spiritualität.

Gegenmagie kann zwar angewendet werden, ist aber am wirkungsvollsten, wenn sie nicht als Kampf gegen den persönlichen Willen eines anderen geführt wird, sondern als ein zielgerichtetes Ritual, bei dem man sich mit dem Göttlichen vereinigt. Wenn Sie sich auf Ihren wahren Willen konzentrieren, den Willen Ihres höchsten und besten Selbst, werden Sie die Situation verstehen und die kreativste, hilfreichste und göttlichste Lösung finden. Sie werden den eigenen Willen dann nicht mit dem eines anderen messen, sondern sich nach dem göttlichen Willen, der Ihrem Inneren entspringt, ausrichten. Dadurch wird Streit vermieden und das Problem gelöst. Sie benutzen den göttlichen Willen nicht, um Ihren Feind zu vernichten, wie manche glauben, sondern Sie mühen sich, die Umstände distanziert zu betrachten, um objektiver urteilen zu können. Das ist in der Tat eine schwere Aufgabe.

Obwohl viele Gegenzauber ganz bestimmte Rituale erfordern, je nach Art des Fluchs, der über Sie verhängt worden ist, habe ich intuitiv eine eigene Form entwickelt. Dabei stelle ich mich mit einem Kessel voller Wasser, in den ich ein paar Tropfen Olivenöl schütte, in den magischen Kreis. Die Vermengung von Öl und Wasser symbolisiert zwei gegensätzliche Kräfte, ein Aspekt, den ich der italienischen Volksmagie meiner Vorfahren entlehnt habe. Dann erwähle ich drei gegenmagische Pflanzen oder Schutzkräuter.

Zu den Pflanzen, die dem Bereich des Fluchbrechens zugeordnet werden, gehören:

Angelika	Kermesbeere
Beifuß	Kiefer
Distel	Leinkraut
Eisenkraut	Odermennig
Esche	Pfeffer
Fenchel	Quitte
Fingerkraut	Stechpalme
Flachs	(Stink-)Asant
Gartenraute	Tausendgüldenkraut
Gelbe Narzisse	Ysop

Ich wähle drei Pflanzen aus, zu denen ich mich intuitiv hingezogen fühle, ermächtige sie und streue sie dann langsam in den Kessel. Für die Gegenmagie benutze ich am liebsten Leinkraut, Gartenraute und das Fingerkraut, dessen »fünf Finger« jeglichen Schaden ungeschehen machen sollen, der einem durch die fünf Finger eines Menschen entstanden ist. Der Geist dieser Pflanze verhilft anderen, die strittige Angelegenheit aus

Ihrer Perspektive zu sehen, wohingegen die Blütenessenz Ihnen die Perspektive anderer eröffnet.

Entgegen dem Uhrzeigersinn rühre ich mit einem Holzkochlöffel oder einem Stock die Flüssigkeit im Kessel um und denke dabei über das Problem nach. Beim Rühren spreche ich immer wieder die Namen der benutzten Kräuter aus:

Vorlage
»(Kraut 1), (Kraut 2), (Kraut 3)
Bei der Göttin und beim Gott

(Kraut 1), (Kraut 2), (Kraut 3)
Beim Norden, Süden, Osten und Westen

(Kraut 1), (Kraut 2), (Kraut 3)
Kommt und brecht diesen Fluch.«

Beispiel
»Leinkraut, Gartenraute, Fingerkraut
Bei der Göttin und beim Gott

Leinkraut, Gartenraute, Fingerkraut
Beim Norden, Süden, Osten und Westen

Leinkraut, Gartenraute, Fingerkraut
Kommt und brecht diesen Fluch.«

Wenn ich spüre, dass es getan ist, höre ich mit Umrühren und Sprechen auf. Dann füge ich noch ein wenig von jedem Kraut hinzu und spreche wiederholt das Folgende:

Vorlage
»(Kraut 1), (Kraut 2), (Kraut 3)
Bei der Göttin und beim Gott

(Kraut 1), (Kraut 2), (Kraut 3)
Bei der Liebe, dem Vertrauen und dem Licht

(Kraut 1), (Kraut 2), (Kraut 3)
Tut in dieser Sache das Richtige.«

Beispiel
»Leinkraut, Gartenraute, Fingerkraut
Bei der Göttin und beim Gott

Leinkraut, Gartenraute, Fingerkraut
Bei der Liebe, dem Vertrauen und dem Licht

Leinkraut, Gartenraute, Fingerkraut
Tut in dieser Sache das Richtige.«

Rache, Vergeltung und Flüche

In den alten Hexensagen ist oft von Flüchen und Vergeltung die Rede. Solche Geschichten sind Teil unseres Erbes, ob es uns nun gefällt oder nicht. Zum Unterschied dieser alten so genannten Familientradition beruft sich der moderne Wicca-Kult deshalb auf die Wicca-Regel oder das Gesetz der dreifachen Erwiderung, die, soweit ich informiert bin, nicht Teil des ursprünglichen Hexenkults gewesen sind. Jedenfalls gehörten derartige ethische Grundsätze nicht zur italienisch-katholischen Volksmagie, der meine Familie anhing. Da ging es eher um das biblische »Auge um Auge, Zahn um Zahn«. Flüche und Gegenflüche gehörten dazu und wurden als ganz normal betrachtet.

Schon vor der Hexenverfolgung des Mittelalters unterteilten Chroniken die Magie in Schwarz und Weiß. Das Thema »Magie« wurde nach römischem Recht behandelt, bis die Ketzergesetze jegliche Magie verboten, die nicht von der Kirche sanktioniert worden war. Das hieß, dass man früher beispielsweise eine Hexe aufsuchen konnte, um einen Feind zu verfluchen, denn wenn es um eine gerechte Sache ging, praktizierte die Hexe keine schwarze Magie. Alte Traditionen, die der Verfolgung entgingen, wie Voodoo und Santeria, betrachten solche Handlungen immer noch als Teil ihrer Kultur. Priester oder Priesterin tragen dabei keine Verantwortung für den Willen eines anderen Menschen, da sie nur Ausführende sind und für einen Dienst entlohnt werden. Solche Ansichten sind eben in diesen Kulturen verwurzelt. Das kann ich verstehen, auch wenn sie nicht zu meiner Tradition gehören und ich sie nicht unbedingt gutheiße.

Im modernen Hexenkult sind die Meinungen über Verfluchung und Vergeltungsmagie geteilt. Obwohl viele Hexen in bestimmten Situationen Verfluchungen für gerechtfertigt halten, geben sie es nicht gern öffentlich zu. Einige meinen, die Wicca-Regel stütze sich zu stark auf jüdisch-christliche Moralvorstellungen. Wiederum andere Hexen halten die Regel für den einzig unveränderlichen Aspekt des Hexenkults, ganz gleich um welche Tradition es nun im Einzelnen gehe.

In der traditionellen Strömung gibt es die Redewendung, dass eine gute Hexe auch die Kunst des Verhexens beherrschen muss, um heilen zu können. Genau hierin besteht auch die Gefahr bei den meisten Büchern über psychischen Selbstschutz. Wenn man Verfahren kennt, um Schaden abzuwenden, sind einem auch die Methoden, Schaden herbeizuführen, ziemlich vertraut. Einige halten beides für einen normalen Bestandteil der Ausbildung. Man braucht die Information ja nicht unbedingt umzusetzen, aber man muss sie begreifen. Auch ein Arzt lernt ja während seines langen Studiums, wie ein Körper zu Tode kommen kann, angefangen von der Schädigung bestimmter Organe bis hin zu tödlichen Arzneimittel-Kombinationen. Sinn dieser Ausbildung ist natürlich, den angehenden Ärzten beizubringen, Patienten zu heilen, nicht sie umzubringen. Über dasselbe Wissen kann aus demselben Grund auch eine Hexe verfügen, die als Heilerin arbeitet. Wenn ich die Grundlagen zur Zubereitung eines vergifteten Tees kenne, verstehe ich es auch, heilenden Tee herzustellen. Ich habe mich dazu entschieden, kein Gift einzusetzen, aber die Fähigkeiten, ein Gebräu zuzubereiten, bleiben die gleichen.

Vom rein theoretisch-magischen Standpunkt aus betrachtet ist das Prinzip der Verfluchung als Verteidigungsmittel eigentlich recht vernünftig. Wie beim schon früher erwähnten »Wegsegnen« eines störenden Menschen wird auch eine Verfluchung dessen Energie in einem Ausmaß beschäftigen, dass man selbst wieder ungehindert seinen Geschäften nachgehen kann. Allerdings gibt es einen entscheidenden Nachteil: Wenn nämlich der Empfänger des Fluchs diesen überwindet und entdeckt, dass Sie dahinterstecken, hat er einen weiteren Grund, Ihnen bewusst oder unbewusst abermals schädliche Energie zukommenzulassen. Das wird Sie beide auf Dauer immer mehr aneinander ketten.

Zugegeben, ich kenne einige liebende, heilende und ausgeglichene Hexen, die als Teil ihrer Schutzmagie Verfluchungen erwidern. Aber wieder einmal schaue ich genau auf die Absicht, die dahintersteckt. Diese Hexen handeln nicht böswillig, sondern haben in ihren Traditionen gelernt, dass man auf diese Weise ein Problem neutralisieren kann. Lassen Sie mich einen psychischen Angriff mit einem Boxkampf vergleichen: Manche versuchen, den Gegner im Zaum zu halten und ihn nicht zum Zuge kommen zu lassen, während andere auf einen schnellen K.o. aus sind, um es hinter sich zu haben. Sie akzeptieren die Folgen ihrer Handlung, was nicht unbedingt heißt, dass sie Vergeltungsmaßnahmen ausgesetzt werden. Eine solche Analogie verhilft mir, diesen Standpunkt besser zu verstehen. Ich achte dieses Vorgehen, auch wenn ich es selbst nicht praktiziere.

Einige Menschen konzentrieren sich weder auf Segnungen noch auf Flüche, sondern überlassen die Entscheidung dem Universum und den Göttern. Stattdessen üben sie ihren Zauber nur mit der Absicht aus, jegliche Gefahr oder Einmischung loszuwerden. Obwohl auch hier der Empfänger Schwierigkeiten bekommen könnte, betrachte ich so etwas nicht als Verfluchung, sondern schlichtweg als eine zulässige Form der Schutz- und Verteidigungsmagie. In den klassischen »Familientraditionen« und jenen, die nicht notwendigerweise der Wicca-Regel oder dem Gesetz der dreifachen Erwiderung anhängen, gilt der ethische Grundsatz, Probleme zunächst auf der weltlichen Ebene aufzuarbeiten. Wenn Sie sich über jemanden ärgern, sollten Sie mit ihm über eine Veränderung seines Verhaltens sprechen und darauf hinweisen, dass Sie sich ansonsten gezwungen sehen würden, ihm auf andere Weise Einhalt zu gebieten, wenn er Ihnen weiterhin Schwierigkeiten macht. Sollte er sich als uneinsichtig erweisen, haben Sie ihn jedenfalls vorgewarnt und müssen sich dann selbst schützen, so gut Sie können. Schaden abzuwenden bedeutet nicht unbedingt, dass man mit Böswilligkeit zu Werke geht oder einen anderen absichtlich gefährdet.

Schon aufgrund meines besonderen familiären Hintergrunds erkenne ich, wie sehr die unterschiedlichen Ehrenkodexe miteinander im Widerstreit liegen. Selbst halte ich mich am liebsten an die ethischen Grundsätze der Wicca-Regel und an das Gesetz der dreifachen Erwiderung. Ich ziehe es vor, eine verfahrene Situation friedlich und nicht durch Kampf zu lösen. Auch wenn ich Verteidigung für richtig halte und finde, dass man für sein Recht einzutreten hat, lehne ich Angriffe grundsätzlich ab.

Ich brauche mir nur das Leben jener Kollegen genauer anzusehen, die meine ethischen Überzeugungen nicht teilen, danach weder leben noch arbeiten und böswillig Flüche verhängen, auch wenn sie sich in der Öffentlichkeit dazu anders äußern mögen. Ohne moralisch zu werden, kann ich doch behaupten, dass diese Menschen auf der physischen, mentalen oder spirituellen Ebene sehr selten glücklich oder gesund wirken. Ganz gleich, für wie gerechtfertigt sie ihre Handlungen auch halten mögen, scheinen sie doch dafür gestraft zu werden. Wer Verfluchungen verhängt, scheint tatsächlich selbst ein verfluchtes Leben zu führen und weder Erfüllung noch Frieden zu finden.

Am meisten verblüffen mich diejenigen, die zwar spüren, dass sie sich moralisch falsch verhalten, aber bereit sind, unter den Folgen zu leiden, weil sie sich etwas Bestimmtes erwünschen. Sie stellen damit ihren persönlichen über den göttlichen Willen und entsprechen so dem schlimmsten stereotypen Bild der Hexe.

Gut, man kann leicht in die Falle der gerechtfertigten Rache tappen. Wenn jemand uns oder einem Nahestehenden Unrecht tut und vor allem absichtlich und bewusst Schaden anrichtet, ist es eine ganz natürliche Reaktion, dem Übeltäter eins auswischen zu wollen. Wer sich mit Magie beschäftigt, kann sich dann sehr schnell moralisch verpflichtet fühlen, Schaden abzuwenden.

Doch Vorbeugung ist etwas anderes als Strafe. Wenn Sie an das Gesetz der dreifachen Erwiderung glauben, fällt es einem leicht, sich quasi als Agent des Universums zu betrachten, der den Willen der Götter dadurch umsetzt, dass er den anderen straft oder verflucht. Wie man in den Wald hineinruft, so schallt es heraus – dieser Mensch hat es schließlich verdient. Das sind natürlich ganz normale Reaktionen, aber meiner Meinung nach sollte eine Hexe, die ihre Magie einsetzt, stets untadelige Handlungen aus reinen Motiven verrichten. Hexen sollen schließlich Wegweiserinnen und Behüterinnen sein, nicht aber dem universellen Recht Geltung verschaffen. Das Universum (die Götter) ist schon selbst in der Lage, dafür zu sorgen, dass die Handlungen eines jeden Menschen abgewogen und beurteilt werden. Als Menschen können wir mit unserem eingeschränkten Blickfeld weder den großen Plan noch die Ziele erkennen. Uns steht das Recht zur Selbstverteidigung zu, und wir können uns aus freien Stücken allen möglichen Gruppen anschließen, doch es ist nicht unsere Aufgabe, den spirituellen Vollzieher zu spielen und auf den »Karma-Auslöser« zu drücken. Das Karma sorgt schon für sich selbst. Es ist nicht an uns, ihm seinen Weg vorzuschreiben.

Der einzige Vergeltungszauber, den ich für akzeptabel halte, auch wenn ich ihn selbst nicht ausübe, wird von einigen »Beschleunigung des Karma-Rads« genannt. Dabei geht es nicht darum, durch eine magische Handlung ein bestimmtes Ergebnis zu erzielen oder jemandem Schaden zuzufügen. Man schickt nur den Wunsch ins Universum, dass der Mensch, der einem Unrecht getan hat, seine Fehler einsieht und begreift, wie es ist, wenn man selbst zum Opfer wird. Daraufhin lehrt ihn manchmal eine schlechte Erfahrung, wie sehr er sich geirrt hat, aber gelegentlich bewegt sich auch etwas in seinem Herzen und er ändert plötzlich seine Einstellung.

Dazu gibt es eine Variante, die mein Freund Rich »die Göttin auf jemanden herabrufen« nennt. Sie wird vor allem dann eingesetzt, wenn man vermutet, dass ein anderer Praktikant einem mit Magie schaden will. Nachdem man alle erforderlichen Schutzzauber durchgeführt hat, evoziert man bei der Meditation die Göttin. Man legt ihr ganz einfach die Lage dar, so wie man das einem Freund gegenüber tun würde, und erklärt, dass man derartige Geschehnisse künftig verhindert sehen wolle.

Diese Magie entstammt meiner Meinung nach der vollkommenen Liebe und dem vollkommenen Vertrauen. Wenn Sie dabei jedoch nicht mit Liebe und Vertrauen vorgehen können, sollten Sie es besser ganz bleiben lassen. Magie darf nicht auf Angst, Wut oder Hass beruhen, obwohl dies leider oft geschieht. Wenn Sie aus solchen Gefühlen heraus magisch operieren, wird diese unerfreuliche Energie mit dreifacher Wucht zu Ihnen zurückkehren. Bei der Schutzmagie denke ich immer an das Pentakel, damit mich seine fünf schützenden Attribute – Erdung, Mitgefühl, Verständnis, Macht und Sinn – daran hindern, meinem eigenen Ehrenkodex untreu zu werden.

Berechtigter Zorn

Viele der dunklen Göttinnen und Götter arbeiten mit berechtigtem oder gerechtfertigtem Zorn. Eine mächtige Kraft, gewiss, aber keine persönliche, sondern eben eine göttliche. Wenn Sie von persönlichen Beweggründen getrieben sind, dann steckt kein göttlicher Zorn dahinter. Allerdings können Sie mit berechtigtem Zorn einen Zauber vornehmen, um einen Vergewaltiger dingfest zu machen, selbst wenn dieser Mann einer Ihnen nahe stehenden Person Gewalt angetan hat. Natürlich ist dieser Zorn dann auch persönlich motiviert – Sie sind ja nur menschlich – doch Ihre Magie zielt schließlich nicht darauf ab, den Vergewaltiger zu vernichten, sondern darauf, einer Sache Gerechtigkeit widerfahren zu lassen. Sie sehen also, dass es da Unterschiede gibt. So fein diese auch erscheinen, so sind sie doch deutlich spürbar.

Dies führt zur Interpretation des Gesetzes der dreifachen Erwiderung und der Wicca-Regel, deren Rollen wir in unserem Leben und bei unseren Praktiken besser verstehen lernen sollten. Die jüngste Hexen-Generation betrachtet diese Regeln größtenteils als absolut unveränderliche Wahrheiten, an denen nicht gerüttelt werden darf. »Niemandem schaden« wird so ernst genommen, wie es auch sein sollte, doch hat das wirklich absolute Gültigkeit? Dann wäre es nämlich verboten, den Vergewaltiger aus dem Beispiel zur Rechenschaft zu ziehen. Dieser hat nämlich seinen Willen ausgeübt und Sie schaden ihm, wenn Sie durch einen Zauber für seine Gefangennahme sorgen. Sie übertragen damit Ihren Willen auf ihn und kontrollieren ihn. Ohne Genehmigung darf man aber auf niemanden Magie anwenden und der Vergewaltiger hat Ihnen die Genehmigung nicht erteilt. Schließlich will er nicht gefasst werden und außerdem könnten ihn im Gefängnis andere Häftlinge gefährden. Jene Hexen, die sich an die strengste Auslegung des Worts »niemandem schaden« halten, gehen davon aus, dass das Universum und nicht die Hexe handeln soll. Aber da drängt sich die Frage auf, wie sicher wir denn in unserem Kulturkreis wären, wenn wir uns immer daran halten würden!

Das Karma ist ein universeller, selbst regulierender Mechanismus, der sich anpasst, jedoch nicht immer sonderlich schnell arbeit. Für meine eigene Sicherheit bin ich schon selbst verantwortlich. Wenn ich sehe, dass Gefahr im Verzug ist, weiche ich ihr natürlich aus. Ich rechne nicht damit, dass mein Karma sie unschädlich machen wird, bevor sie mich erwischt. Mir gefällt der Gedanke, dass mir mein Karma oder meine geistige Entwicklung Einsichten vermitteln, um entsprechende Warnsignale zu erkennen, aber ich muss schon selbst handeln und meinen magischen Willen einsetzen, um die Früchte zu ernten. Hexen glauben gar nicht so oft an das unausweichliche Schicksal, sondern an den magischen Willen: die Verschmelzung der eigenen Handlungen mit dem Göttlichen.

Gefahren lauern in unterschiedlichem Ausmaß. Viele Hexen betrachten die Wicca-Regel als symbolische Richtlinien. Meiner Meinung nach ist auch das Gesetz der dreifachen Erwiderung symbolisch gemeint. Wenn etwas zu Ihnen zurückkehrt und es sich dabei um eine spirituelle Kraft handelt, wie interpretieren Sie dann »dreifach«? Damit ist wohl eher gemeint, dass Sie etwas mit größerer Kraft treffen wird als jener, die Sie selbst ausgesandt haben. Eine mehr als doppelt so große Kraft, die sich in der Wirklichkeit manifestiert. Glück oder Unglück können sich bei der Erwiderung zehn- oder hundertfach so heftig anfühlen; das hängt von der jeweiligen Situation ab und lässt sich nicht quantifizieren. Es führt einfach dazu, dass man über seine Handlungen und ihre Konsequenzen gründlicher nachdenkt. Eine symbolische Interpretation der Regel spornt uns auch an, für unsere Taten die Verantwortung zu übernehmen. Wir richten andauernd Schaden an, müssen aber das Niveau des annehmbaren Schadens in unserem Leben bestimmen. Welche Folgen sind wir bereit, für unsere Handlungen zu tragen?

Wir schaden unserer Nahrung, indem wir sie essen. Das ist einer der Gründe, weshalb viele Heiden kein Fleisch verzehren. Anderen ist wichtig, wo ihr Fleisch herkommt und wie die Tiere gehalten wurden. Sie legen also eine andere Messlatte für Akzeptanz an. Strenge Vegetarier oder Veganer schaden der

Pflanze durch das Pflücken, Schneiden und Verdauen. Studien haben ergeben, dass Pflanzen nicht gern geerntet werden. Die andere Seite der Medaille: Wenn Sie auf geistiger Ebene auf eine Pflanze oder sogar auf ein Tier eingestimmt sind, also eine Beziehung mit ihr oder ihm unterhalten, wird sich das entsprechende Wesen im Lebenszyklus opfern und nicht feindlich reagieren. All diese Themen sind strittig und anfechtbar und haben in unseren heidnischen Gesellschaften sowie in der allgemeinen Kultur ein breites Spektrum an Überzeugungen und Praktiken hervorgerufen. Jeder von uns muss schon für sich entscheiden, welches Schadensniveau akzeptabel ist, um das eigene Leben zu erhalten.

Außerdem greifen wir ständig in den Willen anderer Menschen ein. Wenn wir das bekommen, was wir uns wünschen, geht das oft zulasten eines anderen, der es eben nicht erhält. Wenn Sie fürchten, den Willen eines anderen einzuschränken, werden Sie nie etwas unternehmen. Sogar Taten, die keinem Wettbewerb zu unterliegen scheinen, können den Willen eines anderen hintertreiben. Wenn Sie Musik mögen und einen Song schreiben, könnte er zu einem Hit werden. Es spielt keine Rolle, ob Sie nun vorgehabt haben, einen Hit zu schreiben und zu produzieren oder nicht, Ihre Handlung hat zu einem bestimmten Ergebnis geführt. Vielleicht wollte ein anderer Komponist mit seinem Song einen Hit landen und hat dies nicht geschafft, weil Ihr Lied beliebter ist und sich durchgesetzt hat. Mit Ihrem Song, also mit Ihrem Willen, haben Sie den Willen eines anderen durchkreuzt, der sich Erfolg gewünscht hatte. Vielleicht ist das ein etwas abwegiges Beispiel, aber Tatsache bleibt, dass unsere Handlungen ständig in die anderer eingreifen. Wenn Sie einen Job bekommen, geht jemand anderes leer aus. Gleiches gilt, wenn Sie den letzten Restauranttisch ergattern, den letzten Parkplatz oder den letzten Flugzeugsitz am Fenster einnehmen. Wenn wir durch magische Operationen diese Ziele erreichen, haben wir auf magische Weise in den Willen anderer eingegriffen. Trotzdem fordern uns die Lehrer unserer Kunst auf, die Magie zu nutzen, um unser Leben angenehmer zu gestalten und das zu tun, was wir wollen. Diese Beispiele sind natürlich relativ belanglos, aber sie stellen kleine Vorfälle dar, von denen das Ego oder der persönliche Wille profitiert.

In Wirklichkeit bezieht sich die Nichteinmischungsregel in den Willen eines anderen auf den höheren göttlichen Willen dieses Menschen. Aus göttlicher Perspektive könnte es sehr gut sein, dass der Songschreiber den Hit deshalb nicht gelandet hat, weil er eine wertvolle Lektion lernen und an dem offensichtlichen Fehlschlag wachsen soll. Der verpasste Job könnte dem Bewerber Antrieb verleihen, sich um einen besser für ihn geeigneten Arbeitsplatz zu bemühen. Der besetzte Tisch, Parkplatz oder Flugzeugsitz könnten zu einer Begegnung oder einem Erlebnis führen, das im Sinne des göttlichen Willens der Betroffenen ist. Synchronizität – das zeitgleiche, kausal nicht erklärbare Zusammentreffen psychischer und physischer Vorgänge – geht eigenartige Wege, aber wir sollten uns dem nicht verschließen.

Wenn wir jemandem einen kräftigen Stoß versetzen, um zu verhindern, dass er von einem Auto überfahren wird, oder wenn wir bei einem Komapatienten an der Heilung arbeiten – ob nun nach den Prinzipien der modernen Medizin oder mittels Magie –, ohne von dem Betroffenen die Erlaubnis erhalten zu haben, bedeutet dies nach der strengen Auslegung, dass wir auf schädliche Weise einem anderen unseren Willen aufdrängen. Aber ich wäre, ehrlich gesagt, dankbar, wenn mein Leben unter solchen Umständen gerettet werden würde. Aus der höheren Perspektive des göttlichen Willens ist kein Schaden angerichtet worden, sondern durch Hilfe und Heilen wird Leben fortgesetzt. Wenn Zeit für direkte Genehmigung und Meditation fehlt, müssen wir gelegentlich eine Entscheidung treffen und mit den Folgen leben. Das heißt natürlich nicht, dass wir magische Operationen für andere grundsätzlich ohne Erlaubnis durchführen dürfen. Wir richten uns nach den Grundsätzen, halten sie ein, so gut wir können, und begreifen, dass es unterschiedliche Interpretationen gibt. Wir leben nicht in einer schwarz-weißen Welt und müssen schlichtweg die Folgen unserer Taten akzeptieren – auf der magischen wie auf der irdischen Ebene.

Wenn ich meditiere, wiederhole ich beinahe täglich meine Intention, dass meine »Worte, Absichten und Handlungen dem höchsten Wohl dienen und niemandem schaden« sollen. Ich denke dabei an den höchsten göttlichen Willen, denn ich kann ja nicht verhindern, dass meine Taten andere Menschen persönlich betreffen. Es fällt mir leicht, mit den Folgen meiner Handlungen zu leben, wenn ich in bester Absicht und mit gutem Urteilsvermögen meiner Intuition folge. Je mehr ich mit meinem göttlichen Willen harmoniere, desto deutlicher wird mir, wann ich aktiv werden und wann ich etwas lieber in Ruhe lassen soll.

Im Falle des Vergewaltigers würde man es bei symbolischer Auslegung der Wicca-Regel statthaft finden, diesem Menschen durch Magie Einhalt zu gebieten. Schließlich hat der Vergewaltiger seinem Opfer Schaden zugefügt und damit das Recht »zu tun, was man will« verwirkt. Der Kriminelle muss die Verantwortung für seine Tat übernehmen. Von einer höheren, distanzierteren Warte aus betrachtet könnte man argumentieren, dass der Geist oder die Seele dieses Mannes sich sogar eine Gefangennahme wünscht, um aus dem darauf folgenden Erfahrungszyklus seine Lehren zu ziehen. Jeder von uns spielt in unserer Gesellschaft zum Wohl des Ganzen eine Rolle. Die Rolle des Gesetzeshüters besteht darin, den Verbrecher festzunehmen. Die Rolle des Magiers oder der Hexe könnte darin bestehen, der Sicherheit und Gerechtigkeit in der Gesellschaft auf die Sprünge zu helfen. Eine solche göttliche Energie könnte dem Polizisten auf unterschwellige Weise bei seiner Arbeit beistehen.

Wenn Sie selbst oder Ihr Umfeld gefährdet sind, haben Sie das Recht, sich zu verteidigen. Wieder einmal zeigt sich die Wichtigkeit der Absicht, die dahintersteckt. Es ist etwas ganz anderes, wenn man eine Bedrohung neutralisiert, in diesem Fall also den Vergewaltiger, oder wenn man voller Hass und Böswilligkeit versucht, einen Menschen zu vernichten. Auf der magischen Ebene strebe ich nach Ausgeglichenheit, Gerechtigkeit und Sicherheit, auch wenn ich mich im persönlichen Bereich möglicherweise ärgere oder von etwas abgestoßen fühle. Ich klammere diese Gefühle bei meinen magischen Operationen aus. Im abgegrenzten magischen Kreis habe ich gelernt, mich von solchen Wallungen zu befreien und eine Verbindung zu meinem göttlichen Willen herzustellen, und damit ist nicht unbedingt das Ego gemeint. Das Ego kann mich zwar zu einer magischen Handlung anregen, doch da Meditation und magische Disziplin zu meinem Leben gehören, ist dafür gesorgt, dass ich in der richtigen Verfassung jene Magie ausübe, die ich für angemessen halte.

Es kann durchaus vorkommen, dass man glaubt, eine unmittelbare Botschaft des Göttlichen erhalten zu haben, die einem diese Art der Magie ans Herz legt, oder dass man intuitiv weiß, dass sie zu einem bestimmten Zeitpunkt richtig ist. Ihre persönliche Reaktion, Ihr berechtigter Zorn könnten ein Hinweis auf den gerechtfertigten Zorn der Schutzgötter sein. Wenn Ihre Schutzgottheit Hekate, Athene, Hera, Zeus, Artemis, Diana, Horus, Osiris, Sachmet, Maat, Kali, Morrighan, Tyr oder Odin heißt, dann könnte eine solche Arbeit Teil Ihrer spirituellen Praxis sein.

Die entscheidende Frage lautet, dass Sie herausfinden müssen, wann es sich um den göttlichen Willen und wann um Wünsche des Ego handelt. Man kann es sich ganz schön leicht machen, wenn man bei einem Ego-Trip einfach denkt, mit der eigenen Hexenkunst den göttlichen Willen umzusetzen. Dabei geht aber der Blick auf das eigene bewusstseinserweiternde Werk sehr schnell verloren. Wenn Sie sich darauf konzentrieren »es jemandem heimzuzahlen«, dann werden Ihre persönlichen Vorurteile sowie die Menschen, die Ihnen möglicherweise Unrecht getan haben, zum Brennpunkt Ihrer »kosmischen« Gerechtigkeit. Das bedeutet, dass Sie nicht länger auf normale, geerdete Art und Weise mit Ihrem Leben umgehen. Auch wenn ich davon ausgehe, dass unsere Zauberkunst gelegentlich angerufen wird, um Gerechtigkeit walten zu lassen, sollte dies doch immer mit unserem eigenen Wachstum einhergehen und nicht unsere ganze magische Zeit und Praxis in Anspruch nehmen. Handelt es sich um den göttlichen Willen, wird einem dies normalerweise sehr deutlich gemacht. Man »weiß« dann einfach, dass man einen Zauber auszuführen hat, auch wenn er nicht dem eigenen Schutz, sondern dem Wohl der Allgemeinheit dient.

Wenn es aber um globale politische Angelegenheiten wie Bürgerrechte, Umweltschutz, Terrorismus, Grenzstreitigkeiten und Ähnliches geht, wird es natürlich schwieriger, denn dafür gibt es keine klaren »Regeln«. Hexen verfügen weder über Zehn Gebote, in denen es heißt »Du sollst nicht ...«, noch über Gesetzbücher. Natürlich halten wir uns an die Gesetze unserer Länder, doch unsere Moralvorstellungen sind sehr persönlich und kompliziert. Sie gehören zu unserem Glauben und unserer persönlichen Beziehung zum Göttlichen. Wir müssen mit göttlicher Hilfe selbst herausfinden, was wir annehmbar finden. Wofür übernehme ich Verantwortung? Würde ich dies wollen, wenn ich auf der anderen Seite stünde? Versuche ich, dem wahren magischen Willen eines anderen einen Riegel vorzuschieben oder verhindere ich Schaden, den der Wille seines Egos anrichtet? Ist dies wirklich mein göttlicher Wille? Jede Hexe muss sich diesen Fragen stellen und dementsprechend handeln.

Im Verlauf der Geschichte ist die Magie als praktische Kunst in allen Bereichen des Lebens eingesetzt worden, ob es nun um Erfolge bei der Jagd, bei der Viehzucht und beim Ackerbau oder um Siege bei Gerichtsprozessen und Feldzügen ging.

Zeitgenössische Okkultisten erzählen gern die Geschichte über die Rolle der Magie im Zweiten Weltkrieg, wo angeblich auf beiden Seiten Magier und Hexen für den Sieg arbeiteten. Es heißt, die Achsenmächte hätten ganz offiziell Okkultisten angeheuert, während die Alliierten im Geheimen von den magischen Gemeinschaften ihrer Länder unterstützt wurden.

Während die Kämpfe in der materiellen Welt tobten, erlebte die Magie einen Höhepunkt, als Deutschland plante, in England einzufallen. Britische Magier und Hexen setzten ihre Zauberkünste ein, um die Britischen Inseln zu schützen. Tatsächlich änderte Hitler in letzter Minute seine Angriffspläne und sagte die Invasion ab. Die britischen Hexen schrieben sich diesen Sieg zu. Dies war ein erstaunlicher – und meiner Meinung nach auch sehr gerechtfertigter – Einsatz von Schutzmagie. Angesichts der Pläne Hitlers und der Gräueltaten, die er verursacht hatte, kann man mit Fug und Recht erklären, dass die britischen Hexen ihre Magie im Sinne des göttlichen Willens eingesetzt und dazu beigetragen hatten, der Welt das Gleichgewicht zurückzugeben, indem sie Großbritannien schützten.

Letztendlich läuft es auf den Geist der Magie hinaus. Mit welchen Absichten und welcher Kraft zaubern Sie? Wenn Sie sich Ihrer Sache sicher sind und die Konsequenzen Ihrer Taten akzeptieren wollen, dann nur zu! Wenn Sie unsicher sind, ist Vorsicht geboten. Wenn Sie von Groll und Hass beherrscht sind, halten Sie inne. Denken Sie gründlich über Ihre Absichten nach.

Sie zaubern schließlich, um ein Ergebnis zu erzielen. Natürlich können Sie sich um Ihre Sicherheit kümmern, ohne über alles nachzudenken, was Ihrem Gegner nun widerfahren könnte. Ich bitte Sie nur darum, dass es dem höchsten Wohl dienen und niemandem schaden soll. Die Einzelheiten sollte man den Göttern überlassen. Solange ich keinen Groll in meinem Herzen hege, weiß ich, dass ich auch nichts dafür tue, dass Groll zu mir zurückkehrt. Das sind meine Wertvorstellungen und so gehe ich vor. Denken Sie bitte auch darüber nach.

Erfinden Sie Ihren eigenen Zauber

Es gibt jede Menge von Schutzzaubern in anderen Büchern über Magie. Einige sind erheblich archaischer, fußen mehr auf Aberglauben und nennen Schutzmittel gegen Hexen, Vampire und Werwölfe. Alle diese Methoden wurzeln in der klassischen Schutzmagie, von der aber meist nichts als der pure Volks-Aberglauben übrig geblieben ist. Nur wenige Menschen denken noch darüber nach, weshalb man zum eigenen Schutz Salz über die Schulter werfen sollte. Ganz einfach: Salz ist eine schützende Substanz. Hinter jeder magischen Handlung oder Substanz steht ein ritueller Grund. Wenn man aber vergisst, weshalb man eine bestimmte Handlung ausführt, gehen ihre Bedeutung und die wahre Kraft der Magie verloren.

Benutzen Sie doch die Grundlagen der Schutzmagie, die ich Ihnen hier vorgestellt habe, um Ihren eigenen Zauber zu erfinden! Sorgen Sie dafür, dass jedes Ritual und jeder Zauber der verstärkten Selbstbefähigung dient. Setzen Sie Ihren Willen, Ihren Erfindungsgeist und Ihr Wissen ein, um der Welt eine neue Magie zu geben!

KAPITEL 8

Das wahre Wesen des Bösen und des Göttlichen

Seit ich anfing, dieses Buch zu schreiben, kamen immer größere Herausforderungen auf mich zu. Das Universum schien sich verschworen zu haben, mich Lektionen der Schutzmagie aus erster Hand zu lehren. Meine Familie, Freunde, Covenmitglieder, Schüler sowie ich selbst sind in eine Reihe von Situationen geraten, die einen kreativen Einsatz von magischer Verteidigung erforderlich machten und mich dazu gezwungen haben, immer wieder Korrekturen anzubringen. Einige dieser Situationen waren eingebildet, andere gab es wirklich, manche waren durch Geister hervorgerufen worden und manche durch Menschen. Und eine ganz besonders merkwürdige Situation betraf sogar einen anderen Magier.

Ursprünglich hatte ich ein unkompliziertes Buch geplant, um nützliche Erfahrungen weiterzugeben. Aber schon bald sah ich mich genötigt, nach einer Reihe zusätzlicher hilfreicher Techniken zu fahnden, um eine Vielzahl von Umständen abzudecken. Außerdem musste ich mich mehr als erwartet mit anderen Glaubenssystemen auseinander setzen. Jede schwierige Situation verlangte von mir, mein Wissen zu vertiefen und dabei noch deutlicher herauszuarbeiten, was nun hilfreich und was hinderlich ist. Die Tatsache, dass ich solche Verfahren auf sehr wirkliche und ernsthafte Weise für mich und andere entwickeln und einsetzen musste, hat mich zum Nachdenken über die tiefere Bedeutung der Schutzmagie angeregt, und zwar jenseits aller Techniken und Rituale. Diese Erfahrungen haben dafür gesorgt, dass ich meine Gefühle und Gedanken über die natürliche Welt infrage stellte und gründlicher über Gut und Böse sowie über die Rolle der Menschheit nachgedacht habe. Ich habe mich mit Gedanken herumgequält, inwiefern diese neuen Erkenntnisse meinem eigenen Weltbild entsprachen und wie andere Hexen darüber denken mögen.

Gut und Böse

Was ist nun mit dem wahrhaft Bösen? Ihnen wird aufgefallen sein, dass ich dieses Wort nicht oft benutze. Mit dem Begriff »negativ« gehe ich ebenfalls sparsam um und ich gebe mir Mühe, mich am Spiel um die Schuldfrage nicht zu beteiligen. Doch immer wieder wird an mich die Frage gerichtet, was denn nun das wahre Böse sei. Gibt es wirklich böse Geister und böse Menschen, die darauf aus sind, guten Menschen zu schaden?

Wie immer bemühe ich mich, sachlich zu bleiben und mich auch nicht von wirklich erschütternden Geschehnissen hinreißen zu lassen. Je weiter ich mich in meiner Arbeit entwickele, desto unsicherer werde ich, ob ich nun wirklich an böse Geister und böse Menschen glaube. Verstehen Sie mich nicht falsch: Ich bin kein Schönfärber, der die Welt durch rosa Brillengläser betrachtet, den Kopf in den Sand steckt und nur positiv denkt. Ich habe dieses Buch über Schutzmagie geschrieben, weil wir handeln und uns verteidigen müssen, wenn uns Schaden zugefügt wird. Ich glaube tatsächlich, dass es Geister und Menschen gibt, die schädlich, grauenvoll und böse handeln. Ich glaube schon, dass es das Böse in der Welt gibt. Aber einem Menschen oder einer Wesenheit das Etikett des rundum Bösen zu verleihen, führt zu einer polarisierten Dynamik, die für uns alle ungesund ist. Ein Großteil der geistigen, politischen, gesellschaftlichen oder religiösen Auseinandersetzungen ist auf unsere Fähigkeit, andere zu dämonisieren, zurückzuführen. Wir stellen uns mental darauf ein, dass es um »wir gegen sie« geht, halten uns selbst dabei für ausschließlich gut, weshalb natürlich unser Feind grundsätzlich böse sein muss.

Denken Sie einmal gründlich über Ihre Vorstellung vom wahrhaftigen, absoluten Bösen nach. Wo begegnet es Ihnen denn? Ich habe es zuallererst in der Gestalt des christlichen Teufels entdeckt. Wenn Sie aber die Geschichte hinter der Vorstellung vom Teufel begreifen, merken Sie schnell, dass es sich hierbei mehr um ein religiöses und politisches Gebilde als um eine geistige Doktrin der Wahrheit handelt. Wir sind so erzogen worden, dass wir an eine grundlegende Quelle des Bösen glauben, und das spiegelt sich in allen unseren gegenwärtigen Mythen wider, in Filmen und in der Literatur. Die alten heidnischen Kulturen haben sich übrigens weitaus weniger mit dem Thema von Gut gegen Böse beschäftigt.

Wo begegnet uns also heute das absolute Böse? Jemand, der des Bösen wegen schlecht ist? Ich entdecke Derartiges nur in meinen Comic-Büchern, in TV-Sendungen und im Kino. Ich vermeine es zu sehen, wenn ich in den Nachrichten fürchterliche Geschichten von Diktatoren, Militärführern und Unternehmern höre. Ich vermeine es zu sehen, wenn ich meine Geschichtsbücher durchblättere und auf Despoten, Tyrannen, Wahnsinnige und Mörder stoße. Aber immer wenn ich glaube, jetzt wirklich ein Beispiel des absoluten Bösen gefunden zu haben und mich in die Geschichte dieses Menschen vertiefe, erfahre ich, dass dessen Vergangenheit von Gewalt, Angst, Misshandlung, Verlust, Sucht oder geistiger Krankheit geprägt war. Seine »bösen« Taten sind eine Reaktion auf die eigenen Erlebnisse. Dahinter steckt der Gedanke, entweder den fatalen Zyklus fortzusetzen oder dafür zu sorgen, dass so etwas nie wieder geschehen kann. Irgendwann waren diese Menschen selbst Opfer des Bösen. Man darf das gar nicht beschönigen: Sie haben auf die Tragödien in ihrem eigenen Leben auf verwerfliche Weise reagiert und schauderhafte Taten verübt, aber diese Menschen selbst als durch und durch böse abzustempeln, macht sie unrettbar verloren.

Jeder von uns ist schon jenem begegnet, was wir das Böse nennen – wenn nicht in diesem, dann in einem vorigen Leben. Wir alle sind Opfer gewesen und wir alle haben andere Menschen zu Opfern gemacht. Wir müssen uns das umfassendere Muster betrachten und dazu beitragen, die Risse im gewirkten Teppich des Lebens zu stopfen – und nicht etwa einen Faden ganz herauszuziehen und als wertlos wegzuwerfen. Wenn wir damit fortfahren, wird bald jeder Faden gezogen und der Teppich des Lebens zerschlissen sein.

Nach meiner spirituellen Wahrheit, die von den Denkbildern des Hexenkults und den Prinzipien der Hermetik geprägt ist, sind wir alle durch eine beseelte lebende Kraft miteinander verbunden. In der Hermetik nennt man das den göttlichen Geist. Allesamt sind wir Gedanken des göttlichen Geists; da gibt es keine Teilung – nur die Vorstellung der Teilung, eine reine Illusion.

Eine New-Age-Anhängerin hat mir einmal erklärt, das Böse sei nur ein Schleier. Sie hat dabei die Buchstaben des englischen Begriffs für böse »evil« zu dem Wort für Schleier »veil« umgestellt und meinte damit, dass das Böse uns daran hindere, über die Illusion hinaus die spirituellen Welten zu erkennen, die uns miteinander verbinden, eben über die Schleier hinaus, die diese Welt scheinbar von allen anderen trennt.

Andere New-Age-Bewegungen definieren das Böse als »die

Abwesenheit von Licht«. Wenn das bedeutet, dass Schaden durch Unwissenheit, Missverständnisse, Schmerzen und Furcht angerichtet wird, dann gibt es tatsächlich das Böse. Doch wenn damit gemeint ist, dass eine gänzlich böse und nicht zu erlösende Urkraft in einem Menschen, einer Gruppe oder Wesenheit sich als Teil des Universumgefüges dem Leben entgegenstellt, bin ich anderer Meinung. Obwohl die Dunkelheit das Pendant zum Licht und der Tod der Gegenpol des Lebens ist, stellen diese Mächte keine dem Leben feindlich gesinnten Urkräfte dar. Das Verwesen eines Körpers versorgt den Boden letztendlich mit lebenserhaltenden Nährstoffen. Ein Tod in der materiellen Welt bedeutet eine Wiedergeburt in der spirituellen. Wie beim Yin-Yang-Symbol enthält alles auch sein Gegenteil und geht mit ihm eine Symbiose ein, anstatt mit ihm Krieg zu führen. Krieg ist eine menschliche Schöpfung, keine der Natur.

Im Hexenkult glauben wir nicht an eine grundlegende Quelle des Bösen. Wir haben keinen Teufel. Historisch gesehen betrachten wir solche Quellen des Bösen als Konstruktionen dominanter autoritärer Gefüge. Das Böse ist eine Erfindung der Menschheit. Es gibt dazu kein Vorbild in der Natur. Ein Tag voller Sonnenschein ist weder gut noch böse. Wenn Sie ihn genießen, ist er gut; wenn Sie sich einen Sonnenbrand zuziehen, ist er schlecht. Ein Unwetter ist gut, wenn Sie dringend Wasser benötigen, und schlecht, wenn es Ihr Eigentum beschädigt. Letzten Endes sind weder Sonne noch Unwetter gut oder böse, sondern einfach Spielarten des Lebens und der Natur. Wenn Menschen etwas als gut oder böse bezeichnen, legen sie keine allumfassende, sondern nur eine sehr persönliche Messlatte an. Das einzig Allumfassende ist die Liebe, die alles miteinander verbindet.

Das Göttliche in der Natur

Eine Redewendung der Indianer fasst die Rolle der Menschheit, der Natur und des Göttlichen recht gut zusammen: »Der Baum, dessen Zweige einander bekämpfen, ist dumm.« Wir alle sind Zweige – nicht nur des menschlichen, sondern des universalen Baums. Wenn wir unsere Kräfte darauf verschwenden, einander zu bekämpfen, vergessen wir, dass wir demselben Baum angehören, dieselben Wurzeln haben und aus derselben spirituellen Quelle gespeist werden. Manchmal vergessen dies einige Zweige, doch derjenige, der daran denkt, sollte seine Kraft nicht auf die Fortführung des Streits vergeuden, sondern lieber kreative Lösungen finden, um die anderen Zweige wieder an das Wesentliche zu erinnern.

Ich lehne es also ab, einem Individuum das Etikett des reinen Bösen aufzukleben. Manchmal werden diejenigen, die Schaden anrichten, unsere bedeutendsten Lehrer, auch wenn sie uns meist absichtslos unterrichten. Sehr oft müssen sie ihre eigenen Erfahrungen machen, um zu lernen und sich zu besinnen. Genauso wenig gehe ich davon aus, dass jemand durch und durch gut ist. Ich glaube nicht an solche Absolutismen. Wie in der Natur vermischt sich alles in uns. Der Baum, das Gewitter, die Wüste, der Adler, der den Hasen frisst – das alles ist weder gut noch böse. Es gibt sie – und das ist alles. Manchmal neigen wir dazu zu vergessen, dass auch wir Menschen ein Teil der Natur sind.

Schilde, Zauber und Amulette können uns nur ein Stückweit helfen. Kurzfristig ist es allerdings durchaus nützlich, Barrieren zwischen uns und einer Gefahr zu errichten. Wir brauchen solche Abgrenzungen, um uns und unsere derzeitigen Verantwortlichkeiten von den Projektionen und Erwartungen anderer zu unterscheiden. Dabei kann uns *Ein Schwarzer Gürtel für die Seele* helfen. Letztendlich aber müssen wir die

Konflikte miteinander lösen lernen, weil sie nämlich den Widerstreit in uns selbst widerspiegeln. Als magische Gemeinschaft und als Teil der menschlichen Gesellschaft müssen wir diese Trennung auflösen. Die Grenzen, die wir für unsere seelische Gesundheit schaffen müssen, dürfen nicht aus Isolationswänden bestehen. Wir alle sind Teile des göttlichen Geists. Wir alle sind eins. Es gibt keine Trennung. Es gibt keinen anderen – das ist nur Maya, die Illusion. Jeder von uns ist eine Manifestation des Göttlichen. Wenn wir endlich aus dieser Wahrheit heraus zu leben lernen, werden wir als blühender Baum nicht nur der Menschheit, sondern dem ganzen Leben überall dienen.

Anhang

Bibliografie

Andrews, Ted. Die Botschaft der Krafttiere, Lübbe, März 2000. US-Ausgabe: Animal Speak: The Spiritual & Magical Powers of Creatures Great and Small. Saint Paul, MN: Llewellyn Publications, 1993.

Artimage, John. www.mahatma.co.uk. August 2002.

Belhayes, Iris, mit Enid. Spirit Guides. San Diego, CA: ACS Publications, 1986.

Black, Jason S. und Christopher S. Hyatt. Urban Voodoo: A Beginner's Guide to Afro-Caribbean Magic. Tempe AZ: New Falcon Publications, 1995.

Bonewits, Isaac. Real Magic. York Beach, ME: Samuel Weiser, 1989.

Cabot, Laurie. A Salem Witch's Herbal Magic. Salem, MA: Celtic Crow Publishing, 1994.

dies. Witchcraft as a Science, I and II. Salem, MA: 1993.

Cabot Laurie und Tom Cowan. Power of the Witch: The Earth, the Moon and the Magical Path to Enlightenment. New York: Dell Publishing, 1989.

Cameron, Julia. Der Weg des Künstlers, Droemer Knaur, 2000.

US-Ausgabe: The Artitst's Way. New York: J.P. Tarcher/ Penguin.

Choquette, Sonia und Patrick Tully. Your Psychic Pathway. Audiokassette. Niles, IL: Nightingale Conant, 1999.

Conway, D. J. Kerzen, Kräuter, Zauberstein, Scherz, 2001. US-Ausgabe: The Ancient and the Shining Ones. Saint Paul, MN: Llewellyn Publications, 1993.

Cooper, Phillip. Magisches Wissen in neuem Licht, Bauer, 2001. US-Ausgabe: Basic Magic: A Practical Guide. York Beach, ME: Samuel Weiser, 1996.

Corrigan, Ian. The Portal Book: Teachings and Works of Celtic Witchcraft. Cleveland, OH: The Association of Consciousness Exploration, 1996.

Crowley, Aleister. Magick in Theorie und Praxis, Phänomen Verlag, 1999. US-Ausgabe: Magick in Theory and Practice. New York, Dover Publications, 1976.

Cunningham, Scott. Handbuch der Natur- und Elementarmagie, Arun-Verlag, 2004. US-Ausgabe: Cunningham's Encyclopedia of Crystal, Gem & Metall Magic. Saint Paul, MN, Llewellyn Publications, 1992.

ders. Cunningham's Encyclopdeia of Magical Herbs. Saint Paul, MN: Llewellyn Publications, 1985.

ders. Das große Buch von Weihrauch, Aromaölen und magischen Rezepturen, Goldmann, 2001. US-Ausgabe: Incense, Oils and Brews. Saint Paul, MN: Llewellyn Publications, 1989.

Davidson, Gustav. A Dictionary of Angels, Including the Fallen Angels. New York: The Free Press, 1967.

Denning, Melita und Osborne Phillips. Psychischer Selbstschutz, Schirner, 2004. US-Ausgabe: Practical Guide to Psychic Self-Defense and Well-Being. Saint Paul, MN: Llewellyn Publications, 1987.

Farrar, Janet und Stewart. Acht Sabbate für Hexen und Riten für Geburt, Heirat und Tod, Bohmeier Verlag, 2002. US-Ausgabe: Spells and How They Work. Custer, WA: Phoenix Publishing, 1990.

Fortune, Dion. Selbstverteidigung mit PSI, Ansata, [7]2004. US-Ausgabe: Psychic Self-Defense. Boston, AM: Red Wheel/ Weiser, 2001.

Grimassi, Raven. The Witches' Craft. Saint Paul, MN: Llewellyn Publications, 2002.

Guiley, Rosemary Ellen. The Encyclopedia of Witches & Witchcraft. New York: Checkmark Books, 1999.

Harner, Michael. Der Weg des Schamanen, Ariston, 1999. US-Ausgabe: The Way of the Shaman. Dritte Ausgabe. New York: Harper Collins, 1990.

Hine, Phil. Condensed Chaos. Tempe, AZ: New Falcon, 1995.

Kraig, Donald Michael. Modern Magick: Eleven Lessons in the High Magical Arts. Saint Paul, MN: Llewellyn Publications, 1988.

The Kybalion: Hermetic Philosophy by Three Initiates. Chicago, IL: The Yogi Publication Society, 1912.

Penczak, Christopher. City Magick: Urban Rituals, Spells and Shamanism. York Beach, ME: Samuel Weiser, 2002.

ders. The Inner Temple of Witchcraft: Magick, Meditation and Psychic Development. Saint Paul, MN: Llewellyn Publications, 2002.

ders. Spirit Allies: Meet Your Team From the Other Side. Boston MA: Weiser, 2001.

Peschel, Lisa. A Practical Guide to the Runes: Their Uses in

Divination and Magick. Saint Paul, MN: Llewellyn Publications, 1989.

Sanchez, Victor. Die Lehren des Don Carlos, Synthesis, 1996. US-Ausgabe: The Teachings of Don Carlos. Santa Fe, NM: Bear & Company, 1995.

Teish, Luisah. Jambalaya, Heyne, 1999. US-Ausgabe: Jambalaya: The Natural Woman's Book of Personal Charms and Practical Rituals. San Francisco, CA: HarperCollins, 1988.

Thorsson, Edred. The Book of Ogham. Saint Paul, MN: Llewellyn Publications, 1994.

Valiente, Doreen. Natürliche Magie, Heiden Verlag 2004. US-Ausgabe: An ABC of Witchcraft Past and Present. New York: St. Martin's Press, 1973.

Yin, Amorah Quan. Das Plejaden-Arbeitsbuch, Goldmann 1997. US-Ausgabe: The Pleiadian Workbook: Awakening Your Divine Ka. Santa Fe, NM, Bear & Company, 1996.

Über den Autor

Christopher Penczak aus New Hampshire lehrt Hexenkunst, Meditation, Reiki, Kristallomantie und schamanisches Reisen. Er ist Autor der Bücher *The Inner Temple of Witchcraft* sowie *The Outer Temple of Witchcraft* und schreibt außerdem Beiträge für zahlreiche esoterische Zeitschriften in den USA. Mit *Ein Schwarzer Gürtel für die Seele* wird erstmals ein Werk des bekannten amerikanischen Hexenmeisters dem deutschsprachigen Publikum vorgestellt.